中国电建
POWERCHINA
中国水电
SINOHYDRO
中国水电建设集团十五工程局有限公司
SINOHYDRO CORPORATION ENGINEERING BUREAU 15 CO., LTD.
杨凌职业技术学院
YANGLING VOCATIONAL & TECHNICAL COLLEGE

校企合作特色教材

国际工程项目管理

主　编　张　宏　刘红芳
参　编　上官平　朱显鸽
　　　　陈显妮　何祖朋
　　　　谭剑波
主　审　郭联合

中国水利水电出版社
www.waterpub.com.cn
·北京·

内 容 提 要

本教材内容包括3个单元共计12节内容，包括国际工程项目管理基础知识、国际工程招投标、国际工程的进度控制、国际工程的质量控制、国际工程的投资控制与施工成本控制、国际工程合同管理、国际工程索赔管理、国际工程风险管理及国际工程常用合同条件、国际工程专业术语中英文对照等。

本教材可作为全国水利类和工程管理类高职高专学校的水利水电建筑工程、水利工程、工程建设监理、工程项目管理专业的通用教材，也可供其他土建类专业师生和相关专业工程技术人员参考。

图书在版编目（CIP）数据

国际工程项目管理 / 张宏，刘红芳主编. -- 北京 : 中国水利水电出版社，2016.12
校企合作特色教材
ISBN 978-7-5170-5090-2

Ⅰ. ①国… Ⅱ. ①张… ②刘… Ⅲ. ①国际承包工程－工程项目管理－教材 Ⅳ. ①F746.18

中国版本图书馆CIP数据核字(2016)第323190号

书　　名	校企合作特色教材 **国际工程项目管理** GUOJI GONGCHENG XIANGMU GUANLI
作　　者	主编　张宏　刘红芳　主审　郭联合
出版发行	中国水利水电出版社 （北京市海淀区玉渊潭南路1号D座　100038） 网址：www.waterpub.com.cn E-mail：sales@waterpub.com.cn 电话：（010）68367658（营销中心）
经　　售	北京科水图书销售中心（零售） 电话：（010）88383994、63202643、68545874 全国各地新华书店和相关出版物销售网点
排　　版	中国水利水电出版社微机排版中心
印　　刷	北京瑞斯通印务发展有限公司
规　　格	184mm×260mm　16开本　13.25印张　314千字
版　　次	2016年12月第1版　2016年12月第1次印刷
印　　数	0001—3000册
定　　价	**33.00**元

中国水电十五局水电学院
校企合作特色教材编审委员会

本书编委会

主编：杨凌职业技术学院　副教授　张　宏

中国水电十五局　工程师　刘红芳

参编：中国水电十五局　高级工程师　上育平

杨凌职业技术学院　副教授　朱显鸽

杨凌职业技术学院　讲师　何祖朋

杨凌职业技术学院　讲师　谭剑波

中国水电十五局　工程师　陈显妮

主审：中国水电十五局　高级工程师　郭联合

前　言

Preface

随着我国高等职业教育改革的进一步深化，校企合作、协同育人成为职业教育培养高素质技术技能人才的一条有效途径。《国务院关于加快发展现代职业教育的决定》（国发〔2014〕19号）明确提出：突出职业院校办学特色，强化校企协同育人。鼓励行业和企业举办或参与举办职业教育，发挥企业重要办学主体作用。推动专业设置与产业需求对接，课程内容与职业标准对接，教学过程与生产过程对接，毕业证书与职业资格证书对接，职业教育与终身学习对接。规模以上企业要有机构或人员组织实施职工教育培训、对接职业院校，设立学生实习和教师实践岗位；多种形式支持企业建设兼具生产与教学功能的公共实训基地；支持企业通过校企合作共同培养培训人才，不断提升企业价值。

杨凌职业技术学院与中国水电建设集团十五工程局有限公司（简称“中国水电十五局”）的合作由来已久，可以说伴随着两个单位的成长与发展、繁荣与壮大，是职业教育校企合作的典范。企业全过程全方位参与学校的教育教学过程，为学院的建设发展和人才培养做出了卓越贡献。学院为企业培养输送了一大批优秀的技术人才，成长为企业的技术骨干，在企业的发展壮大过程中做出了显著贡献。特别是自2006年示范院校建设以来，校企双方合作的广度和深度显著加大，在水利类专业人才培养方案制定与实施、专业建设、课程建设、校内外实验实训条件建设、学生生产实习和顶岗实习指导、教师下工地实践锻炼、兼职教师授课、资源共享、接收毕业生等方面开展了全方位实质性合作，成果突出。2013年3月依托学院水利水电建筑工程专业，本着“合作共建，创新共赢”的原则，经双方协商，成立校企合作理事会和“中国水电十五工程局水电学院”（简称水电学院），共同发挥各自的资源优势，协同为社会行业企业培养高素质水利水电工程技术技能人才。在水电学院的运行过程中，为了更好地实现五个对接、校企协同育人，将企业的新技术新成果引入到教学过程中，在教育部、财政部提升专业服务产业发展能力计划项目的支持下，主要围绕水利水电工程施工一线的施工员、造价员、质检员、安全员等关键技术岗位工作要求，培养学生的专业核心能力，双方多次协商研讨，共同策划编写校企合作特色教材，该套教材共计7本，作为水电学院学生的教材，同时也可作为企业员工工作参考。

本教材编写紧扣当前高职教育的要求，知识、服务与能力相结合，以必需够用为度。突出专业的针对性，职业能力培养的岗位性。从工学结合的要求和基于工作过程的课程观构建课程内容体系，体现与传统教材的不同。全书包括基本知识单元、项目管理实务单元、知识拓展单元。每个单元分主线按树形结构分为各知识点，每个知识点编入对应典型工程实例，作为教学参考供学生学习借鉴。本书每章节有学习指导和自测练习题，有利于读者理解、掌握和巩固专业知识。

本教材的单元一、单元二的第六节由杨凌职业技术学院张宏编写；单元二的第一节、单元三、附录由杨凌职业技术学院谭剑波编写；单元二第二节由杨凌职业技术学院何祖朋编写；单元二第三节由杨凌职业技术学院朱显鸽编写；单元二第四节由中国水电十五局陈显妮编写；单元二第五节由中国水电十五局上育平编写；单元二第七节由中国水电十五局刘红芳编写；本教材由张宏、刘红芳主编，由中国水电十五局郭联合主审。

本教材在编写过程中，引用了大量专业文献和资料，未能在书中一一注明出处，在此对有关作者表示感谢。对所有热情支持和帮助本书编写工作的人员，表示感谢。对书中存在的缺点和疏漏，恳请广大读者批评指正。

编　者

2016年5月

目 录

Contents

单元一 基 础 知 识

第一节 国际工程项目及国际工程承包市场

学习指导

通过本节学习了解项目和国际工程项目的概念和特点；掌握国际工程项目的特点；能了解国际工程建设程序；国际承包市场的现状及我国国际工程的差距。

一、国际工程项目的概念与特点

(一) 项目与工程项目特点

项目 (Project) 是指在一定的约束条件下，具有特定的明确目标的一次性事业（或活动)。项目有广义和狭义之分，广义上的项目是指符合上述定义的一次性事业。例如，技术更新改造项目、新产品开发项目、科研项目等。狭义上的项目是指工程项目。例如，修建一座水电站、一栋大楼、一条公路等。

1. 工程项目 (Construction Project) 特点

(1) 唯一性。尽管同类产品或服务会有许多相似的工程项目，但由于工程项目建设的时间、地点、条件等有若干差别，都涉及某些以前没有做过的事情，所以它总是唯一的。例如，尽管建造了成千上万座住宅楼，但每一座都是唯一的。

(2) 一次性。每个工程项目都有其确定的终点，所有工程项目的实施都将达到其终点，它不是一种持续不断的工作。从这个意义来讲，它们都是一次性的。当一个工程项目的目标已经实现，或者已经明确知道该工程项目的目标不再需要或不可能实现时，该工程项目即达到了它的终点。一次性并不意味着时间短，实际上许多工程项目要经历若干年。

(3) 目标的明确性。工程项目具有明确的目标，用于某种特定的目的。例如，修建一所希望小学以改善当地的教育条件。

(4) 实施条件的约束性。工程项目都是在一定的约束条件下实施的，如项目工期、项目产品或服务的质量、人财物等资源条件、法律法规、公众习惯等。这些约束条件既是工程项目是否成功的衡量标准，也是工程项目的实施依据。

2. 水利水电工程项目特点

(1) 工程建设项目的单一性。水电建设项目有特定的目的和用途，需单独设计和单独建设。即使为相同规模的同类项目，由于工程地点、地区条件和自然条件如水文、气象等不同，其设计和施工也有一定的差异。

(2) 工程工期长，耗资较大。水电建设项目施工中需要消耗大量的人力、物力和财力，在工程费用中占有较大的比例。同时，由于工程复杂和艰巨性，建设周期长。小型工程短则两三年，大型工程长则十几年，如龙羊峡、李家峡、长江三峡工程。

(3) 工程建设地点固定，可连续施工。由于水电建设项目的特殊性，建设地点需经多方案选择和比较，并进行规划、设计和施工等工作。在河道中施工时，需考虑施工导流、截流及水下作业等问题。

(4) 工程建设涉及面广，问题复杂。水电建设项目一般为多目标综合开发利用，工程（如水库、大坝、溢洪道、泄水建筑物、引水建筑物、电厂、船闸等）具有防洪、灌溉、发电、供水、航运等综合效益，涉及面广，问题复杂。需科学组织和编写施工组织设计，并采用现代施工技术和科学的施工管理，优质、高速地完成预期目标。

水利水电工程建设工程项目一般包括有新建、改建、续建、扩建、加固、维修和修复等工程项目。为能够编制科学合理的基本建设计划，编制概预算，组织材料的合理供应和招投标，安排施工和控制投资，水利水电基本建设项目有着专门的项目划分规定。

一般情况下，可将水利水电工程建设项目划分为扩大单位工程（又称单项工程）、单位工程、分部工程和单元工程四级，有时，从质量管理及检测角度，也可简单地按单位工程、分部工程和单元工程三级进行划分，如图 1－1－1 所示。

1）扩大单位工程，是指由几个单位工程联合发挥同一效益与作用，或具有同一性质和用途的工程，具有独立的设计文件，可独立发挥生产能力或效益。如航运工程、引水工程、灌溉工程、发电工程、拦河坝工程等。

2）单位工程，是指具有独立的施工条件或有独立作用的工程，由若干个分部工程组成，如拦河坝工程中的泄洪洞、溢流坝，水电站引水工程中的进水口、调压井等。

3）分部工程，是指组成单位工程的各个部分。如混凝土坝工程可分为非溢流坝段、溢流坝段、引水坝段、厂坝连接段、坝基及坝体接缝灌浆等分部工程。

4）单元工程，是组成分部工程的由几个工种施工完成的最小综合体，也是建设项目最基本的组成单元和日常质量考核的基本单位。具体划分中，可根据设计结构、施工部署和质量考核要求的不同将拟建建筑物划分为不同的层、块、区、段等。

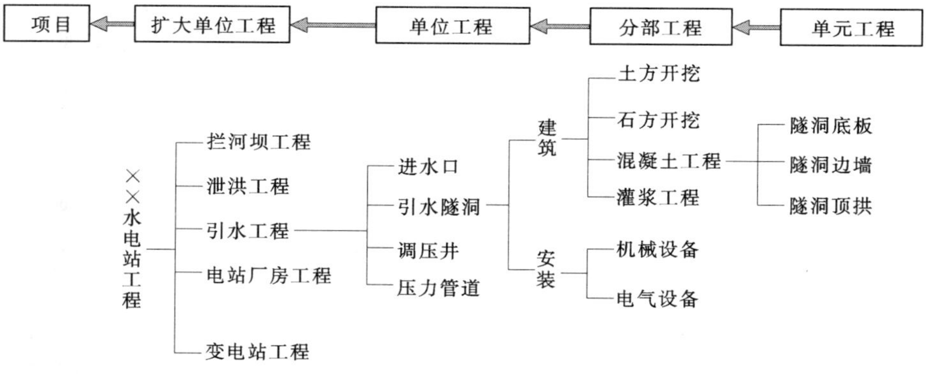

图 1－1－1 水利水电工程建设项目划分图

（二）国际工程项目及特点

1. 国际工程项目（International Construction Project）

国际工程项目是指一个工程项目从咨询、融资、招标、投标、施工、监理到培训等各阶段或环节的主要参与者来自多个国家，并且按照国际上通用的工程项目管理模式进行管理的工程。国际工程包括我国工程单位在海外参与的工程，也包括大量的国内涉外工程，如利用世界银行等国际金融组织的贷款项目，因而国际工程属于国际经济合作范畴。

国际工程业务，通常可以分为两个主要领域。一是国际工程咨询（Engineering Consulting），指的是在工程项目实施的各个阶段，咨询人员利用技术、经验、信息等为客户提供的智力服务。二是国际工程承包，指参与国际工程项目的承包活动。

2. 国际工程特点

国际工程同国内工程相比较具有 4 个特点。

（1）合同主体的多国性。国际工程签约的各方通常属于不同的国家，受多国不同法律的制约，而且涉及的法律范围极广，诸如招标投标法、建筑法、公司法、劳动法、投资法、外贸法、金融法、社会保险法、各种税法等。

（2）影响因素多、风险增大。国际工程受到政治、经济影响因素多，风险相对增大，如国际政治经济关系变化可能引起的制裁和禁运；某些资金来源于国外的项目资金减少或中断；某些国家对承包商实行地区和国别限制或歧视政策；工程所在国与邻国发生边境冲突；由于政治形势失稳而可能发生内战或暴乱；由于经济状态不佳而可能出现金融危机等。

（3）按照严格的合同条件和国际惯例管理工程。

（4）技术标准、规范和规程庞杂。国际工程合同文件中需要详尽地规定材料、设备、工艺等各种技术要求，通常采用国际上被广泛接受的标准、规范和规程。如 ANSI（美国国家标准协会标准）、BS（英国国家标准）等，但也涉及工程所在国使用的标准、规范和规程。

（三）国际工程建设基本程序

国际工程建设的基本程序都是类似的。一个工程项目从开始酝酿到竣工投产完成一个项目周期，大体上可概括为以下 4 个阶段。

（1）项目决策阶段。主要任务是进行一系列调查与研究，为投资行为作出正确的决策。

（2）建设准备阶段。主要是为项目进行建设做好各种准备工作，如办理审批手续，进行工程设计和工程采购等。

（3）项目实施阶段。主要是按合同进行项目的施工、竣工和投产，达到预期项目目标，实现投资效益。

（4）总结阶段。在项目投产或运营一段时间之后，对项目建设的全过程、项目选择、建设方案、项目目标的完成情况，特别是经验和教训进行总结与评价。

二、国际工程承包市场现状及发展趋势

（一）国际工程承包市场发展概况

2010 年以来全球性经济衰退，特别是美国经济增长速度放缓，标志着世界经济一个新阶段的到来。世界经济形势必然影响到国际工程承包市场的发展。当今国际工程承包市

场比较活跃的依次为北美洲、欧洲、亚洲、中东地区、非洲和拉美洲6大市场。

根据我国对外工程承包地区的分布情况，非洲和亚洲市场是目前中国对外工程承包业务中最为重要的海外市场，占据了近81%的份额，此外拉美市场呈现出高速增长的态势。非洲地区在基础设施建设方面的长期不足、基础设施差一直是非洲经济发展的瓶颈。为实现经济较快发展，非洲各国一直致力于大力投资基础设施建设，交通运输、能源、水利、通信成为政府投资的重点领域。亚洲经济持续增长，特别是中国经济多年高速增长，带动了亚洲建筑市场的良性发展。欧盟新增10个成员国，实现历史上最大规模的欧盟体，大大带动了东欧的投资活动。美国是世界上最大的建筑市场，美国政府部门用于公共建筑方面的投资和私人投资建筑（私人住宅及私人非住宅投资，包括办公楼、旅馆和其他商业建筑投资等）持续增长。中东地区预计到2020年，海湾地区用于电力领域建设投资将会达到2000亿美元。目前该地区对于新住宅的需求持续升温，部分国家允许外国人购买房地产也无疑加速了普通房建业的发展。沙特工程承包市场大，项目涉及领域广。工程年发包额在120亿～200亿美元左右，涉及石油、化工、电力、海水淡化等基础设施建设和民用项目等领域。

（二）国际工程承包市场发展趋势

1. 工程承包和发包模式的转变

近年来，国际工程的发包方越来越重视承包商提供综合服务的能力，传统的设计与施工分离的方式正在快速向总承包方式转变，设计-施工（Design—Build，DB）、设计—采购—施工（Engineering—Procurement—Construction，EPC）、项目管理总承包（Project—Management—Contract，PMC）等一揽子式的交钥匙工程模式以及建设—经营—转让（Build—Operate—Transfer，BOT）、公私合作模式（Public—Private—Partnership，PPP）等带资承包方式业已成为国际大型工程项目中广为采用的模式。承包商不仅要承担项目的设计、施工和运作，还要承担工程所需的融资。一些小公司及单一的设计、施工公司因此竞争压力加大，难以为继。

国际承包方式的这种新变化，要求承包商必须实现设计和施工结合，设计和前期的研究结合，后期的设施管理和物业管理结合。单纯的工程施工业务利润将逐渐降低，承包业务的开展已朝着项目前期和上游方向发展，利润重心向产业链前端和后端转移。

2. 项目融资能力成为国际承包竞争的主要因素

新时期，从全球角度来讲，基础设施的需求增长和政府财政资源之间的差距越来越大。国际工程承包业务的发展十分重视融资方式的转变。即增强了投资在承包业务中的作用，让融资成为国际工程承包业务的亮点。而根据相关统计分析得出，目前我国的国际工程承包业务的主要领域是工程建筑领域，同时它也是大多数发展中国家吸引外资的最大领域之一。除了极少数国家的政府不需要项目承包商带资承包之外，绝大多数的工程承包项目都需要承包商通过带资的形式来进行项目承包。而带资承包（在海外投资）也同时有利于国际承包商渗透到当地市场，承揽当地未在国际市场公开招标的项目。与带资承包需求相适用，国外大的工程承包企业的融资能力不断增强。国际上大的承包工程公司都拥有雄厚的资金实力与融资能力，与世界主要的出口信贷机构、多边金融组织、商业银行及资本市场有固定的业务往来。为其在承包大型复杂项目以及降低整体项目融资成本及风险等方面发挥了积极作用。

3. 科学化、信息化、规范化

依托信息技术建立管理系统，对各分部、机构以及项目进行管理和成本控制；从而找出盈利或亏损的原因，为集团的决策提供依据。制定一套集团特有的运营体系，规范整个集团的管理模式已成为大型承包商在国际市场成功的秘诀。目前，一些国际大承包商十分重视工程项目管理软件。随着国际工程承包行业竞争的白热化发展，各国企业国际承包业务中获取的利润降低，同时也极大地增加了企业的经营风险。而为了能够更好地降低企业的运营成本、提升工程效益，加强国际工程承包企业的技术能力的提升，不断加强技术创新，加强国际工程承包业务的信息化建设，提高技术质量的规范性、安全性、环保性等。这些已经越来越成为国际工程承包企业参与国际竞争的准入标准。

4. 产业分工体系不断深化，寻找新的市场定位

随着国际工程建筑市场的产业分工体系深化，承包商寻找新的市场定位，是国际工程承包市场发展的又一明显趋势。在目前国际工程承包市场上，工程管理和工程设计大多是欧美公司；设备国际采购是日本和德国；其他国家公司主要集中在土建领域，一些较发达国家正在向附加值高的领域升级。欧美等国家的大型跨国建筑企业的优势明显，资金实力、技术和管理水平远远高于发展中国家的企业，在技术和资本密集型项目上形成垄断。发展中国家建筑承包商因为在劳动力成本上具有比较优势，在国际工程市场中承建的工程项目多是相对简单的劳动密集型项目，但近年来已开始向技术密集型项目和知识密集型项目渗透。这就需要越来越多的承包商需要对经营计划做出大幅度的调整，寻找新的市场定位。

三、我国国际工程承包行业的发展与差距

（一）我国国际工程承包行业发展现状

中国对外承包工程行业自改革开放以来快速发展，完成营业额从 1985 年的 6 亿多美元增加到 2003 年的 138 亿多美元。新时期，在激烈的国际市场竞争环境下，我国的国际承包业务正朝着多样化模式发展，国家也加大了对国际工程承包业务的支持力度，积极鼓励国内企业参与国际承包项目工程，以此来提升国家在国际工程承包市场的竞争力。近年来，我国的国际工程承包业务呈现一个快速增长的态势。2012 年，我国的国际工程承包业务的营业额达到了 1166 亿美元，新签合同数额达到 1565 亿美元，同比增长 12.7%和 10.0%。而美国麦格劳·希尔建筑信息公司（McGraw - Hill）发布的 2012 年度 ENR（Engineering News - Record）全球最大 225 家国际承包商排名中，我国内地企业也有 52 家上榜。

国际工程承包市场从分布区域情况看，亚洲、非洲等传统市场仍然是我国对外工程承包的主要区域，2008—2011 年，亚非区域国际工程承包市场的收入之和均占中国国际工程承包市场收入的 80%以上。由于非洲、沙特阿拉伯以及印度等区域市场的巨大市场需求，预计这一份额比例可能还将会维持数年。房屋建筑、水利电力、石油化工、交通运输、矿产资源开发、电子通信等行业是国际工程承包的主要业务领域。

在整体业务规模快速扩大的同时，我国对外承包的项目规模和档次也在不断提高。我

国对外承包工程整体的发展特点是：模式不断创新发展，产业分工体系深化，国际承包商综合实力不断增强，经营管理日益科学化、信息化、规范化，重视工程安全和绿色建筑，国际金融机构的支持力度进一步加大等。随着国家综合实力的不断提升，以及国内工程建筑行业能力的饱和过剩，可以预计，在未来十多年的时间里，我国的国际工程承包业务将会呈现快速增长的发展态势。

（二）我国国际工程承包行业发展存在问题

在不断发展变化的国际工程承包行业的新趋势下，我国的国际工程承包行业的发展仍然存在较多的问题。

1. 企业融资难度大，得不到足够的金融支持

目前我国企业参与国际工程承包工程项目存在的一个最大的问题就是资金短缺。这主要是因为我国的融资体制与国际上通行的项目融资体制还没有完全接轨。此外，国家对国际工程承包业务的银行政策支持的力度也不够。其次，企业要得到融资担保比较难。国家设立的对外承包工程保函风险专项资金规模小，而且使用资金的程序复杂、审批时间过长、支持范围有限且往往需要经历很长的审批周期，担保的范围和幅度都很有限。目前，我国银行提供的国际工程承包贷款利率为3.8%（不包括中国进出口银行的“两优”贷款业务），远远高于国际通行利率。

2. 面临市场准入困难

国际工程承包要面临的另一个问题就是目前我国在相关的技术、法律特别是行业服务质量标准方面还没有真正与国际接轨。而欧美等国都实行了十分专业的工程资格及专业执照规定以及具有很完善的市场准入法律体系，这些都对我国企业参与国际工程承包项目提出了较大的挑战。而新的国际服务贸易设置的国际工程承包的服务质量标准等，也使我国企业面临比较严苛的技术壁垒。

3. 国际工程承包业务的质量较低

目前，我国的国际工程承包业务主要集中在亚非拉等落后国家及地区，工程项目的业务增长仍然采用粗放模式，而工程营业额的增长也大多依靠项目数量的增加，在业务质量方面还有明显的不足。我国企业的国际工程承包项目的总体管理水平较低，持续的营业能力较差，利润率普遍低下。许多企业将发展重点主要放在如何增加项目数上，对工程建设及管理的质量并不是十分重视。而目前我国企业参与的国际工程项目也多以传统基建的专业施工承包模式为主，对新型的国际总承包模式（DB、EPC、PMC、BOT及PPP模式等）的涉及研究仍停留在初级摸索阶段。

4. 缺乏复合型的国际工程总承包管理人才

人才缺乏一直是影响我国对外工程承包的主要问题，目前，我国企业十分缺乏的人才有富有经验的国际工程项目经理，设计、采购、施工各阶段的核心管理人员，通晓国际工程法律的人员，项目风险评估人员，国际工程合同管理人员，国际工程财务人员，国际工程融资人员，国际工程造价估算和报价人员等。此外，语言障碍也是一个突出问题，使得我国企业的技术、管理人员良好的技术管理素质难以在国外工程承包中得以发挥。

第二节　国际工程承包项目管理

学习指导

通过本节学习了解国际工程项目管理的发展历史及发展趋势；掌握国际工程项目的承发包模式及特点；了解两大项目管理组织的特点。

一、国际工程项目管理概述

（一）项目管理的发展历史

现在通行的看法认为，项目和项目管理起源于工程和工程管理。项目管理是第二次世界大战后重建和冷战阶段为国防建设项目而创建的一种管理方法。项目管理的发展基本上可以划分为两个阶段：20 世纪 80 年代之前被称为传统项目管理阶段；20 世纪 80 年代之后被称为现代项目管理阶段。传统的项目和项目管理起源于建筑业，现代项目与项目管理开始于大型国防工业。

1. 传统项目管理发展阶段

从 20 世纪 40 年代中期到 60 年代，项目管理主要应用于发达国家的国防工程建设和工业/民用工程建设方面。此时采用的传统项目管理方法主要是致力于项目的预算、规划和为达到项目目标而借用了一些一般运营管理的方法，在相对较小的范围内所开展的一种管理活动。当时的项目经理仅仅被看作是一个具体执行者，他们只是被动地接受一项给定的任务或工作，然后不断接受上级的指令，并根据指令去完成自己负责的项目。

从 20 世纪 60 年代起，国际上许多人对于项目管理产生了浓厚的爱好。随后建立的两大国际性项目管理协会，即以欧洲国家为主的国际项目管理协会（International Project Management Association，IPMA）和以美洲国家为首的美国项目管理协会（Project Management Institute，PMI），以及各国相继成立的项目管理协会，为推动项目管理的发展发挥了积极的作用，做出了卓越的贡献。

2. 现代项目管理阶段

20 世纪 80 年代之后项目管理进入现代项目管理阶段，随着全球性竞争的日益加剧，项目活动的日益扩大和更为复杂，项目数量的急剧增加，项目团队规模的不断扩大，项目相关利益者的冲突不断增加，迫使作为项目业主/客户的一些政府部门与企业以及作为项目实施者的政府机构和企业先后投入了大量的人力和物力去研究和了解项目管理的基本原理、开发和使用项目管理的具体方法。

进入 20 世纪 90 年代以后，随着信息系统工程、网络工程、软件工程、大型建设工程以及高科技项目的研究与开发项目管理新领域的出现，促使项目管理在理论和方法等方面不断地发展和现代化，使得现代项目管理在这一时期获得了快速的发展和长足的进步。同时，项目管理的应用领域在这一时期也快速扩展到了社会生产与生活的各个领域和各行各业。

现代项目管理在这一阶段的高速发展主要表现在两个方面。其一是项目管理的职业化发展，其二是项目管理的学术性发展。在职业化发展方面，这一阶段的项目管理逐步分工细划，形成了一系列的项目管理的专门职业。例如，专业项目经理、造价工程师、建筑工程师、营造师等。在学术发展方面主要体现在项目管理专业教育体系的建立和项目管理理论与方法的研究方面。在现代项目管理阶段，国际上有许多大学相继建立和完善了项目管理专业的本科生和研究生教育体系，美国的大学不但设立有项目管理的硕士学位，而且这种硕士学位大有取代工商管理硕士（MBA）专业学位的趋势。

（二）国际项目管理组织

1. 国际项目管理协会

（1）国际项目管理协会（International Project Management Association，IPMA）创建于1965年，是国际上成立最早的项目管理专业组织，总部设在瑞士洛桑，IPMA的宗旨是推广国际项目管理专业知识体系，促进国际间项目管理的交流，为国际项目管理领域的项目经理提供一个交流经验的平台。到目前为止共有34个正式会员国组织和25个非正式会员国组织，是全球最大的项目管理专业协会，是代表全球项目管理专业发展的权威机构之一。

（2）国际项目管理专业资质认证（International Project Management Professional，IPMP）是IPMA在全球推行的四级项目管理专业资质认证体系的总称。IPMP是对项目管理人员知识、经验和能力水平的综合评估证明。根据IPMP认证等级划分，获得IPMP各级项目管理认证的人员，将分别具有负责大型国际项目、大型复杂项目、一般复杂项目或具有从事项目管理专业工作的能力。

（3）IPMA依据国际项目管理专业资质标准（IPMA Competence Baseline，ICB），针对项目管理人员专业水平的不同，将项目管理专业人员资质认证划分为四个等级，即A级、B级、C级、D级，每个等级分别授予不同级别的证书。

1）A级是工程主任证书——总经理级（Certified Projects Director，CPD）。获得这一级别认证的项目经理有能力指导一个企业或组织内的诸多复杂项目的管理，或者管理一项国际合作的复杂项目。适用于跨国企业或国内大型建筑企业集团的决策层、经理层中董事长、总经理及其管理团队中高层管理人员的资质认证。

2）B级是项目经理证书（Certified Senior Project Manager，CPM）。获得这一级别认证的项目经理可以管理大型复杂项目，或者管理一项国际合作项目。适用于跨国企业或国内大型建筑企业集团的中高层管理骨干及其分（子）公司领导层、大型国际工程项目经理、国内工程总承包项目的项目经理认证。

3）C级是注册项目管理工程师（Registered Project Management Professional，PMP）。获得这一级别认证的项目经理能够管理一般复杂项目，也可以在所在项目中辅助高一级别的项目经理进行管理。C级认证是应用最广泛的国际项目经理人员认证，适用于所有企业的项目经理，包括工程总承包、施工总承包、专业承包及其分项管理的项目管理人员等。

4）D级是项目管理技术员（Project Management Practitioner，PMF）。获得这一级别认证的人员具备项目经理从业的基本知识，并可以将它们应用于项目管理领域，是项目管理人员的基础认证，适用于所有有志于从事项目管理的专业人员。

由于各国项目管理发展情况不同，IPMA允许各成员国的项目管理专业组织结合本国特点，参照国际项目管理协会专业资质认证标准ICB，制定在本国认证国际项目管理专业资质的国家标准（National Competence Baseline，NCB）。中国国际工程项目经理［IPMP（工程）］培训与认证指导委员会［简称 IPMP（工程）指导委员会］根据 IPMA 在全球推行的四级项目管理专业资质认证体系，结合中国的建设工程项目管理实际和中国项目经理的基本需求，正逐步建立具有中国特色并适应国际化发展的行业标准和培训认证体系。

2. 美国项目管理协会

美国项目管理协会（Project Management Institute，PMI）成立于 1969 年。它是一个有着 10 万多名会员的国际性项目管理专业协会，是项目管理专业领域中由研究人员、学者、顾问和经理组成的全球性的最大专业组织机构。该协会推出的项目管理专业人员资格 PMP（Project Management Professional）认证已经成为全球权威的项目管理资格认证，受到越来越多人的青睐。

PMP 认证是由美国项目管理学会（PMI）在全球范围内推出的针对项目经理的资格认证体系，通过该认证的项目经理叫 PMP。国内自 1999 年开始推行 PMP 认证，由 PMI 授权国家外国专家局培训中心负责在国内进行 PMP 认证的报名和考试组织。该认证通过两种方式对报名申请者进行考核，以决定是否颁发给申请者 PMP 证书。国家外国专家局培训中心为引进机构，不参加培训事宜。中国区的 PMP 培训由 PMI 的 REP（Registered Education Provider）全球授权机构和国家外国专家局授权的机构来进行培训。

PMP 为美国培养了一大批项目管理专业人才，项目管理职业已成为美国的“黄金职业”。在中国许多媒体已把 PMP 称为继 MBA、MPA 之后的三大金字招牌之一。PMP 认证已成为了一个国际性的认证标准，用英语、德语、法语、日语、韩语、西班牙语、葡萄牙语和中文等 8 种语言进行认证考试。全球有 50 多万名 PMP，中国大陆地区获得 PMP 头衔的已有 7 万多人，并逐年增长。

3. 中国项目管理研究委员会

中国项目管理研究委员会（Project Management Research Committee，China，PMRC）成立于 1991 年 6 月，是我国唯一的、跨行业的、全国性的、非盈利的项目管理专业组织。中国项目管理研究委员会旨在引进国际项目管理专业资质认证，建立中国项目管理知识体系。中国项目管理知识体系（Project of Management Body of Knowledge，PMBOK）的推出标志着中国项目管理走向了成熟，走向了科学化和系统化的道路。国际项目管理专业资质认证的引入使得我国具有了与国际同步的项目管理专业资质标准，为我国项目管理工作者提供了一个与世界接轨的平台。

（三）两大项目管理知识体系介绍

1. 美国 PMI 项目管理的知识体系 PMBOK

（1）项目整合管理（Integrated Management）包括为识别、定义、组合、统一与协调项目管理过程组的各过程及项目管理活动而进行的各种过程和活动。包括制定项目章程、制定项目管理计划、指导与管理项目执行、监控项目工作、实施整体变更控制、结束项目或阶段 6 个过程。

（2）项目范围管理（Scope Management）包括确保项目做且只做成功完成项目所需

的全部工作的各过程。包括收集需求、定义范围、创建工作分解结构、核实范围、控制范围 5 个过程。

（3）项目时间管理（Time Management）包括保证项目按时完成的各过程。包括定义活动、排列活动顺序、估算活动资源、估算活动持续时间、制定进度计划、控制进度 6 个过程。

（4）项目成本管理（Cost Management）包括对成本进行估算、预算和控制的各过程，从而确保项目在批准的预算内完工。包括估算成本、制定预算、控制成本 3 个过程。

（5）项目质量管理（Quality Management）包括执行组织确定质量政策、目标与职责的各过程和活动，从而使项目满足其预定的需求。包括规划质量、实施质量保证、实施质量控制 3 个过程。

（6）项目人力资源管理（Human Resource Management）包括组织、管理与领导项目团队的各个过程。包括制定人力资源计划、组建项目团队、建设项目团队、管理项目团队 4 个过程。

（7）项目沟通管理（Communication Management）包括为确保项目信息及时且恰当地生成、收集、发布、存储、调用并最终处置所需的各个过程。包括识别干系人、规划沟通、发布信息、管理干系人期望、报告绩效 5 个过程。

（8）项目风险管理（Risk Management）包括风险管理规划、风险识别、风险分析、风险应对规划和风险控制等各个过程。主要目标是提高项目积极事件的概率和影响，降低项目消极事件的概率和影响。包括规划风险管理、识别风险、实施定性风险分析、实施定量风险分析、规划风险应对、监控风险项目风险管理 6 个过程。

（9）项目采购管理（Procurement Management）包括从项目组织外部采购或获得所需产品、服务或成果的各个过程。包括规划采购、实施采购、管理采购、结束采购 4 个过程。

目前 PMBOK 已经被世界项目管理界公认为一个全球性标准，国际标准组织（ISO）以该指南为框架，制定了 ISO 10006 标准。

2. 国际项目 IPMI 项目管理的知识体系 ICB 的特点

IPMI 项目管理的知识体系 ICB 包括项目管理中知识和经验的 42 个要素（28 个核心要素和 14 个附加要素），个人素质的 8 个方面和总体印象的 10 个方面，并要求参与该体系的成员国必须建立适应本国项目管理背景的项目管理知识体系，按照 ICB 转换规则建立本国的国际项目管理专业资质认证国家标准。

（四）国际项目管理发展的趋势

（1）项目管理的全球化。主要表现在国际间的项目合作日益增多、国际化的专业活动日益频繁、项目管理专业信息的国际共享。

（2）项目管理的多元化。行业领域及项目类型的多样性，导致了各种各样的项目管理方法，从而促进了项目管理的多元化发展。

（3）项目管理的专业化。突出表现在 PMBOK 的不断发展和完善、学历教育和非学历教育竞相发展、项目与项目管理学科的探索及专业化项目咨询机构的出现。

二、国际工程项目的承包模式

（一）传统模式（Design Bid Build，DBB）

传统模式即设计—投标—施工，这种模式是业主委托建筑师/咨询工程师进行前期的各项有关工作，待项目评估立项后，由设计单位按照业主指示，编制项目设计图、规范和招标文件，进行施工招标准备。之后经公开或邀请投标或议标选择一家承包商。业主和承包商签订施工合同。业主一般指派业主代表与咨询方和承包商联系，负责有关的管理工作，但实施阶段的管理工作一般授权建筑师/咨询工程师进行。建筑师/咨询工程师和承包商之间没有合同关系，但承担业主委托的管理和协调工作。该模式最突出的特点是强调工程项目的实施必须按设计—投标—施工的顺序方式进行，只有一个阶段结束后另一个阶段才能开始（图 1-2-1）。

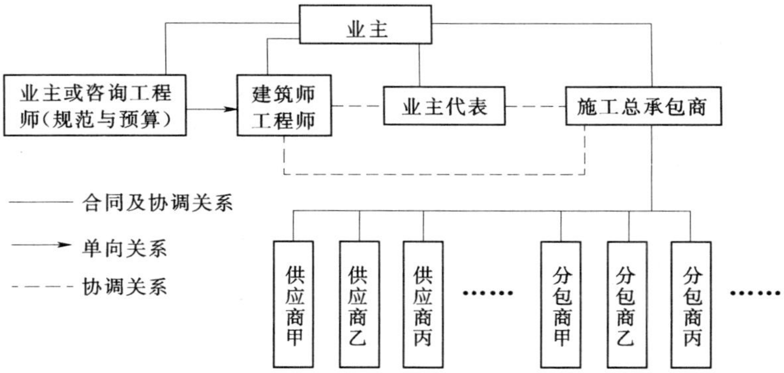

图 1-2-1 DBB 模式图

该模式的主要优点是业主可自由选择咨询设计单位并对设计进行控制，设计质量一般较高，施工阶段一般不会发生重大设计变更；施工招标前设计已全部完成，承包商投标时比较有依据；在国际上比较通用，世界银行、亚洲开发银行贷款项目和采用国际咨询工程师联合会（FIDIC）的合同条件的项目均采用这种模式。

该模式的主要缺点是设计基本完成后，才开始施工招标，对于工期紧的项目十分不利；项目周期长，业主管理费较高，前期投入较高；变更时容易引起较多的索赔，业主在控制造价和工期方面信心不足；出现工程质量事故后，责任不易清楚辨别，设计和施工相互推诿，业主利益得不到充分保障；承包商对设计文件的理解差异，容易导致争端，影响项目顺利执行；如果设计人员不能及时提供施工图纸，会导致承包索赔较多。

（二）工程总承包模式（Engineering Procurement Construction，EPC）

工程总承包模式，又称设计、采购、施工一体化模式。是指在项目决策阶段以后，从设计开始，经招标，委托一家工程公司对设计—采购—建造进行总承包。在这种模式下，按照承包合同规定的总价或可调总价方式，由工程公司负责对工程项目的进度、费用、质量、安全进行管理和控制，并按合同约定完成工程（图 1-2-2）。

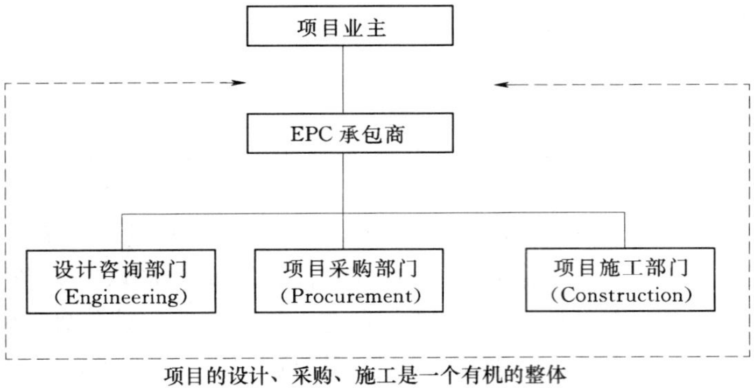

图 1-2-2　EPC 模式图

该模式的优点是业主把工程的设计、采购、施工和开工服务工作全部托付给工程总承包商负责组织实施，使一个承包商对整个项目负责，有利于组织、协调和控制；业主只负责整体的、原则的、目标的管理和控制，总承包商更能发挥主观能动性，能运用其先进的管理经验为业主和承包商自身创造更多的效益；提高了工作效率，减少了协调工作量；在设计时就考虑施工，避免设计和施工的矛盾，设计变更少，显著提高项目的可建造性；由于采用的是总价合同，基本上不用再支付索赔及追加项目费用；项目的最终价格和要求的工期具有更大程度的确定性。

该模式的缺点是业主不能对工程进行全程控制；总承包商对整个项目的成本工期和质量负责，加大了总承包商的风险，总承包商为了降低风险获得更多的利润，可能通过调整设计方案来降低成本，导致设计质量不高，可能会影响长远意义上的质量；由于采用的是总价合同，承包商获得业主变更令及追加费用的弹性很小。

在 EPC 模式下，承包商自主性、灵活性加大，承担的风险也增大。业主在 EPC 模式下承担的风险比传统 DBB 模式风险大。最明显的是承包商单方面承担了发生频繁的不可抗力风险。另外，由于 EPC 总承包商的投标报价估算是在没有设计图纸情况下做出的，所以 EPC 总承包商一般非常重视投标报价估算的方法和准确性，大多采用成本＋风险＋利润的基本估算原则，并建立严格的报价程序。

EPC 模式一般适用于以工艺过程为主要核心技术的工程建设领域。即适用于大型工业投资项目，主要集中在石油、化工、冶金、电力工程。这些项目的共同特点是投资规模大、专业技术要求高、管理难度大，工程的土建施工、设备采购与安装同设计紧密相关，成为投资建设的最重要最关键的过程。

（三）设计—建造模式（Design and Build，DB）

在国际上也称交钥匙模式（Turn Key Operate）。在中国称设计—施工总承包模式（Design Construction）。是在项目原则确定之后，业主选定一家公司负责项目的设计和施工。这种方式在投标和订立合同时是以总价合同为基础的。设计—建造总承包商对整个项目的成本负责，他首先选择一家咨询设计公司进行设计，然后采用竞争性招标方式选择分包商，当然也可以利用本公司的设计和施工力量完成一部分工程（图 1-2-3）。

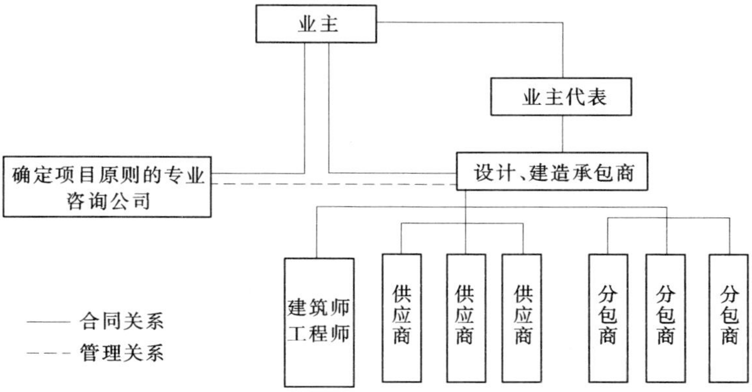

图 1-2-3 DB 模式图

该模式的优点是业主和承包商密切合作，完成项目规划直至验收，减少了协调的时间和费用；承包商可在参与初期将其材料、施工方法、结构、价格和市场等知识和经验融入设计中；有利于控制成本，降低造价。国外经验证明，实行 DB 模式，平均可降低造价 10%左右；有利于进度控制，缩短工期；风险责任单一。从总体来说，建设项目的合同关系是业主和承包商之间的关系，业主的责任是按合同规定的方式付款，总承包商的责任是按时提供业主所需的产品，总承包商对于项目建设的全过程负有全部的责任。

该模式的缺点是业主对最终设计和细节控制能力较低；承包商的设计对工程经济性有很大影响，在 DB 模式下承包商承担了更大的风险；建筑质量控制主要取决于业主招标时功能描述书的质量，而且总承包商的水平对设计质量有较大影响；出现时间较短，缺乏特定的法律、法规约束，没有专门的险种；交付方式操作复杂，竞争性较小。

该模式适用于简单、投资少、工期短的项目，如普通的住宅建筑。此类项目在技术上(不论设计还是施工)，都已积累了丰富的经验。当采用固定总价合同时，业主便于投资控制，承包商的费用风险较小，在美国 DB 模式市场份额已达 45%。值得注意的是，DB 模式并不是对于所有的项目都适用，如纪念性建筑，这种项目优先考虑的往往不是造价和工期，而是建筑造型艺术和工程细部处理技术；新型建筑，这种项目一般具有较高的建筑要求，不确定因素较多，无论设计和施工单位往往都缺乏经验，对于业主和项目总承包商来说，采用这种方式风险都太大；铁路、公路、桥梁、隧道等工程，由于这类项目工程量经常变化，很难在设计之前对其进行完整、精确的描述，并且这类项目的设计对总造价的影响不特别明显，没有必要采用项目总承包方式。

(四) 项目管理承包模式 (Project Management Consultant, PMC)

项目管理承包是指项目管理承包商代表业主对工程项目进行全过程、全方位的项目管理，包括进行工程的整体规划、项目定义、工程招标、选择 EPC 承包商，并对设计、采购、施工、试运行进行全面管理。PMC 项目管理承包商一般不直接参与项目的设计、采购、施工和试运行等阶段的具体工作。PMC 的费用一般按“工时费用＋利润＋奖励”的方式计取（图 1-2-4)。

PMC 是业主机构的延伸，就从定义阶段到投产全过程的总体规划和计划的执行对业

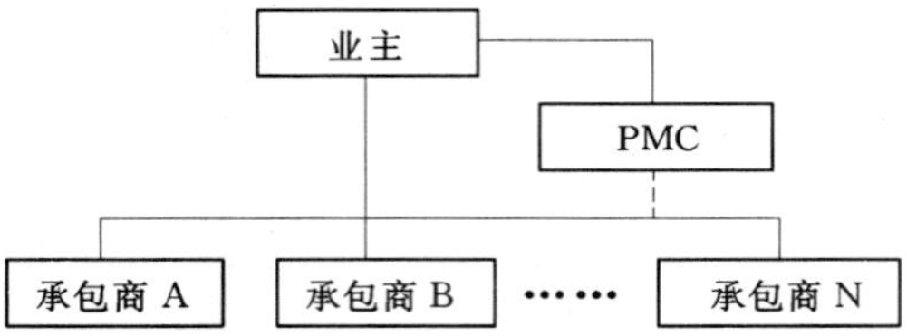

图 1-2-4　PMC 模式图

主负责，与业主的目标和利益保持一致。对大型项目而言，由于项目组织比较复杂，技术、管理难度比较大，需要整体协调的工作比较多，业主往往都选择 PMC 承包商进行项目管理承包。作为 PMC 承包商，一般更注重根据自身经验，以系统与组织运作的手段，对项目进行多方面的计划管理。PMC 模式体现了初步设计与施工图设计的分离，施工图设计进入技术竞争领域，只不过初步设计是由 PMC 完成的。

PMC 可分为如下三种类型。

(1) 代表业主管理项目，同时还承担一些界外及公用设施的 EPC 工作。这种方式对 PMC 来说，风险高，而相应的利润、回报也较高。

(2) 代表业主管理项目，同时完成项目定义阶段的所有工作，包括基础工程设计、±10%的费用估算、进行工程招标选择 EPC 承包商和主要设备供应商等。

(3) 作为业主管理队伍的延伸，负责管理 EPC 承包商而不承担任何 EPC 工作，这种方式的风险和回报都比较小。

该模式优点是可以充分发挥管理承包商在项目管理方面的专业技能，统一协调和管理项目的设计与施工，减少矛盾；有利于建设项目投资的节省；可以对项目的设计进行优化，可以实现在给项目生存期内达到成本最低；在保证质量优良的同时，有利于承包商获得对项目未来的契股或收益分配权，可以缩短施工工期，在高风险领域，通常采用契股方式来稳定队伍。

该模式的缺点是业主参与工程的程度低，变更权利有限，协调难度大；业主方很大的风险在于能否选择一个高水平的项目管理公司。

该模式通常适用于项目投资在 1 亿美元以上的大型项目；缺乏管理经验的国家和地区的项目，引入 PMC 可确保项目的成功建成，同时帮助这些国家和地区提高项目管理水平；利用银行或国外金融机构、财团贷款或出口信贷而建设的项目；工艺装置多而复杂，业主对这些工艺不熟悉的庞大项目。

（五）建造—运营—移交模式（Build—Operate—Transfer，BOT）

该模式是指一国财团或投资人为项目的发起人，从一个国家的政府获得某项目基础设施的建设特许权，然后由其独立式地联合其他方组建项目公司，负责项目的融资、设计、建造和经营。在整个特许期内，项目公司通过项目的经营获得利润，并用此利润偿还债务。在特许期满之时，整个项目由项目公司无偿或以极少的名义价格移交给东道国政府（图 1-2-5）。

BOT 模式的最大特点是由于获得政府许可和支持，有时可得到优惠政策，拓宽了融资渠道。BOT 模式的操作有不同演变方式，但其基本特点是一致的，即项目公司必须得到政府有关部门授予的特许权。该模式主要用于机场、隧道、发电厂、港口、收费公路、电信、供水和污水处理等一些投资较大、建设周期长和可以运营获利的基础设施项目。

该模式的优点是可以减少政府主权借债和还本付息的责任；可以将公营机构的风险转移到私营承包商，避免公营机构承担项目的全部风险；可以吸引国外投资，以支持国内基

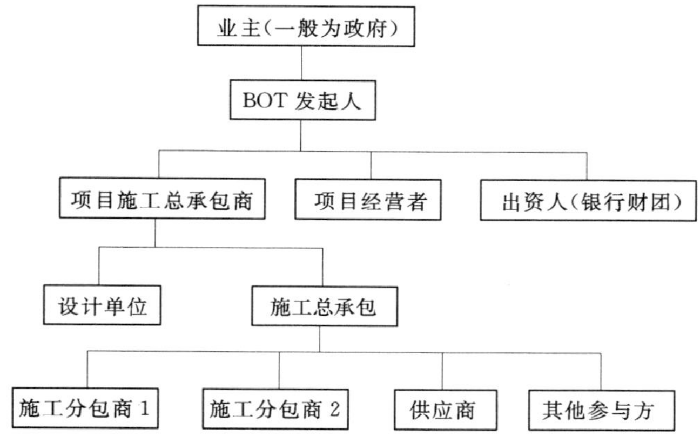

图1-2-5 BOT模式图

础设施的建设，解决了发展中国家缺乏建设资金的问题；BOT项目通常都由外国的公司来承包，这会给项目所在国带来先进的技术和管理经验，既给本国的承包商带来较多的发展机会，也促进了国际经济的融合。

该模式的缺点是在特许权期限内，政府将失去对项目所有权和经营权的控制；参与方多，结构复杂，项目前期过长且融资成本高；可能导致大量的税收流失；可能造成设施的掠夺性经营；在项目完成后，会有大量的外汇流出；风险分摊不对称等。政府虽然转移了建设、融资等风险，却承担了更多的其他责任与风险，如利率、汇率风险等。

（六）公共部门与私人企业合作模式（Public Private Partnership，PPP）

民间参与公共基础设施建设和公共事务管理的模式统称为公私（民）伙伴关系。具体是指政府、私人企业基于某个项目而形成的相互间合作关系的一种特许经营项目融资模式。由该项目公司负责筹资、建设与经营。政府通常与提供贷款的金融机构达成一个直接协议，该协议不是对项目进行担保，而是政府向借贷机构作出的承诺，将按照政府与项目公司签订的合同支付有关费用。这个协议使项目公司能比较顺利地获得金融机构的贷款。而项目的预期收益、资产以及政府的扶持力度将直接影响贷款的数量和形式。采取这种融资形式的实质是，政府通过给予民营企业长期的特许经营权和收益权来换取基础设施加快建设及有效运营（图1-2-6）。

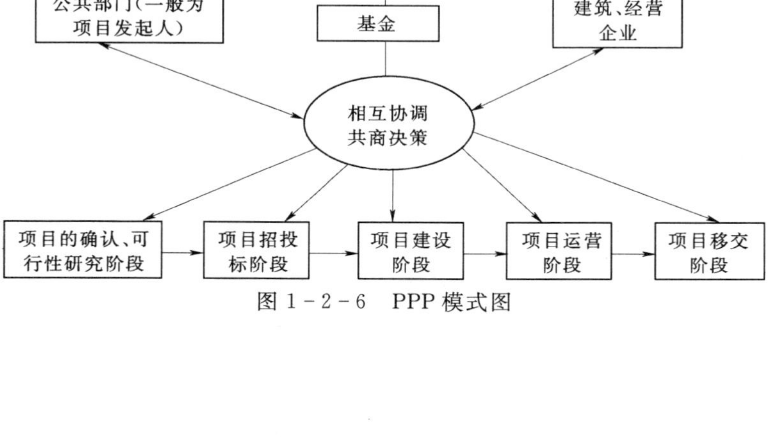

图1-2-6 PPP模式图

PPP模式适用于投资额大、建设周期长、资金回报慢的项目，包括铁路、公路、桥梁、隧道等交通部门，电力煤气等能源部门以及电信网络等通信事业等。

无论是在发达国家或发展中国家，PPP模式的应用越来越广泛。项目成功的关键是项目的参与者和股东都已经清晰了解了项目的所有风险、要求和机会，如此才有可能充分享受PPP模式带来的收益。

该模式的优点是公共部门和私人企业在初始阶段就共同参与论证，有利于尽早确定项目融资可行性，缩短前期工作周期，节省政府投资；可以在项目初期实现风险分配，同时由于政府分担一部分风险，使风险分配更合理，减少了承建商与投资商风险，从而降低了融资难度；参与项目融资的私人企业在项目前期就参与进来，有利于私人企业一开始就引入先进技术和管理经验；公共部门和私人企业共同参与建设和运营，双方可以形成互利的长期目标，更好地为社会和公众提供服务；使项目参与各方整合组成战略联盟，对协调各方不同的利益目标起关键作用；政府拥有一定的控制权。

该模式的缺点是对于政府来说，如何确定合作公司给政府增加了难度，而且在合作中要负有一定的责任，增加了政府的风险负担；组织形式比较复杂，增加了管理上协调的难度；如何设定项目的回报率可能成为一个颇有争议的问题。

（七）施工管理承包（Construction Management Approach，CM）模式

CM模式又称“边设计、边施工”方式，分阶段发包方式或快速轨道方式。CM模式是由业主委托CM单位，以一个承包商的身份，采取有条件的“边设计、边施工”，着眼于缩短项目周期，也称快速路径施工管理方法（Fast Track Construction Management）。快速路径施工管理方法又称阶段施工法（Phase Construction Method）。同通常采用“成本＋利润”方式的这样一种承发包模式。此方式通过施工管理商来协即从建设工程的开始阶段就雇用具有施工经验的CM单位（或CM经理）参与到建设工程实施过程中来，以便为设计人员提供施工方面的建议且随后负责管理施工过程（图1-2-7）。

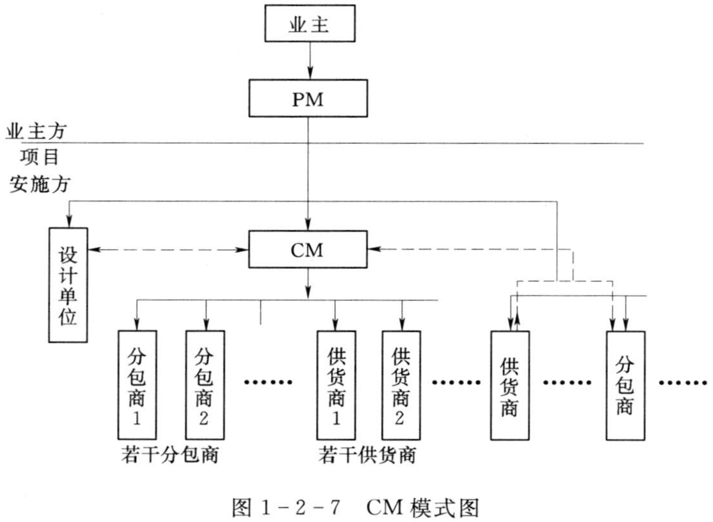

图1-2-7　CM模式图

其特点是由业主和业主委托的工程项目经理与工程师组成一个联合小组共同负责组织

和管理工程的规划、设计和施工。完成一部分分项（单项）工程设计后，即对该部分进行招标，发包给一家承包商，无总承包商，由业主直接按每个单项工程与承包商分别签订承包合同。这是近年在国外广泛流行的一种合同管理模式，这种模式与过去那种设计图纸全都完成之后才进行招标的连续建设生产模式不同。

CM模式的两种实现形式为代理型CM（“Agency”CM）和非代理型（风险型）CM（“At－Risk”CM）。

（1）代理型CM：以业主代理身份工作，收取服务酬金（图1－2－8）。

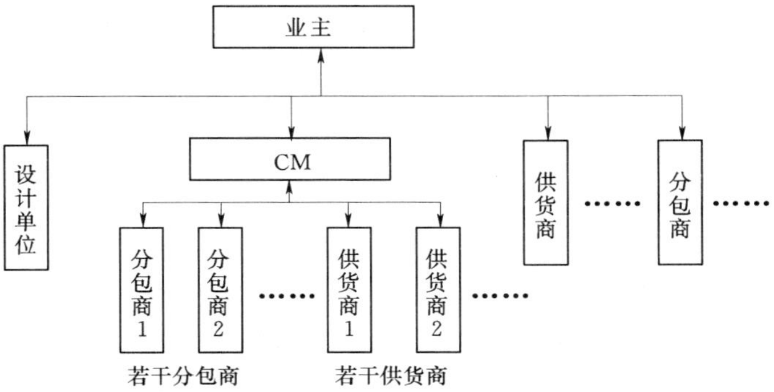

图1－2－8 代理型CM模式图

（2）非代理型CM：以总承包身份，可直接进行分发包，直接与分包商签合同，并向业主承担保证最大工程费用GMP，如果实际工程费超过了GMP，超过部分由CM单位承担（图1－2－9）。

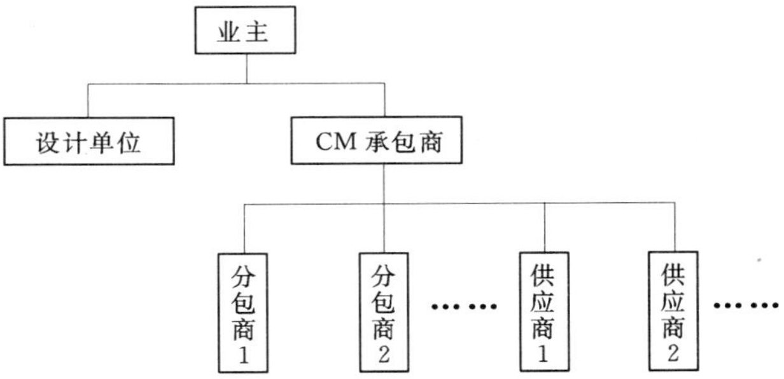

图1－2－9 非代理型CM模式图

该模式的优点是在项目进度控制方面，由于CM模式采用分散发包、集中管理，使设计与施工充分搭接，有利于缩短建设周期；CM单位加强与设计方的协调，可以减少因修改设计而造成的工期延误；在投资控制方面，通过协调设计，CM单位还可以帮助业主采用价值工程等方法向设计提出合理化建议，以挖掘节约投资的潜力，还可以大大减少施工阶段的设计变更。如果采用了具有GMP的CM模式，CM单位将对工程费用的控制承担更直接的经济责任，因而可以大大降低业主在工程费用控制方面的风险；在质量控制方面，设计与施工的结合和相互协调，在项目上采用新工艺、新方法时，有利于工程施工质量的提高；分包商的选择由业主和承包人共同决定，因而更为明智。

该模式的缺点是对CM经理以及其所在单位的资质和信誉的要求都比较高；分项招标导致承包费可能较高；CM模式一般采用“成本加酬金”合同，对合同范本要求比较高。

第三节　国际工程项目组织结构及模式

学习指导

通过本节学习了解工程项目组织的基本原理；理解国际工程项目组织的特点；掌握国际工程项目施工经理部组织模式及特点。

一、工程项目组织基本原理

“工程项目组织”是指为完成特定的工程项目任务而建立起来的，从事工程项目具体工作的组织。一般来说，组织由管理层次、管理跨度、管理部门和管理职能四大因素构成，呈上小下大的形式，四大因素密切相关、相互制约。

（一）工程项目组织结构设计原则

（1）目标统一原则。项目参加者应就总目标达成一致；在项目的设计、合同、计划、组织管理规则等文件中确定总目标；在项目的全过程中顾及各方面的利益，使项目参加各方满意；为了达到统一的目标，项目的实施过程必须有统一的指挥、方针和政策。

（2）责权利平衡。组织成员有一项责任或工作任务，则他又应有为完成这个责任所必需的，或由这个责任引申的相应的权力；应通过合同、组织规则、奖励政策对项目参加者各方的权益保护；按照责任、工作量、工作难度、风险程度和最终的工作成果给予相应的报酬或奖励；公平地分配风险。

（3）适用性和灵活性原则。选择与项目的范围、项目组的大小、环境条件及业主的项目战略相应的项目组织结构和管理模式；项目组织结构应考虑到与原组织（企业）的适应性；顾及项目管理者过去的项目管理经验，并应充分利用这些经验；组织机构简单、人员精简，项目组要保持最小规模，并最大可能地使用现有部门中的职能人员。

（4）组织制衡原则。权职分明，任何权力须有相应的责任制衡和过程监督；通过组织结构、责任矩阵、项目管理规则、管理信息系统设计保持组织界面的清晰；通过其他手段达到制衡，例如保险和担保。

（5）责任的连续性和统一性。许多项目工作最好由一个单位或部门全过程、全面负责；项目的主要承担者应对工程的最终效果负责，与项目的最终效益挂钩；防止责任的盲区，减少责任连环；保证项目组织的稳定性，包括项目组织结构、人员、组织规则、程序的稳定性。

（6）管理跨度与分层次统一。根据项目目标的层次性，任何一个项目的管理都可以分为多个不同的管理层次。管理层次是指从公司最高管理者到最下层实际工作人员之间的不同管理阶层。管理层次按从上到下的顺序通常分为决策层、协调层、执行层和操作层。管理跨度是指一名管理人员所直接管理下级的人数。一般地说，管理层次与管理跨度是相互矛盾的，管理层次过多势必要降低管理跨度；同样，管理跨度增加，也会减少管理层次。

（7）合理授权。依据完成的任务，对要取得的结果进行授权，构成目标、任务、职权之间的逻辑关系，并订立完成程度考核的指标；根据要完成的工作任务选择人员，分配职位和职务；采用适当的控制手段，确保下层恰当地使用权力，以防止失控；保持信息渠道的开放和畅通，使整个组织运作透明。谨慎地进行授权，分权的有效性与组织文化有关。

（二）国际工程项目组织的特征

国际工程项目组织中的人力资源大体可分为对外商务人员、一线直接操作的作业人员和从事项目技术性管理工作的人员。由于国际工程承包项目并非在本国进行，出于政治制度和经济利益及项目所在地法律法规的要求，国际承包商难免要在项目所在地雇佣当地人员参与项目的施工及管理，因此按人力资源的来源不同，又可将其分为本国雇员和非本国雇员两类。

1. 项目施工作业人员

目前，我国建筑企业项目施工作业人员主要是来自农村和较贫困地区的民工。

2. 项目管理人员

项目管理人员又可称为知识型雇员

目前我国对外承包工程的管理人员基本上都来自国内，由于他们年龄、阅历、技能、从事的专业等方面的不同，他们在参与项目管理的能力素质差异较大，具体表现在以下几方面。

（1）国外工作生活的适应能力不同。在长期国外工作生活中，要培养良好的心理素质，学会自我调节，善于寻找他人支持，才能从容面对激烈的国际建筑市场竞争和工作生活中的压力。

（2）项目管理能力的差异。国际工程项目所在区域的不同决定了项目管理的文化差异性，在全球化的大背景下，跨国、跨文化经营已经成为现代企业的一种新型经营方式，因此跨文化管理变得越来越重要。要提高跨文化沟通能力，就必须学好外语，入乡随俗，尊重本土文化习俗和民族品格，尊重他们自己解决问题的方式，平等地对待当地人和异域雇员，这样就可能实现有效的跨文化沟通。

（3）项目管理信息处理能力差异。项目管理的信息化已成必然趋势，处理信息的能力应成为跨国经营人才的一个基本能力。

（4）项目管理的团队精神认识差异。国际工程项目的整体性和复杂性要求项目团队具有良好的团队协作精神，几乎每一个工程项目都是一个复杂的系统工程，除了工程本身结构的独特性、涉及技术的复杂性之外，工程项目建设的时间、地点、条件等都会有若干差别，都涉及某些以前没有做过的事情，建设过程中各种情况的变化带来的风险因素较多。项目部总会面临新的挑战，往往不是某个人单独可以承担的，需要整个项目团队齐心合力，共同攻克难关。

3. 项目所在国的雇员

项目所在国的雇员可能是项目所在国的居民，也可能是来自其他国家的外来打工者。因此，他们的成分十分复杂，语言、文化、信仰、生活习惯、工作作风各异。

二、施工项目经理部组织

（一）项目经理部的作用

施工项目经理部是由企业授权，并代表企业履行工程承包合同、按合同要求实现工程项目目标的项目一次性管理机构，是项目经理的办事机构，代表企业履行合同的主体，对最终产品和建设单位负责。根据公司的现有特点，项目经理部履行建设单位、施工单位双重管理职能。施工项目经理部的作用有以下几点。

(1) 施工项目经理部是企业在某一工程项目上的一次性管理组织机构，由企业委任的施工项目经理领导。

(2) 施工项目经理部对施工项目从开工到竣工的全过程实施管理，对作业层负有管理和服务的双重职能，其工作质量好坏将对作业层的工作质量有重大影响。

(3) 施工项目经理部是代表企业履行工程承包合同的主体，是对最终建筑产品和建设单位全面负责、全过程负责的管理实体。

(4) 施工项目经理部是一个管理组织体，要完成项目管理任务和专业管理任务；凝聚管理人员的力量，调动其积极性，促进合作；协调部门之间、管理人员之间的关系，发挥每个人的岗位作用，为共同目标进行工作；贯彻组织责任制，搞好管理；及时沟通部门之间，项目经理部与作业层之间、与公司之间、与环境之间的信息。

(二) 项目经理部设置程序

项目经理部设置程序如图 1－3－1 所示。

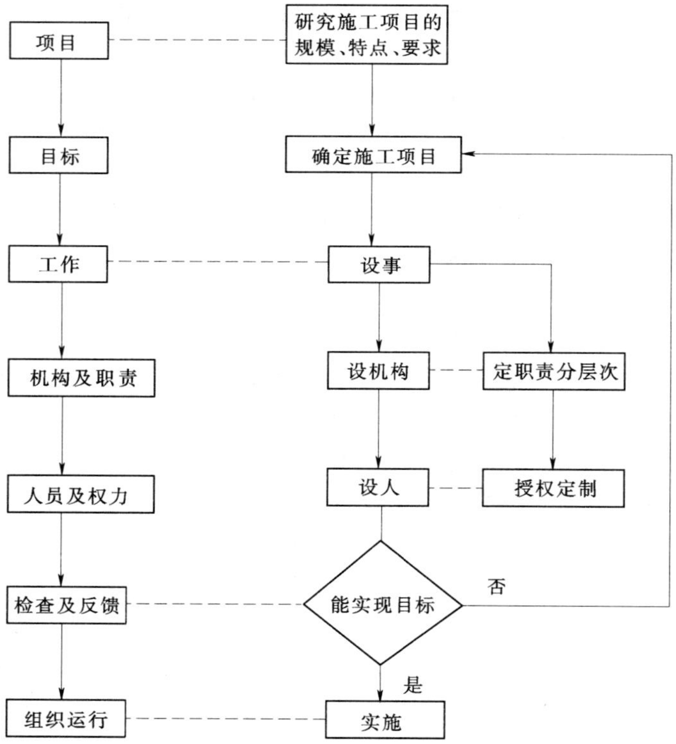

图 1－3－1　施工项目经理部设置程序图

(三) 项目经理部部门设置

项目经理部的规模一般应该根据企业的组织体系和管理水平以及项目的性质和规模来

确定。一般的国际土建工程应设置商务合同管理部、工程技术部、工程设计部、工程测试计量部、物资设备部、质量安全部、后勤管理部、财务部和办公室等。项目经理部主要人员构成及素质要求如下。

1. 项目经理（Construction Project Manager）

项目经理是企业法定代表人在承包项目的建设工程施工项目上的委托代理人，是项目管理的责任人，是桥梁和纽带，是各种信息的集散中心，是施工项目建设实施管理的主体，是承包商驻工地总代表。项目经理的主要职能包括预测、计划、组织、控制、激励动员、协调及沟通等；对施工项目的管理主要有施工设计、施工过程管理、人力资源管理、财务管理等。项目经理同公司总部在行政管理上是上下级行政关系，是服务与服从、监督与执行的关系；在经济往来上，企业与项目经理签订的项目管理目标责任书严格执行，建立可信而合理的经济责任关系；在业务管理上，项目经理部作为企业项目的管理层，接受总部职能部门的业务指导和服务。

2. 施工/现场经理（Construction/Site Manager）

按照既定计划和目标对现场的日常活动进行管理控制，以确保实现工期、质量和成本三大目标。合格的施工经理应具备的能力包括较强的施工技术能力、丰富的施工组织经验，良好的组织管理能力和协调沟通能力。

3. 商务/合同经理（Business/Contract Manager）

商务/合同经理负责具体的合同管理工作，协助项目经理进行对外沟通和协调，主管工程进度款的结算等工作。合格的商务经理应具备的能力包括通晓合同条款，熟悉各种商务运作流程，有很强的沟通协调能力，熟练掌握英语。

三、施工项目经理部组织模式

组织模式是指一个组织以何种方式去处理层次、跨度、部门设置和上下级关系。国际施工项目经理部组织应根据工程项目的规模、复杂程度和专业特点，承包模式，业主委托的任务以及单位自身情况而定。常用的组织形式一般有以下四种。

（一）工作队式项目组织

该组织形式由企业各职能部门抽调人员组建项目管理组织机构（项目经理部），不打乱企业原建制；项目管理组织机构由项目经理领导，有较大独立性。在工程施工期间，项目组织成员与原单位中断领导与被领导关系，不受其干扰，但企业各职能部门可为之提供业务指导；项目管理组织与项目施工同寿命。项目中标或签订施工合同后，即组建项目管理组织机构；

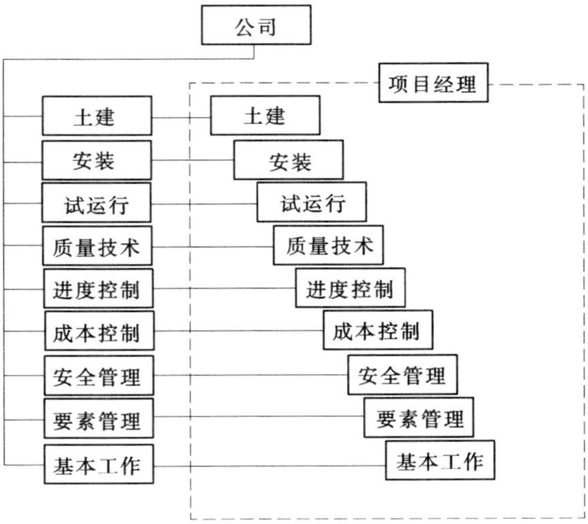

图 1-3-2　工作队式项目组织图

竣工交付使用后，机构撤销，人员返回原单位（图 1－3－2）。

该组织形式的优点是项目组织成员来自企业各职能部门和单位，熟悉业务，各有专长，可优势互补，协同工作，能充分发挥其作用；各专业人员集中现场办公，减少了扯皮和等待时间，工作效率高，解决问题快；项目经理权力集中，行政干预少，决策及时，指挥得力；由于这种组织形式弱化了项目与企业职能部门的结合，因而项目经理易于开展工作；不打乱企业的原建制。

该组织形式的缺点是组建之初，来自不同部门的人员彼此之间不够熟悉，可能配合不力。由于项目施工的一次性特点，有些人员可能存在临时观点；人员配置不当时，专业人员不能在更大范围内调剂余缺，往往造成忙闲不均，人才浪费；对于企业来讲，专业人员分散在不同的项目上，相互交流困难，职能部门的优势难以发挥。

该组织形式适用于大型施工项目；要求多工种、多部门密切配合，工期要求紧迫的施工项目。

（二）部门控制式项目组织

该组织是按照职能原则建立的项目管理组织；没有打乱企业现行建制，即由企业将项目委托其下属某一专业部门或某一施工队。受委托的专业部门或施工队领导在本单位组织人员，并负责实施项目管理；项目竣工交付使用后，恢复原部门或施工队建制（图 1－3－3）。

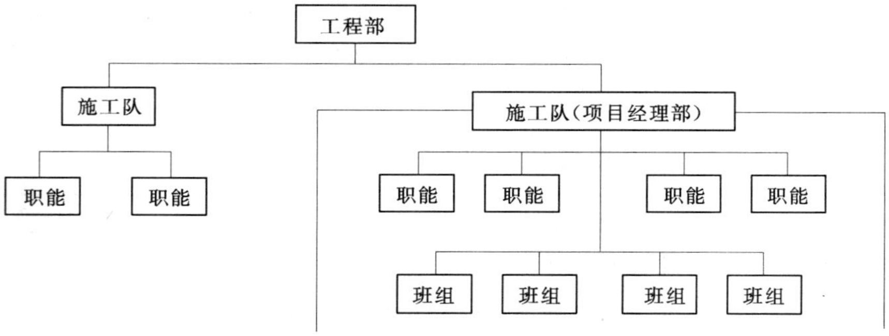

图 1－3－3 部门控制式项目组织图

该组织形式的优点是利用企业下属的原有专业队伍承建项目，可迅速组建施工项目管理组织机构；人员熟悉，职责明确，业务熟练，关系容易协调，工作效率高。

该组织形式的缺点是不适应大型项目管理的需要；不利于精简机构。

该组织形式适用于专业性较强，不涉及众多部门的小型施工项目。

（三）矩阵式组织形式

该组织是按照职能原则和项目原则结合起来建立的项目管理组织，既能发挥职能部门的纵向优势又能发挥项目组织的横向优势。企业专业职能部门是相对长期稳定的，项目管理组织是临时性的。职能部门负责人对项目组织中本单位人员负有组织调配、业务指导、业绩考察责任。项目经理在各职能部门的支持下，将参与本项目组织的人员在横向上有效地组织在一起，为实现项目目标协同工作，项目经理对其有权控制和使用，在必要时可对其进行调换或辞退。矩阵中的成员接受原单位负责人和项目经理的双重领导，可根据需要和可能为一个或多个项目服务，并可在项目之间调配，充分发挥专业人员的作用（图 1-3-4）。

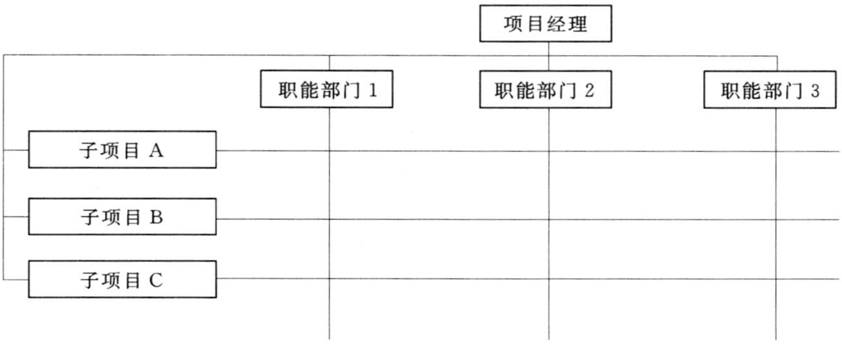

图 1-3-4　矩阵式项目组织图

该组织形式的优点是将职能原则和项目原则结合融为一体，实现企业长期例行性管理和项目一次性管理的一致；效率高，能通过对人员的及时调配，以尽可能少的人力实现多个项目管理；项目组织具有弹性和应变能力。

该组织形式的缺点是矩阵制式项目组织的结合部多，组织内部的人际关系、业务关系、沟通渠道等都较复杂，容易造成信息量膨胀，引起信息流不畅或失真；项目组织成员接受原单位负责人和项目经理的双重领导，当领导之间发生矛盾、意见不一致时，当事人将无所适从，影响工作；在项目施工高峰期，一些服务于多个项目的人员，可能应接不暇而顾此失彼。

该组织形式适用于需要同时承担多个工程项目管理的企业；大型、复杂的施工项目等。

（四）事业部式项目组织

该组织形式是在企业下设事业部，事业部可以按地区设置，也可以按工程类型或经营内容设置。相对于企业，事业部是一个职能部门，但对外享有相对独立的经营权，可以是一个独立的单位。在事业部下设项目经理部。项目经理由事业部选派，一般对事业部负责，经特殊授权时，也可直接对业主负责（图 1-3-5）。

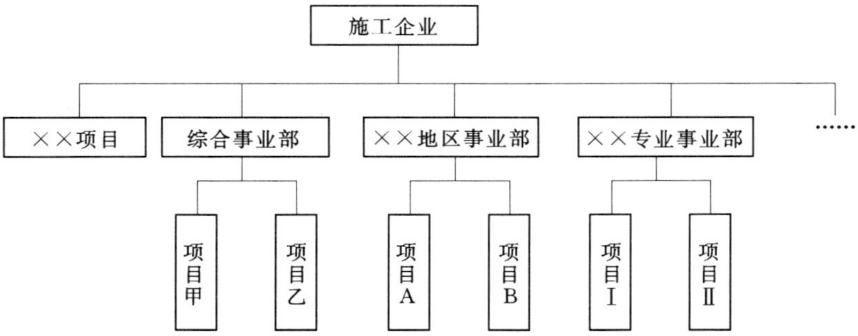

图 1-3-5　事业部式项目组织图

该组织形式的优点是能充分调动发挥事业部的积极性和独立经营作用，便于延伸企业的经营职能，有利于开拓企业的经营业务领域；能迅速适应环境变化，提高公司的应变能力，既可以加强公司的经营战略管理，又可以加强项目管理。

该组织形式的缺点是企业对项目经理部的约束力减弱，协调指导机会减少，以至有时会造成企业结构松散；事业部的独立性强，企业的综合协调难度大。

该组织形式适用于大型经营型企业承包施工项目时采用；远离企业本部的施工项目，海外工程项目；适宜在一个地区有长期市场或有多种专业化施工力量的企业采用。

自 测 练 习 题

一、单选题

1. 项目具有的两个基本特征是（　　）。

A. 独特性和临时性　　B. 独特性和系统性

C. 系统性和临时性　　D. 系统性和复杂性

2. 以下不属于国际工程项目特点的是（　　）。

A. 风险很大　　B. 以合同管理为核心

C. 跨国的经济活动　　D. 动态性

3. “总承包商既负责项目的设计，又负责项目的施工及相关组织工作。”这属于（　　）。

A. 设计—建造项目管理模式　　B. 设计—招标—建造项目管理模式

C. 设计—采购—施工项目管理模式　　D. 设计—建造—运营项目管理模式

4. 国际工程项目管理模式中 EPC/T 是指（　　）模式。

A. 设计—采购—施工/交钥匙　　B. 设计—招标—建造

C. 建造—运营—移交　　D. 设计—建造

5. 以大型装置或工艺过程为核心技术的工业建设领域应采用（　　）项目管理模式。

A. 设计—采购—施工/交钥匙　　B. 设计—招标—建造

C. 建造—运营—移交　　D. 设计—建造

6. 对于国际工程公司来说，通常采用的一种组织结构是（　　）。

A. 部门式　　B. 事业部式　　C. 矩阵式　　D. 工作队式

7. 下列关于矩阵式组织结构的说法中，错误的是（　　）。

A. 比较容易实现资源共享，减少重复配置　　B. 在弱矩阵中，项目经理的权力非常大

C. 在强矩阵中，可供使用的资源比较多　　D. 破坏了命令统一管理原则

8. 国际工程承包公司参与具体项目实施的全权委托代理人是（　　）。

A. 业主代表　　B. 项目工程师　　C. 项目经理　　D. 合同经理

二、判断题

1. 从我国的角度来看，国际工程项目为我国公司在海外参与的工程项目。（　　）

2. 国际工程项目管理的生命周期可以分为五个阶段，分别是开始、计划、执行、控制、结束。（　　）

3. 在国际工程项目组织结构的设计原则中，管理幅度原则和管理层次原则成正比关系。(　　)

4. 项目各级人员之间的沟通效率高是职能型组织结构的优点。(　　)

5. 在项目型组织结构中，由总经理从各部门抽调专业人员参与工程项目的实施，由各部门的负责人组织协调各职能部门的工作。(　　)

单元二　国际工程项目管理实务

学习指导

通过本节学习了解国际工程招标及其程序，重点掌握预审程序及内容、投标时应注意的事项及投标方法技巧、投标文件的编制和正式投标文件检查要点，并能在投标过程中恰当运用投标方法技巧及辅助中标手段。

第一节　国际工程招投标

一、国际工程招投标程序

（一）国际工程招标程序

国际工程招标是一家买主（或发包者）将拟买一批物资设备（包括外购外协件）或拟建工程项目的内容、要求等，如品种、规格、质量、价格、工期等，通过公告或通知书等形式招引或邀请卖主（承包者）前来投标，最后由买主（或发包者）从中择优选定的一种经济行为。国际工程招标工作程序如图2-1-1所示。

1. 编制招标文件（Bidding Document Preparation）

招标文件是在对拟建工程项目的可行性研究、成本分析和研究、标价估算和确定工程低价以及对整个工程和全部设备、配套工程规定的技术指标和技术经济要求的基础上编制而成的。招标文件详细地说明了业主对本项目进行招标的基本条件和要求，是投标人编制投标文件的基础和依据。认真充分地准备招标文件，是招标工作得以顺利进行的关键一步。招标文件的内容概括起来包括两个方面：投标人需要了解和遵守的有关规定；为承包商投标报价而提供的文件和数据。

2. 发布招标公告（Announcement of Tender）

国际竞争性招标方式的根本特征之一，就是其投标机会必须通过国际公开广告的途径予以通告，使所有合格的投标人都有同等机会了解投标要求，以形成尽可能广泛的竞争局面。世界银行贷款项目采用国际竞争性招标，要求招标广告送交世界银行，免费安排在联合国出版的《发展商务报》上刊登。送交世界银行的时间最迟不应晚于招标文件向投标人公开发售前的60天。

根据招标方式的不同，公开招标的招标邀请书以广告形式发表，邀请招标则以邀请函的方式发给拟邀请投标的承包商。两者内容大体相同，主要包括以下几点。

（1）项目所在国家及单位名称、地址。

（2）招标工程项目名称。

（3）工程内容及招标范围简要说明。

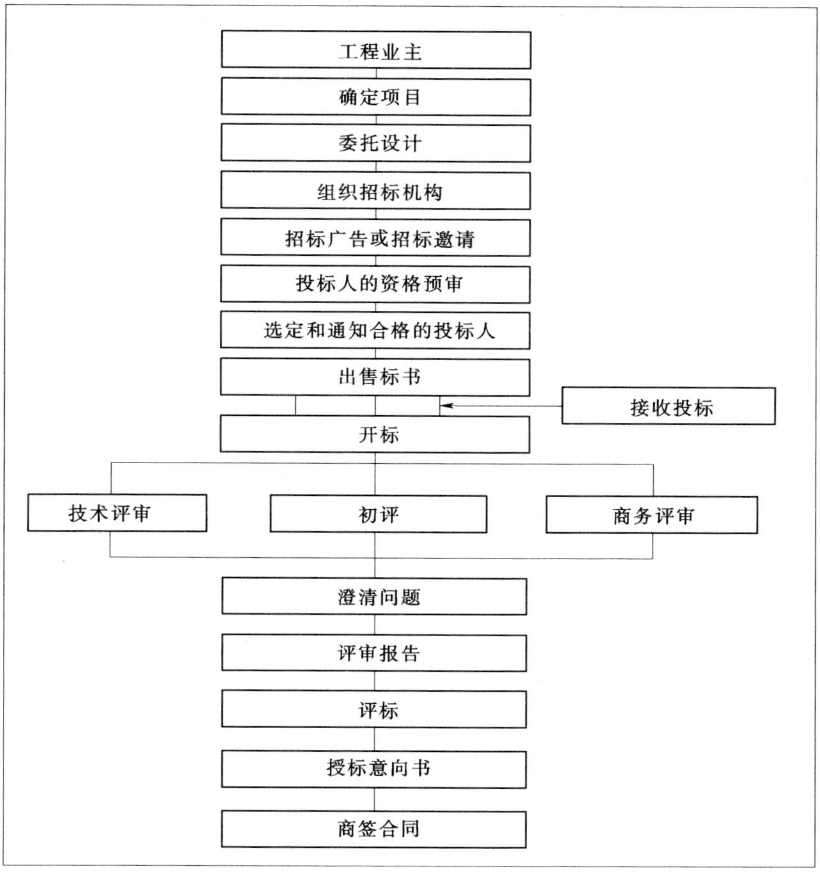

图 2-1-1　国际工程招标工作程序

（4）资金来源（如世界银行贷款、政府预算内资金）。

（5）招标有关信息（招标文件号或名称，工程或所需采购的设备、原材料和其他货物的说明，工程规模）。

（6）工程计划开工、竣工时间。

（7）发售招标（或资格预审）文件的地点和时间。

（8）招标（或资格预审）文件费用金额。

（9）投标保证金数额。

（10）对投标人的资格要求。

3. 资格预审（Prequalification）

在国际工程招标中，投标人资格预审是不可缺少的步骤之一。业主发布招标资格预审通告之后，对该工程感兴趣的承包商会购买资格预审文件，并按规定填写资格预审文件，在规定的日期报送业主。业主经过对报送资格预审文件的所有承包商进行认真审核后，通知那些合格的承包商前来购买招标文件。

资格预审的实质就是招标人（业主）对报名参加投标的众多承包商的技术水平、财务实力和施工管理经验的书面调查，目的在于选择在技术、财务和管理等方面能适应招标工程需要的承包商参加投标；淘汰不合格的投标人；减少评标阶段的工作时间和评审费用；排除将合同授予没有经过资格预审的投标人的风险，为业主选择一个优秀的承包商打下良好的基础。

限制性招标、两阶段招标及法语地区的有限制条件询价，均要求投标前进行资格预审。也有些招标在开标后评标前进行资格审查，如有些公开招标和公开询价，投标人众多，资格预审工作量大，采用开标后评标前仅对有可能中标报价最低的几家进行预审，可以减少工作量。

4. 发售招标文件（Selling Bidding Documents）

在需要资格预审的招标中，招标文件只发售给资格预审合格的承包商。在不拟进行资格预审的招标中，招标文件可发给对招标通告作出反应并有兴趣参加投标的所有承包商。

在招标通告上要清楚地规定发售招标文件的地点、起止时间以及发售招标文件的费用。对发售招标文件的时间，要相应规定得长一些，以使投标人有足够的时间获得招标文件。根据世界银行的要求，发售招标文件的时间可延长到投标截止日期。招标文件收费、价格应合理，一般只收成本费，以免投标人因价格过高而失去购买招标文件的兴趣。

另外，要做好购买记录，内容包括购买者的详细名称、地址、电话、招标文件编号、招标号等。这样便于日后与购买招标文件的承包商进行联系，如对招标文件进行修改时，能够将修改文件准确、及时地发给购买招标文件的承包商。

（二）国际工程投标程序

投标报价作为国际工程投标过程中的关键环节，其工作内容繁多，工作量大，而时间往往十分紧迫，因而必须周密考虑，统筹安排，遵照一定的工作程序，使投标报价工作有条不紊、紧张而有序地进行。国际工程投标报价工作在投标者通过资格预审并获得招标文件后开始，通常遵循以下四个步骤：①研究招标文件；②调查研究，搜集资料；③编制投标报价书；④进行经济分析。国际工程投标报价工作程序如图 2-1-2 所示。

1. 研究招标文件

招标文件内容很广泛，承包商必须全面消化标书内容，不放过任何一个细节，应重视文件中以下方面的内容。

（1）关于合同条件方面。

1）工期：包括开工日期和动员准备期及施工期限等，是否有分段分批交付的要求。工期对施工方案、施工机具设备的配备、高峰期劳务人员数量均有影响；误期赔偿金额是否有赔偿的最高限额规定。这对施工计划的安排和误期的风险大小有影响。

2）缺陷责任期长短和缺陷责任期间的担保金额：可确定何时收回工程尾款，确定承包商在缺陷责任期的维护费用。这对承包商的资金利息和保函费用计算有影响。

3）保函的要求：包括投标保函、履约保函、预付款保函、施工机械临时进口再出口保函和维修期质量保证金保函等。保函值的要求，允许开保函的银行限制，保函有效期的规定、是转开保函还是转递保函等。这对承包商计算保函手续费用和用于银行开保函所需抵押金的占用有重要关系。

4）付款条件：是否有预付款及其扣回方式如何，材料设备到达现场并检验合格后是

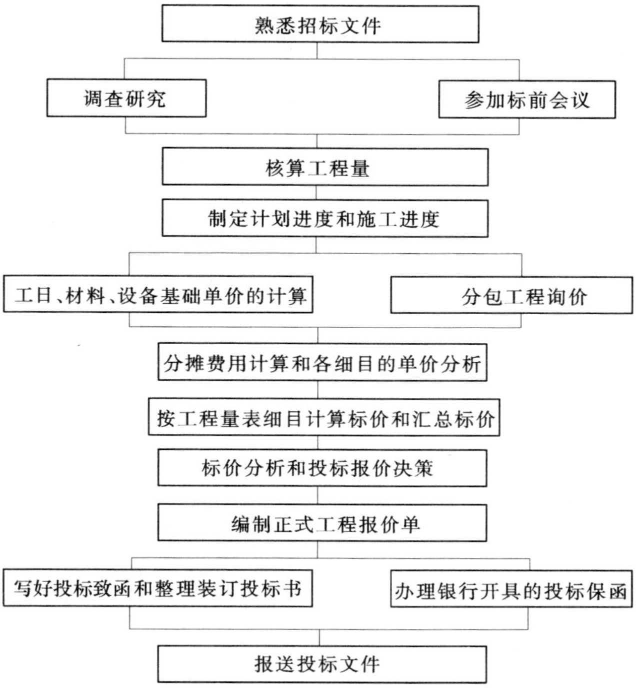

图 2-1-2 国际工程投标报价工作程序

否可以获得部分材料设备预付款；中期付款方法，付款币种，保留金比例，保留金最高限额等，退回保留金的时间和方法，拖延付款如何支付利息，中期付款有无最小金额限制，每次付款的时间规定等。这些是影响承包商计算流动资金及其利息费用的重要因素。

5）税收及关税：是否免税或部分免税，免哪种或哪几种税收，要分清 tax 与 duty 分别所表示的含义。这些将严重影响材料设备的价格计算。

6）保险：保险的种类（例如工程一切险、第三方责任险、施工机械险、现场人员的人身事故险、设计险、海事险等）和最低保险金额，对保险公司有无限制。这与计算保险手续费有关系。

7）货币：外汇兑换和汇款规定；是否有外汇管制。

8）索赔：相应的索赔条款，是否有明确的索赔费用计算方法。

9）分包：对工程分包有何具体规定，对非土建类的工程是否属于指定分包，总承包商对指定分包商应提供何种条件，承担何种责任，如何对指定分包商计价。

（2）关于材料、设备和施工技术方面。

1）采用何种施工规范：工程技术规范按工程类型来描述工程技术和工艺的内容和特点，对设备、材料、施工和安装方法等所规定的技术要求，以及对工程质量进行检验、试验和验收所规定的方法和要求。研究工程技术规范，特别要注意研究该规范是参照或采用英国规范、美国规范还是其他国际技术规范，本公司对此技术规范的熟悉程度，有无特殊施工技术要求和特殊材料设备技术要求，有关选择代用材料、设备的规定，以便采用相应的定额，计算有特殊要求的项目价格。尤其应注意该施工规范与中国规范的差异，因为我国公司习惯报价套用的企业定额采用的是中国规范。如混凝土强度，中国规范用的是立方体强度，而美国规范用的是圆柱体强度，因此同样是C20级混凝土，后者直接是轴心抗压强度，前者需要转换。

2）特殊的施工要求：要列全技术规范对施工方案、机具设备和施工时间等的特殊要求，如桥梁钻孔桩钢筋笼分几节吊装、单桩钻孔时间、桩混凝土灌注时间的限制等均属于特殊的施工要求。

3）特殊材料、特殊设备的技术要求：对每种需进行国外询价的材料设备，编出细目表，说明规格、型号、技术数据、技术标准并估算出需要量，以便及时向外询价。

（3）关于工程范围和报价方面。

1）认真研究报价合同：是总价合同、单价合同还是成本补偿合同，不同合同形式对于承包商的风险不一样。

2）仔细研究招标文件中工程量清单的组成内容，结合规范、图纸及其他合同文件认真考虑工程量的分类方法及每一项工程的具体含义和内容，在单价合同中尤为重要。

3）永久性工程之外的项目的报价要求：工程师现场费用（住宿、办公、家具、车辆、水电、实验仪器、测量仪器、服务设施和杂务费用）、进出场费用、施工设计费用、勘察费用、临时工程费用、进场道路费用、水电供应费用是否单独列入工程量清单，若未单独列入工程量清单，则需将上述费用分摊到正式工程中；是否还有特殊项目的报价要求，防止漏项。

4）对于在不发达地区施工的国际工程项目：永久工程有关供水、供电部分，招标文件中往往指明产品品牌，而且一般要求承包商在施工结束时为项目提供3～5年的配件，这些要求都直接影响承包商的报价。

2．调查研究，搜集资料

调查研究的重点应该是针对工程特点进行重点调查，抓紧解决主要问题，平时最好能积累一些资料。投标前的调查，仅仅是补充已有资料的不足。如果每次都从头到尾做大量搜集资料的工作，从时间上也不允许。最好是组成专门的或兼职的情报班子，经常搜集信息积累资料，整理分析。一般说来，调查搜集资料可在国内和国外同时进行。

3．编制投标报价书

编制投标报价书一般先编制国内部分预算，进行工程量计算，工、料、机分析，然后根据所掌握的国外工程设备、材料价格、各项费用计算基础及有关资料，再编制国际工程报价书。与国内投标相比，大约增加3倍工作量。有些国际工程投标报价时，由于承包商掌握了大量可靠的国外资料，可以直接编制国外工程投标报价书。投标报价书一般按直接费用和间接费用两部分来编制。

（1）直接费用。即根据设计图纸采用实物法计算的单项工程的工、料、机费用。工、料、机的计算方法与国内工程大同小异。

1）人工费计算。计算步骤一般先确定综合工日单价，需综合我国出国职工、我国出国民工、当地工人来计算工日单价，再结合工程所在国的情况根据企业定额分析工程消耗的总工日数，最后可计算出人工费用。

2）设备（plant）、材料费的计算。根据材料供应的渠道及价格不同，应采用不同的计算方法。一般分为国内采购材料、当地采购材料、第三国采购材料三种采购方式报价。

3）机械费计算。

月租费：对自有机械而言，根据企业的月租费标准，按施工组织设计编排的使用时间计算。计算使用时间时，必须考虑运输时间和停机的时间。

安拆费用：根据工程特点，逐项计算安拆费用。

运杂费：即施工机械由厂家（或另一工地）运至施工现场所发生的国内外一切运杂费，根据施工机械的数量清单，分别计算国内运杂费、海运费及保险费、国外运杂费，包含进场时的运杂费和出场时的运杂费。投标报价时也往往将这一部分费用单列作为进出场费。

燃油料费：根据企业定额及施工机械性能计算。

国外租赁施工机械费：根据施工组织设计安排的使用时间和当地调查的租赁价格计算，考虑进出场费、燃油料费等。

（2）间接费用。除了工程量清单中明列的项目以外，还有一部分费用未单独列项，称为工程间接费用。这部分费用计算过程不复杂，但是因为项目较多，因此在编制报价时，应将所有费用逐项列出，防止漏项。

1）管理费。可以按现场管理人员人数（包含所聘请的当地管理人员，如保安、厨师、清洁工、办公室雇员、司机等）按月分别计算工资、工资附加费、办公费、差旅费、劳动保护费、业务招待费、固定资产折旧费、低值易耗品费用等。

2）投标费用。主要包括购置招标文件费、投标期间差旅费、编制标书费用、投标代理人佣金等。

3）保险手续费。主要分为工程全险，第三方责任险，承包商施工机械、设备险，人身险，海事险（通常要求对承包商的大型船舶单独投保海事险），设计险（需要承包商进行设计的，往往需要承包商对设计进行保险）。

4）保函手续费。主要包括投标保函、工程预付款保函、承包商施工机械设备进口再出口保函、履约保函、缺陷责任期缺陷索赔保函等。

根据 FIDIC 条款“当颁发整个工程的移交证书之时，工程师应把一半保留金支付给承包商开具证书”，对于另一半保留金，承包商可以选择开具保留金保函，从而得到该部分资金，以利于资金周转。

5）税金。需调查工程所在国的纳税范围、内容、税率和计算基础，一般有如下税种：营业税、增值税、合同税、个人所得税、印花税等。

6）贷款利息。尽管多数项目有工程预付款，但由于工程预付款一般不能满足工程前期的所有需要，承包商要向银行贷款，所以需要在标价中计算贷款利息，贷款利息可以根据国内银行或国外银行规定的利息标准计算。

7）利润。根据工程特点、中标期望值及投标对手情况由决策者最终确定。

8）设计费。国际工程招标往往未进行施工图设计，因此中标后承包商需进行详细的施工图设计，报价时应考虑相应的设计费用。

9）物价上涨调整费用。若合同条款中有调价条款，该部分费用可以不予考虑；若没有调价条款，则报价时必须根据近几年工程所在国的物价上涨情况予以考虑。

10）不可预见费。国际工程项目比国内工程风险高很多，因此，投标报价时一般考虑5%～10%的不可预见费。

11）其他费用。如国内辅助费用即国内工作组费用、开发费等。与工程施工国有关的特殊费用：如在某些腐败国家施工时必须考虑的支付给相关部门、机构及人员的佣金。

将直接费用和间接费用汇总，即得到了整个项目的报价。

4. 进行经济分析

当报价书初审完成后，报价人员应进行系统的研究和分析，包括标底分析和盈亏分析（包括盈余分析和风险分析），以便做到报价时心中有数，为领导决策提供依据。

（1）标底分析。要根据掌握的该国同类项目的造价资料，结合本工程特点，合理推算出业主标底或其他投标商的报价范围。利用这一方法进行预测，可以做到知己知彼、心中有数，提高投标报价的准确度。

（2）盈亏预测。从不同的角度分析造价，分析在报价过程中，哪些地方偏紧，哪些地方没有把握或有风险，哪些地方留有余地，还可以采取措施降低成本，从而进行对比分析，预测出利润的幅度，并据此提出高、中、低三档标价供领导决策，以随时应付其他承包商的激烈竞争，并尽可能争取企业利益最大化。

以上即国际工程投标报价应遵循的基本程序。当然，不同的合同类型、不同的工程项目、不同的人员对工程所在国市场熟悉程度等都导致在国际工程投标报价时遵循的程序不可能完全一样，需要报价人员结合自己的经验在投标中加以领会和总结。对于刚走出国门对国际工程投标不熟悉的工程承包公司，为避免存在较大的投标报价风险，以上投标报价程序可供借鉴。

二、国际工程投标决策要点及案例分析

（一）投标报价目标选择策略

1. 投标报价的选择目标

由于投标单位的经营能力和条件不同，出于不同目的需要，对同一招标项目，可以有不同投标报价目标的选择。

（1）生存型。投标报价是以克服企业生存危机为目标，争取中标可以不考虑种种利益原则。

（2）补偿型。投标报价是以补偿企业任务不足，以追求边际效益为目标。对工程设备投标表现较大热情，以亏损为代价的低报价，具有很强的竞争力。但受生产能力的限制，只宜在较小的招标项目考虑。

（3）开发型。投标报价是以开拓市场，积累经验，向后续投标项目发展为目标。投标带有开发性，以资金、技术投入手段，进行技术经验储备，树立新的市场形象，以便争得后续投标的效益。其特点是不着眼一次投标效益，用低报价吸引招标单位。

（4）竞争型。投标报价是以竞争为手段，以低盈利为目标，报价是在精确计算报价成本基础上，充分估计各个竞争对手的报价目标，以有竞争力的报价达到中标的目的。对工程设备投标报价表现出积极的参与意识。

（5）盈利型。投标投价充分发挥自身优势，以实现最佳盈利为目标，投标单位对效益

无吸引力的项目热情不高，对盈利大的项目充满自信，也不太注重对竞争对手的动机分析和对策研究。

不同投标报价目标的选择是依据一定的条件进行分析决定的。竞争性投标报价目标是投标单位追求的普遍形式。

2. 决定选择投标报价目标的因素

确定什么样的投标报价目标不是随心所欲，任意选择的。首先要研究招标项目在技术、经济、商务等诸多方面的要求，其次是剖析自身的技术、经济、管理诸多方面的优势和不足，然后将自身条件同投标项目要求逐一进行对照，确定自身在投标报价中的竞争位置，制定有利的投标报价目标。这种分析和对照主要考虑以下因素。

（1）技术装备能力和工人技术操作水平。投标项目的技术条件，给投标单位提出了相应技术装备能力和工人技术操作水平的要求。如果不能适应，就需要更新或新置技术设备，对工人进行技术培训，或是转包和在外组织采购，因此投标单位有无能力或由此引起的报价成本的变化，都直接影响着投标目标的选择。反之，具有较高技术装备和操作能力的投标单位去承担技术水平较低的工程项目，效益选择同样有较大局限性。

（2）设计能力。工程设计往往是投标项目组成部分，在综合性的招标项目中，设计工作要求和工作量占有更重要的地位，投标单位的设计能力能否适应招标项目的要求，直接决定着投标的方式和投标目标的选择，一个适应招标工程的设计能力，可以充分发挥投标单位的优势，立于竞争的主动地位。

（3）对招标项目的熟悉程度。所谓熟悉程度是投标单位过去是否承建过此类工程项目，积累有什么经验，预测风险的能力有多大等。项目熟悉就可以增强信心，减轻风险损失，尽可能扩大投标的竞争能力。项目不熟悉，就要充分考虑不可预见的风险因素，提供保障措施和设计应变能力。这就意味着间接投入的增多，在投标目标选择上就有一定的困难。

（4）投标项目可带来的随后机会。所谓随后机会，就是投标单位在争取中标后，可能给今后连续性投标带来的中标机遇，或是在今后对类似项目在投标时提高中标概率。如果随后机会较多，对投标单位树立形象和扩大市场有利，那么对这一招标项目在经济利益上做某些让步达到中标目的也是有利的。如果随后机会不多，那么对投标的经济效益要着重考虑。

（5）投标项目可能带来的出口机会。扩大国际市场，争取在国际投标中有一席之地是投标单位追求的重要目标，对能够给国际投标取胜带来较大机会的投标项目，无疑是投标单位应首先考虑的问题。它决定着对这一投标项目现实效益的低水平选择。

（6）投标项目可能带来的生产质量提高。投标项目一方面需要相适应的生产装备和劳动技能，另一方面也可能给投标单位带来技术的进步、管理水平的加强和工作质量的提高，这种质量提高的程度，无疑是投标单位感兴趣的，直接影响其投标盈利目标的决策。

（7）投标项目可能带来的成本降低机会。投标单位在争取中标后，在履约过程中，一般来说，各项管理提高的综合成果会直接反映在成本降低的机会和程度上，投标项目的完成能为以后承包经营带来成本降低的机遇，也会影响到投标单位投标盈利目标的决策。

（8）投标项目的竞争程度。所谓竞争程度是指参与投标的单位的数量和各竞争投标者投标的动机和目标。它是从外部制约投标单位效益目标选择的分寸。投标的竞争性决定了投标单位在投标时必须以内部条件为基础，以市场竞争为导向，制定正确的投标目标。

除此之外，对于不同投标单位来说，诸如承包工程交货条件、付款方式、历史经验、风险性等都是影响到投标目标选择的因素，对选择投标目标的决策起重要作用。

3. 决定投标目标因素的量化分析

决定投标目标的因素一般不是孤立发生作用的，对不同投标单位来说，各个不同投标项目的决定因素影响程度和作用方向也是不同的。必须加以全面平衡，综合考虑。在这里，一个很重要的技术问题是把不可比较的诸现象因素，经过分析转化为可以比较的量化因素，用计算投标机会总分值的方法，具体确定投标目标的选择。其程序如下。

（1）根据投标单位情况，具体确定参与量化分析的基本因素。量化分析因素的选择，要根据投标项目的不同情况决定，能反映生产、经营、技术、质量各个侧面，并抓住主要环节。

（2）对选定的量化分析因素，衡量它在企业生产经营中相对重要程度，分别确定加权数，权数累计为100。

（3）用打分法衡量投标项目对量化分析因素的满足程度，确定其相对分值。将各量化因素划分为高（10分）、中（5分）、低（0分）三档打分，便于比较。例如，投标单位现有技术装备能力和工人操作水平对完成投标项目有较大可能，则可将该因素的相对分值判为“高”，定为10分。

（4）把各项因素的权数与判定满足程度的等级相对分值相乘，求出每项因素的得分；将各项因素得分相加，得出此工程设备项目投标机会的总分值。如某工程设备项目的投标机会评价，将该工程设备项目投标机会总分值825分同投标单位事先确定的可接受最低报价分值进行比较，确定是否参与投标报价和怎样报价（即依据什么样的目标报价）。一般来说，投标机会总分值低于预定最低报价分值时，可以选择放弃投标报价机会；投标机会总分高于预定最低报价分数时，可以决定参与投标报价；在投标机会总分高出预定最低报价分数的区间里，是选择投标报价的理想目标。通常区间越大，选择的机会越多，范围越大；区间越小，选择的机会越少，范围越小。

（二）国际工程投标报价方法技巧

1. 不平衡报价法

不平衡报价法（Unbalanced Bids）也叫前重后轻法（Front Loaded）。不平衡报价是指一个工程项目的投标报价，在总价基本确定后，如何调整内部各个项目的报价，以期在既不提高总价、不影响中标的基础上，又能在结算时得到更理想的经济效益。一般可以在以下几个方面考虑采用不平衡报价法。

（1）能够早日结账收款的项目（如开办费、土石方工程、基础工程等）可以报得高一些，以利资金周转，后期工程项目（如机电设备安装工程，装饰工程等）可适当降低报价。

（2）经过工程量核算，预计今后工程量会增加的项目，单价适当提高，这样在最终结算时可多赚钱，而将工程量可能减少的项目单价降低，工程结算时损失不大。

但是上述（1）、（2）两点要统筹考虑，对于工程量前后偏差较大的早期工程，如果不可能完成工程量表中的数量，则不能盲目抬高报价，要具体分析后再定。

（3）设计图纸不明确，估计修改后工程量要增加的，可以提高单价，而工程内容说不清的，则可降低一些单价。

（4）暂定项目（Optional Items）。暂定项目又叫任意项目或选择性项目，对这类项目要具体分析，因这一类项目要开工后再由业主研究决定是否实施，由哪一家承包商实施。如果工程不分标，只由一家承包商施工，则其中肯定要做的单价可高一些，不一定做的则应低一些。如果工程分标，该暂定项目也可能由其他承包商实施时，则不宜报高价，以免抬高总报价。

（5）在单价包干混合制合同中，有些项目业主要求采用包干报价时，宜报高价。一是因为这类项目多半有风险，二是因为这类项目在完成后可全部按报价结账，即可以全部结算回来。而其余单价项目则可适当降低。

但是不平衡报价一定要建立在对工程量表中工程量仔细核对分析的基础上，特别是对报低单价的项目，如工程量执行时增多将造成承包商的重大损失，同时一定要控制在合理幅度内（一般可以在10%左右），以免引起业主反对，甚至导致废标。如果不注意这一点，有时业主会挑选出报价过高的项目，要求投标者进行单价分析，而围绕单价分析中过高的内容压价，以致承包商得不偿失。

2. 计日工的报价

如果是单纯报计日工的报价，可以报高一些。以便在日后业主用工或使用机械时可以多盈利。但如果招标文件中有一个假定的“名义工程量”时，则需要具体分析是否报高价。总之，要分析业主在开工后可能使用的计日工数量确定报价方针。另外，报价附带优惠条件也是一种有效的手段。在投标时主动提出缩短工期、提高质量、降低支付条件，提出新技术、新设计方案，提供物资、设备、仪器等，以这些优惠条件吸引业主兴趣，争取中标。

3. 多方案报价法

对一些招标文件，如果发现工程范围不是很明确，条款不清楚或很不公正，或技术规范要求过于苛刻时，就应在充分估计投标风险的基础上，按多方案报价法处理。即按原招标文件报一个价，然后再提出：“如某条款（如某规范规定）做某些变动，报价可降低多少”，报一个较低的价。这样可以降低总价，吸引业主。或是对某些部分工程提出按“成本补偿合同”方式处理，其余部分报一个总价。

4. 增加建议方案

有时招标文件中规定，可以提出建议方案（Alternatives），即可以修改原设计方案，提出投标者的方案。投标者这时应组织一批有经验的设计和施工工程师，对原招标文件的设计和施工方案仔细研究，提出更合理的方案以吸引业主，促成自己方案中标。这种新的建议方案可以降低总造价或提前竣工或使工程运用更合理。但要注意的是对原招标方案一定要标价，以供业主比较。增加建议方案时，不要将方案写得太具体，保留方案的技术关键，防止业主将此方案交给其他承包商。同时要强调的是，建议方案一定要比较成熟，或过去有这方面的实践经验。因为投标时间不长，如果仅为中标而匆忙提出一些没有把握的建议方案，可能引起很多后患。

5. 突然降价法

报价是一件保密性很强的工作，但是对手往往通过各种渠道、手段来刺探情况，因此在报价时可以采取迷惑对方的手法。即先按一般情况报价或表现出自己对该工程兴趣不大，快到投标截止时，再突然降价。如鲁布革水电站引水系统工程报价突然降低8.04%，取得最低标，为以后中标打下基础。采用这种方法时，一定要在准备投标报价的过程中考虑好降价的幅度，在临近投标截止日期前，根据情报信息与分析判断，再做最后决策。因为开标只降总价，所以如果由于采用突然降价法而中标，在签订合同后可采用不平衡报价的思想调整工程量表内的各项单价或价格，以期取得更高的效益。

6. 先亏后盈法（低价夺标法）

有的承包商，为了打进某一地区，依靠国家、某财团和自身的雄厚资本实力，而采取一种不惜代价、只求中标的低价报价方案。应用这种手法的承包商必须有较好的资信条件，并且提出的实施方案也先进可行，同时要加强对公司情况的宣传，否则即使标价低，业主也不一定选中。承包商遇到这种情况，不一定要和这类承包商硬拼，而可以努力争第二、三标，再依靠自己的经验和信誉争取中标。

7. 联合保标法

在竞争对手众多的情况下，可以几家实力雄厚的承包商联合起来控制标价，一家出面争取中标，再将其中部分项目转让给其他承包商分包，或轮流相互保标。在国际上这种做法很常见，但是如被业主发现，则有可能被取消投标资格。

另外，注重与业主及当地政府搞好关系，邀请到本企业施工管理过硬的在建工地进行考察，以显示企业的实力和信誉。处理周边关系，求得理解与支持，争取中标。

（三）国际工程投标报价案例分析

【案例2-1-1】

背景：

中国A公司参与某国际酒店工程的投标活动，在招标文件合同条款中规定：预付款数额为合同价的30%，开工后1天内支付，当第二阶段上部结构工程完成一半时付清基础工程和上部结构两个阶段的工程款且一次性全额扣回预付款项，第三阶段工程款按季度支付。

A公司项目施工预算：经造价工程师估算总价为9000万元，总工期为24个月。其中，第一阶段基础工程造价为1200万元，工期为6个月；第二阶段上部结构工程估价为4800万元，工期为12个月；第三阶段装饰和安装工程估价为3000万元，工期为6个月。

A公司为了既不影响中标又能在中标后取得较好的收益，决定采用不平衡报价法。对造价工程师的原估计做出了适当调整，基础工程估计调整为1300万元，结构工程估计调整为5000万元，装饰和安装工程造价调整为2700万元。

调整意见：A公司建议业主方将支付条件改为预付款为合同价的25%，工程款仍按季支付，其余条款不变。

已知条件：1 年期的存款利息率为 3%。1 年期的 1 元复利现值系数为 0.970；2 年期的 1 元复利现值系数为 0.942。

问题：

(1) A 公司所运用的不平衡报价法是否恰当？为什么？

(2) 除了不平衡报价法，该承包商还运用了哪一种报价技巧？运用是否得当？

计算分析：

(1) 计算调整额与调整幅度：

1) 调整额。

基础工程调增额＝1300－1200＝100(万元)。

上部结构调增额＝5000－4800＝200(万元)。

装饰工程调减额＝2700－3000＝－300(万元)。

2) 调整幅度。

基础工程调增幅度＝100÷1200×100%＝8.33%。

上部结构调增幅度＝200÷4800×100%＝4.17%。

装饰工程调减幅度＝－300÷3000×100%＝－10%。

(2) 原合同条件下的费用信息。

1) 预付款＝9000×30%＝2700(万元)。

2) 一年以后付款＝(1200＋4800)－2700＝3300(万元)。

3) 最后的尾款＝3000 万元（按两季支付，每季末付 1500 万元)。

4) 原合同工程款现值＝2700＋3300×0.970＋1500×0.942/12×9＋1500×0.942＝2700＋3201＋1059.75＋1413＝8373.75(万元)。

5) 当上部结构完成一半时已收回静态资金的比重＝(2700＋3300)÷9000×100%＝67%。

当上部结构完成一半时已收回动态资金的比重＝(2700＋3201)÷9000×100%＝66%。

(3) 修改合同后的费用信息。

1) 预付款＝9000×25%＝2250(万元)。

2) 一年后付款＝1300＋5000－2250＝4050(万元)。

3) 尾款＝2700 万元（按两季支付，每季末付 1500 万元)。

4) 修改合同的工程款现值＝2250＋4050×0.970＋1350×0.942÷12×9＋1350×0.942＝2250＋3928.5＋953.775＋1271.7＝8403.975(万元)。

5) 当上部结构完成一半时已收回静态资金比重＝(2250＋4050)÷9000×100%＝70%。

当上部结构完成一半时已收回动态资金比重＝(2250＋3928.5)÷9000×100%＝69%。

(4) 费用比较分析。

1) 调整后净增加的现值＝8403.975－8373.75＝30.225(万元)。

2) 收回工程款的比重：从静态上看，调整后为 70%比未调整前的 67%增加了 3 个百分点；从动态上看，调整后为 69%比未调整前的 66%也增加了 3 个百分点。

3) 计算证明调整策略是正确的，因为能够增加 A 公司的货币增值率。

结论：

问题（1）：该工程运用不平衡报价法恰当。因为A公司是将属于前期工程的基础工程和主体结构工程的报价调高，而将属于后期工程的装饰和安装工程的报价调低，这样可以在施工的早期阶段收到较多的工程款，从而提高承包商所得工程款的现值达到30多万元；而且，这三类工程单价的调整幅度均在±10%以内，属于合理调整范围。

问题（2）：A公司运用的另一种投标技巧就是多方案报价法，该报价技巧运用也恰当。因为A公司的报价既适用于原付款条件也适用于建议的付款条件。

【案例2-1-2】

背景：

我国西部地区某世界银行贷款项目采用国际公开招标，共有A、C、F、G、J 5家投标人参加投标。

招标公告中规定：2005年6月1日起发售招标文件。

招标文件中规定：2005年8月31日为投标截止日，投标有效期到2005年10月31日为止；允许采用不超过三种的外币报价，但外汇金额占总报价的比例不得超过30%；评标采用经评审的最低投标价法，评标时对报价统一按人民币计算。

招标文件中的工程量清单按我国GB 50500—2013《建设工程工程量清单计价规范》编制。

各投标人的报价组成见表2-1-1，中国银行公布的2005年7月18日至9月4日的外汇牌价见表2-1-2，投标人C对部分结构工程的报价见表2-1-3。计算结果保留两位小数。

表2-1-1　　各投标人报价汇总表　　单位：万元

投标人	人民币	美元	欧元	日元
A	50894.42	2579.93		
C	43986.45	1268.74	859.58	
F	49993.84	780.35	1498.21	
G	51904.11		2225.33	
J	49389.79	499.37		197504.76

表2-1-2　　外汇牌价　　单位：元

日期/(月.日)	7.18—7.24	7.25—7.31	8.1—8.7	8.8—8.14	8.15—8.21	8.22—8.28	8.29—9.4
美元	8.231	8.225	8.216	8.183	8.159	8.137	8.126
欧元	10.106	10.053	9.992	9.965	9.924	9.899	9.881
日元	0.0716	0.0715	0.0714	0.0711	0.0709	0.0707	0.0706

表2-1-3　　投标人C对部分结构工程的报价单

序号	项目编码	项目名称	工程数量	单价	合价/元
1	—	带形基础C40	863m^3	474.65元/m^3	409622.95
2	—	满堂基础C40	3904m^3	471.42元/m^3	1540423.68

续表

序号	项目编码	项目名称	工程数量	单价	合价/元
3	—	设备基础 C30	$40m^3$	415.98 元/m^3	16639.20
4	—	矩形柱 C50	$138.54m^3$	504.76 元/m^3	69929.45
5	—	异形柱 C60	$16.46m^3$	536.03 元/m^3	8823.05
6	—	矩形梁 C40	$269m^3$	454.02 元/m^3	132131.38
7	—	矩形梁 C30	$54m^3$	413.91 元/m^3	22351.14
8	—	直形墙 C50	$606m^3$	472.69 元/m^3	286450.14
9	—	楼板 C40	$1555m^3$	45.11 元/m^3	701460.50
10	—	直形楼梯	217t	117.39 元/t	25473.63
11	—	预埋铁件	1.78t		
12	—	钢筋（网、笼）制作	13.71t	4998.96 元/t	68535.74

问题：

(1) 各投标人的报价按人民币计算分别为多少？其外汇占总报价的比例是否符合招标文件的规定？

(2) 由于评技术标花费了较多时间，因此，招标人以书面形式要求所有投标人延长投标有效期。投标人 F 要求调整报价，而投标人 A 拒绝延长投标有效期。对此，招标人应如何处理？说明理由。

(3) 投标人 C 对部分结构工程的报价，见表 2-1-3，请指出其中的不当之处，并说明应如何处理？

(4) 如果评标委员会认为投标人 C 的报价可能低于其个别成本，应当如何处理？

要点分析：

本例主要考核在多种货币报价时对投标价的换算和在工程量清单计价模式条件下对投标价的审核，还涉及投标有效期的延长和对低于成本报价的确认。

在投标人以多种货币报价时，一般都要换算成招标人规定的同一货币进行评标。在这种情况下，主要涉及两个问题：一是采用什么时间的汇率，二是对外汇金额占总报价比例的限制。对于多种货币之间的换算汇率，世界银行贷款项目和 FIDIC 合同条件都规定，除非在合同条件第二部分（即专用条件）中另有说明，应采用投标文件递交截止日期前28天当天由工程施工所在国中央银行决定的通行汇率；而我国《评标委员会和评标方法暂行规定》规定："以多种货币报价的，应当按照中国银行在开标日公布的汇率中间价换算成人民币。"本案例的问题 (1) 就是针对这两者之间的区别设计的，投标人 C 的报价如果按我国有关法规的规定是符合招标文件规定的，而按世界银行贷款项目的规定则是不符合招标文件规定的。

在工程量清单计价模式条件下对投标价的审核，要注意用数字表示的数额与用文字表示的数额的一致性，单价和工程量的积与相应合价的一致性，有无报价漏项问题。在本案例中，仅涉及后两个问题。我国《工程建设项目施工招标投标办法》规定，用数字表示的数额与用文字表示的数额不一致时，以文字数额为准；单价与工程量的乘积与总价（该部门规章原文如此，实际应为“合价”）之间不一致时，以单价为准。若单价有明显的小数点错位，应以总价为准，并修改单价。另外，若投标人对工程量清单中列明的某些项目没有报价（即漏项），不影响其投标文件的有效性，招标人可以认为投标人已将该项目的费用并入其他项目报价，即使今后该项目的实际工程量大幅增加，也不支付相应的工程款。

需要注意的是，《中华人民共和国招标投标法》规定投标人的报价不得低于其成本，否则将被作为废标处理。然而如何识别投标人的报价是否低于成本是实际工作中的难题，评标委员会发现某投标人的报价明显低于其他投标人的报价或者在设有标底时明显低于标底的情况不能简单认为其投标报价低于成本，而应当按照《评标委员会和评标方法暂行规定》，要求该投标人做出书面说明并提供相关证明材料。投标人不能合理说明或者不能提供相关证明材料的，由评标委员会认定该投标人以低于成本报价竞标，其投标应作废标处理。

结论：

问题（1）：

1）各投标人按人民币计算的报价分别如下。

投标人A：50894.42＋2579.93×8.216＝72091.12(万元)。

投标人C：43986.45＋1268.74×8.216＋859.58×9.992＝62999.34(万元)。

投标人F：49993.84＋780.35×8.216＋1498.21×9.992＝71375.31(万元)。

投标人G：51904.11＋2225.33×9.992＝74139.61(万元)。

投标人J：49389.79＋499.37×8.216＋197504.76×0.0714＝67594.45(万元)。

将以上计算结果汇总于表2－1－4。

表2－1－4　　各投标人报价汇总表　　单位：万元

投标人	人民币	美元	欧元	日元	总价
A	50894.42	2579.93			72091.12
C	43986.45	1268.74	859.58		62999.34
F	49993.84	780.35	1498.21		71375.31
G	51904.11		2225.33		74139.61
J	49389.79	499.37		197504.76	67594.45

2）计算各投标人报价中外汇所占的比例。

投标人A：(72091.12－50894.42)÷72091.12＝29.40％。

投标人C：(62999.34－43986.45)÷62999.34＝30.18％。

投标人F：(71375.31－49993.84)÷71375.31＝29.96％。

投标人G：(74139.61－51904.11)÷74139.61＝29.99％。

投标人J：(67594.45－49389.79)÷67594.45＝26.93％。

由以上计算结果可知，投标人C报价中外汇所占的比例超过30％，不符合招标文件的规定，而其余投标人报价中外汇所占的比例均符合招标文件的规定。

问题（2）：

我国《工程建设项目施工招标投标办法》规定，在原投标有效期结束前，出现特殊情况的，招标人可以以书面形式要求所有投标人延长投标有效期。投标人同意延长的，不得要求或允许修改其投标文件的实质性内容，但应相应延长其投标保证金的有效期；投标人拒绝延长的，其投标失效，但投标人有权收回其投标保证金。因延长有效期造成投标人损失的，招标人应当给予补偿。因此，投标人F的报价不得调整，但应补偿其延长投标保证金有效期所增加的费用；投标人A的投标文件按失效处理，不再评审，但应退还其投标保证金。

问题（3）：

投标人C的报价表中有下列不当之处。

1）满堂基础C40的合价1540423.68元错误，其单价合理，故应以单价为准，将其合价修改为1840423.68元。

2）矩形梁C40的合价132131.38元错误，其单价合理，故应以单价为准，将其合价修改为122131.38元。

3）楼板C40的单价45.11元/m^3显然不合理，参照矩形梁C40的单价454.02元/m^3和楼板C40的合价701460.50元可以看出，该单价有明显的小数点错位，应以合价为准，将原单价修改为451.10元/m^3。

4）对预埋铁件未报价，这不影响其投标文件的有效性，也不必做特别的处理，可以认为投标人C已将预埋铁件的费用并入其他项目（如矩形柱和矩形梁）报价，今后工程款结算中将没有这一项目内容。

问题（4）：

根据我国《评标委员会和评标方法暂行规定》，在评标过程中，评标委员会发现投标人C的报价明显低于其他投标报价或者在设有标底时明显低于标底，使得其投标报价可能低于其个别成本的，应当要求投标人C作出书面说明并提供相关证明材料。投标人C不能合理说明或者不能提供相关证明材料的，由评标委员会认定投标人C以低于成本报价竞标，其投标应作废标处理。

三、国际工程投标阶段的管理要点

（一）投标报价前期准备工作管理要点

1.成立投标工作的机构

投标过程中的一系列工作，都是围绕报价来展开的，因此，报价是取得中标的关键。要搞好报价工作，必须要有一个精干的报价组织机构。投标单位可以利用现有的价格管理机构，也可成立临时报价机构。到底采用什么机构，应视公司（企业）的管理水平和报价工作量的大小而定。如果管理水平较高，现有价格管理人员素质较好，组织能力强，工作量一般，就不一定成立临时报价机构；如果相反，就需成立临时报价机构，以便报价工作的顺利开展。

2.填写投标资格表，争取投标资格

凡要求参加投标的单位，必须通过资格审查，填写投标资格表，并按规定的时间送交招标单位，招标单位根据各投标单位报送的资料进行调查，了解他们的资信和能力以及是否具有法人地位。经过资格审查后，招标单位选择一定数量的投标单位，通知他们前来购买标书，准备进行投标。

3. 购买标书，研究、熟悉招标文件内容

投标人在资格审查通过后，应及时购买标书，并认真研究，熟悉招标文件的内容。

（1）掌握、熟悉《投标者须知》。这是一个预告的附加文件。主要是对如何投标作了规定和说明。例如：投标公司（企业）条件；投标单位对招标文件如有不清楚、不理解的地方，招标单位解答、澄清的截止日期；对投标表格的填写说明；对投标文件递交说明和提交截止日期等。这些内容虽然没有涉及招标项目的具体内容，但它是投标的前提和条件，如果某一项工作疏忽，就可能发生废标，使整个投标工作前功尽弃。

（2）掌握、熟悉招标项目的技术质量要求和图纸。了解招标项目的技术质量要求，熟悉招标项目的图纸，是投标报价的基础工作，是正确算标的先决条件。只有对招标项目的技术要求和图纸详尽了解，才能避免计算错误带来的损失。在以往的一些投标中，由于投标单位对招标项目的技术要求了解不够透彻，使报价大大低于标底，从而使投标单位蒙受较大损失。

（3）掌握、熟悉合同条件。合同的内容比较广泛，而对投标单位来说，应着重分析研究与报价有关的内容，如支付条件、预付款、外汇兑换率、交货期或交付使用期等。为了增强企业竞争优势，这些因素虽然 不一定体现在正式的报价水平上，但可以使投标单位做到心中有数，以便与竞争对手抗衡，作出报价决策。

（4）对投标环境调查。所谓投标环境，是指工程设备制造施工的自然、经济、法律和社会条件。这些条件是影响工程设备制造施工的制约因素，必然影响工程设备制造的成本或增加其难度。所以，投标单位报价时必须对承包项目的外部环境进行调查了解。

（5）原材料、主要配套件询价。这是报价所必需的辅助工作。为了以最有利的价格获得原材料和主要配套件，在国内自行组织采购，必须进行“货比三家”比价采购的方法；对要求进口的原材料、专用设备可通过贸易公司利用信函、电报或电传向供货厂商询价。供货厂商的报价通常是到岸价（CIF），即商品售价、保险费与运抵卸货口岸的运费之和，另外还要考虑进口国的关税、进口代理费用以及汇率变动的影响等。

（6）分包询价。在大型成套工程设备承包中，一些专业性工程设备，通常采取分包形式，多由专业承包单位完成，工程设备的总承包人与业主签订总包合同后，把部分工程设备分包给其他承包人。国内外惯用的分包方式主要有两种：一种是由招标单位签订合同，总包单位仅负责在现场为分包单位提供必要的工作条件，协调施工进度，并向招标单位计取一定数量的管理费或成套费。另一种是分包单位完全对总包负责，而不与招标单位发生关系。分包工程设备应由总包统一报价。分包工程报价的高低，自然对总报价有一定影响，因此，在报价以前应进行分包询价。将工程设备分包给其他承包人时，并不是完全按照总包合同价格计算，而是由总包和分包另行商定。

（二）投标文件编制管理要点

投标文件包括技术标和商务标。

1. 技术标

技术标一般指施工组织设计或施工方案。编制技术标应注意以下几点。

（1）要有针对性。编制时，应根据招标文件的要求及项目的特点，提出相应的保证措施。在技术措施上，对围护体系、桩基础、地下室、特殊结构、重点装饰等均应单独阐述。对高层、超高层建筑，应在垂直运输机械的选择、脚手架形式、施工用水用电等方面说明施工方案选择的理由。

（2）要有实用性。对施工总平面布置图，应力求与实际施工结合，若场地条件允许，应将职工生活区与施工管理区分开。平面布置图中，临时设施构筑、建筑机械安放、施工材料的堆置、临时管线安装及道路布置等，均应考虑可行性，避免施工时引起平面立体交叉矛盾。施工网络进度计划编制时，其关键线路应结合主要施工工序，按实际施工交叉、工序衔接来合理考虑各分部分项的逻辑关系。

（3）技术标编制中，在保证响应招标文件的前提下，不应拘泥于固定的格式。尤其是在施工管理方面，可以结合本单位的先进管理模式，在技术标中增加叙述篇幅。比如在文明标化施工、推广应用四新技术、技术创新等方面作重点论述。

（4）因投标文件的编制时间一般都比较仓促，业务部门为了提高工作效率，往往在计算机中套用已有标书的部分文档，这就给投标文件发生错误提供了机会。因为仓促之中，原标书的内容进入其中，可能会因为未能及时修改而导致投标文件内容与招标文件要求牛头不对马嘴。如只有本地适用的标准、施工环境、地名及不同的施工工艺等，从而造成套用错误，使得标书得分降低，甚至废标。

（5）对于重大工程投标，技术标编制过程中，应增加图示和表格内容。施工现场平面布置图可分阶段绘制（如基坑支护、基础施工、主体结构、装饰阶段等），并可根据需要增加现场文明标化的设计方案。施工进度计划可按总控制、流水段、标准层、分部工程等从粗到细绘制。涉及新工艺新技术的施工方案应附图说明。

（6）由于有的技术标在招标文件中规定不得出现投标单位名称及单位特征，故在编制标书时应特别引起注意。

2. 商务标

商务标一般包括报价书、预算书、标函综合说明及承诺书等，编制商务标时应注意以下几点。

（1）招标文件提供的格式，应严格按要求填写，规定投标文件要求打印的就不得手写。未规定不允许更改的，更改处应加盖更改专用章。

（2）需承诺的投标文件，承诺书应对招标文件中需承诺条款逐项对口承诺。

（3）商务标还不能忽视信誉分。应按规定完整附上企业所获荣誉资料。以便在各投标单位于其他条件相当的情况下竞标，能借信誉分获取中标优势。

（4）商务标中需盖企业及法人印鉴的地方较多，盖章时千万不可遗漏。报价书因封标前可能改动，最好带空白备份以便应急。

（5）应招标文件规定封标，预先盖好的封标袋，应预留好标书厚度空间。投标文件封标前，应建立单独审核制度，以减少标书的失误。

总而言之，投标书的编制，涉及面广，专业性强，只有通过在实践中不断地探索和创新，才能提高标书的质量从而提高中标率。

（三）投标文件点检及标书投递管理要点

编制正式标书之前，应认真研读投标人须知，确保按规定要求编制各项文件。编制完善的标书经校对无误后，由投标单位授权代表签署，密封后，按规定的时间、地点，将规定的份数送达招标单位，即等候开标。投标文件内容点检及投标文件装订检查要点，见表2－1－5。

表2－1－5　　　　投标文件检查要点清单

序号	检验内容	检　验　方　法	重要程度	自检人员	校对人员	审批人员	备注
一	投标文件内容点检						
1	投标文件的完整性	对照目录进行逐项检查	■■■				
2	业绩表和标书的对应性	是否符合招标文件地区、行业、用途等要求	■□□				
3	业绩表内容	业绩表内容的真实性	■□□				
4	技术偏离表	内容是否实际性响应招标文件，不能复制原招标内容以响应	■■■				需要对招标内容做改动和阐述
5	配置与流程图	检查流程图是否与配置表主件数量、正确并一一对应	■■□				
6	配置与技术要求	配置能否达到技术参数要求	■■□				设计或技术部审核
7	配置与单元介绍	所有主件在介绍单元是否完整，并一一对应	■□□				
8	简要配置检查	简要配置与核价配置中的厂家、数量、规格型号是否一致					
9	日期检查	投标文件日期、有效期是否正确	■□□				
10	分项报价	单价与总价金额是否正确（用Excel计算）	■■■				
11	价格大写与小写	大小写金额是否对应	■■■				
12	检测报告	检测报告与投标型号、参数是否符合	■□□				
13	人员名称正确性	售后主管、投标人名称、各办事处人员名称	■□□				
14	招标文件说明文字	必须删除	■□□				
15	投标文件签字	根据招标文件要求，检查怎样签字，特别注意标书中是否规定需要每页小签，如果有需要每页小签的，一定要每页小签					
16	投标文件数量	根据招标文件要求，检查投标文件是否写上正本和副本字样，标书要求是一正几副					
二	投标文件装订检查						
1	投标文件编制顺序	严格按照招标要求	■■■				
2	资质文件检查	顺序及完整性检查、有无复印不清楚或歪斜	■■□				

续表

序号	检验内容	检　验　方　法	重要程度	自检人员	校对人员	审批人员	备注
3	页码	有无重页和缺页	■□□				
4	附件检查	彩页\汇票等是否齐全和清晰	■□□				
5	错别字	文件中错别字检查	■□□				
三	投标文件封装和签字、盖章						
1	法定代表人签字和授权代表签字（盖章）检查	每页检查有无签字和盖章、签字是否正确，是否和授权人相符	■■■				小包、中包、大包都要留电话
2	信封及封口正确性	是否按招标文件要求制作 签章是否齐全（一般信封要盖齐5个章）	■■■				
3	需要单独密封内容	检查标书中需要单独密封的内容是否齐全和完整					
4	信封封面内容	销售人员、联系方式、招标信息等是否完全、正确，是否和授权人相符	■■■				
5	装包检查	是否按要求分装	■■■				正副本是否分开
6	电子光盘（如有）	是否按要求方式提供，数据能否读取	■■□				是否要求电子档资质
7	密封信检查	是否密封可靠	■□□				
8	运输公司联系	能否准时到达，是否送货上门，有无相关联系电话	■■□				记录货运单号，及时跟踪

标书检验结果：

A. 可以寄出　□

B. 重新修改　□　　　修改原因：

核准：　　　　　　日期：

自测练习题

一、简答题

1. 简述国际工程招标和投标程序，及各阶段注意事项。
2. 简述工程投标阶段招标文件需要研究的主要内容。
3. 投标报价书一般包含哪两部分？各部分包含哪些内容？
4. 简述国际工程投标报价常用的方法技巧及各自适用范围。
5. 简述投标文件内容点检及投标文件装订检查要点。

二、案例题

案例背景：委内瑞拉某办公楼施工招标文件的合同条款中规定：预付款数额为合同价

的20%，开工日前一个月支付，上部结构工程完成一半时一次性全额扣回，工程款按季度结算，经造价工程师审核后于下一个月末支付。

国内承包商A对该项目投标，经造价工程师估算，总价为12000万元，总工期为28个月，其中，基础工程估价为1600万元，工期为8个月；上部结构工程估价为6400万元，工期为12个月；装饰和安装工程估价为4000万元，工期为8个月。

经营部经理认为，该工程虽然有预付款，但平时工程款按季度支付，不利于资金周转，决定除上述数额报价，另外建议业主将付款条件改为预付款为合同价的10%，工程款按月度结算，其余条款不变。

假定贷款月利率为1%（为简化计算，季利息取3%），各分部分项每月完成的工程量相同且能按规定及时收到工程款。以开工日为折算点。

问题：

经营部经理所提出的方案属于哪一种报价技巧？运用是否得当？

被建议的付款条件工程款的现值与按原付款条件工程款的现值各为多少？据此应得到什么结论？

第二节　国际工程的进度控制

学习指导

通过本节学习能绘制简单的双代号、单代号、时标网络计划图；熟悉双代号网络计划图时间参数的计算方法；在工程施工阶段能进行项目实际进度与计划进度比较，并能进行进度计划的调整。

一、国际工程进度控制概述

工程进度控制是指在项目的工程建设过程中实施经审核批准的工程进度计划，采用适当的方法定期跟踪、检查工程实际进度状况，与计划进度对照、比较找出两者之间的偏差，并对产生偏差的各种因素及影响工程目标的程度进行分析与评估，及时采取有效措施调整工程进度计划。在工程进度计划执行中不断循环往复，直至按设定的工期目标（项目竣工）即按合同约定的工期如期完成，或在保证工程质量和不增加工程造价的条件下提前完成。

进度计划是对施工的各个环节进行分解，按施工的逻辑进行合理安排，以反映施工顺序和各阶段工程面貌及完成情况的施工计划。进度计划可以用横道图表示，也可以用网络图表示。一种带有工序逻辑关系的“横道时标网络图”得到更为广泛的运用，也正逐渐被不同国家的建筑业所认可。

网络计划技术的种类很多，主要有关键线路法（Critical Path Method，CPM）、计划评审技术（PERT）、图示评审技术（GERT）和风险评审技术（VERT）等。其中关键线路法在工程项目中应用是最广泛的，是计划中工作和工作时间之间的逻辑关系肯定，且对每项工作只估定一个肯定的持续时间的网络计划技术。

(一) 施工进度计划

施工进度计划的任务，就是分析工程所在地区的自然条件、社会经济资源、工程施工特性和可能的施工进度方案，研究确定关键性工程的施工分期和施工顺序，协调平衡地安排其他单项工程的施工进度，使整个工程施工前后兼顾，互相衔接，减少干扰，均衡生产，最大限度地合理使用建设资金、劳动力、机械设备和建筑材料，在保证工程质量和施工安全前提下，按时或以较短工期建成投产，发挥效益，满足国民经济发展的需要。

1. 施工进度计划的编制内容

不同设计阶段施工进度计划的具体内容如下。

(1) 可行性研究阶段编制轮廓性施工进度计划。根据工程具体条件和施工特点，对拟定的各种坝址坝型和水利工程枢纽布置方案，分别进行施工进度的研究工作，提出施工进度资料，参与方案选择和评价水利工程枢纽布置方案，在既定方案基础上，配合拟定和选择施工导流方案，研究确定主体工程施工分期和施工顺序，提出施工控制性进度表及主要工程的施工强度、估算劳动力高峰人数和总工日数。

(2) 初步设计阶段编制施工总进度计划。根据主管部门对可行性研究报告的审查意见、设计任务书以及实际情况的变化，在参与选择和评价水利工程枢纽布置方案和配合选择施工导流方案过程中，提出和修改施工控制性进度；对既定水利工程和施工导流方案的控制性进度，进行方案比较，选择最优方案，以利施工组织设计各专业开展工作。在各专业设计分析研究和论证的基础上，进一步调查、完善、确定施工控制性进度，编制施工总进度和准备工程进度，提出主要施工强度、施工强度曲线、劳动力需要量曲线等资料。

(3) 技术设计（招标设计）阶段编制单项工程施工总进度计划。根据初步设计编制的施工总进度和水工建筑物型式，工程量的局部修改，结合施工方法和技术供应条件，选择合适的劳动定额，制定单项工程施工进度，并据以调整施工总进度。

2. 施工总进度的编制步骤

编制施工总进度计划的步骤，即：收集编制依据，确定进度控制目标，计算工程量，确定各单位工程的施工期限和开、竣工日期，安排各单位工程的搭接关系，编写施工总进度计划说明书。

(1) 收集编制依据。施工合同和工期定额都不难得到。施工进度目标中的合同工期可从合同中得到；指令工期由企业法定代表人或项目经理确定。施工部署与主要工程施工方案可从施工项目管理实施规划中得到。有关技术经济资料除设计文件外，其余可通过调研、现场勘察的档案资料中得到。

(2) 确定进度控制目标。一般说来，合同工期不应是施工总进度计划的工期目标，指令工期也不一定是计划的工期目标。应在充分研究经营策略的前提下，确定一个既能有把握实现合同工期，又可实现指令工期，比这两种工期更积极可靠（更短）的工期作为编制施工总进度计划，从而确定作为进度控制目标的工期。

(3) 计算工程量。施工总进度计划的工程量一般综合性较大。大到按栋号建筑面积(m^2)，小到按分部工程确定工程量（如结构吊装的立方米数）。因此，既可利用工程量清单（招标文件中的），又可利用施工图预算或报价表中的工程量，也可以由编制计划者自算。

(4) 确定各单位工程的施工期限和开、竣工日期。这项内容在投标书中已经具备，编制施工总进度计划时既可套用，又可加以调整（调短施工期限），由施工总进度计划编制人员酌定，但要与“施工总进度计划表”一致。

(5) 安排各单位工程的搭接关系。各单位工程的搭接关系以组织关系为主，主要是考虑资源平衡的需要。也有少量工艺关系，如设备安装工程与土建工程之间的关系等。在安排搭接关系时必须认真考虑这两种关系的合理性。

(6) 编写施工进度计划说明书。该说明书应包含以下内容：本施工总进度计划安排的总工期；由该总工期与合同工期和指令工期的比较，所得出的工期提前率；各单位工程的工期；开工日期、竣工日期与合同约定的比较及分析；高峰人数、平均人数及劳动力不均衡系数；本施工总进度计划的优点和存在的问题；执行本计划的重点和措施；有关责任的分配。

（二）施工进度计划的表现类型

(1) 横道图。横道图是总进度的传统的表现形式，图上标有各单项工程主要项目的工程量、施工时段、施工工期、施工强度。其优点是图面简单明了，直观易懂。缺点是不能表示各分项工程之间的逻辑关系。

(2) 网络图。其优点是能明确表示分项工程之间的逻辑关系，能标出控制工期的关键线路；缺点是不太明了直观。下面详细讲述网络的知识。

二、施工进度计划的表示方法

（一）横道图（Bar Chart 或 Gantt Chart Method）

横道图是一种最直观的工期计划方法，又被称为甘特图。以横坐标表示时间，工程活动在图的左侧纵向排列，以活动所对应的横道位置表示活动的起始时间，一条水平线来表示一个工作，线的开始表示工作的开始，线的结束表示工作的结束。横道的长短表示持续时间的长短。即图和表的结合形式，如图 2-2-1 所示。

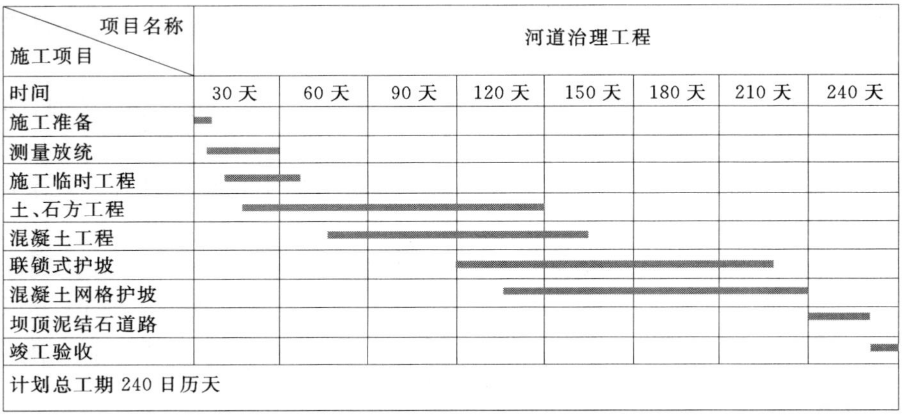

图 2-2-1 横道图

1. 横道图特点

(1) 能清楚地表达活动的开始时间、结束时间和持续时间，简单易懂，可为各层次的人员掌握和运用。

（2）结合劳动力计划、资源计划、资金计划安排工期。

（3）很难表达工程活动的逻辑关系。

（4）不能反映活动的重要性和关键性，信息量少。

（5）不能采用计算机计算工期，也不能优化方案工期。

2. 横道图应用范围

（1）简单的小型项目。

（2）项目初期的总体计划。

（3）上层管理者制定通体计划。

3. 绘制横道图的步骤

（1）明确项目牵涉的各项活动、项目。内容包括项目名称（包括顺序）、开始时间、工期，任务类型（依赖/决定性）和依赖于哪一项任务。

（2）建横道图草图。将所有的项目按照开始时间、工期标注到草图上。

（3）确定项目活动依赖关系及时序进度。使用草图，并且按照项目的类型将项目联系起来，进行安排。

（4）计算单项活动任务的工时量。

（5）确定活动任务的执行人员及适时按需调整工时。

（6）计算整个项目时间。专业性软件可以自动完成该项工作。

（二）双代号网络图（Arrow Diagramming）

网络图是网络计划技术的基础。网络图是由箭线和节点组成的、用来表示工作流程的有向的、有序的网状图形。按照网络图表示方法，分为双代号网络图和单代号网络图两种。国际工程普遍应用的一种是双代号网络图。

双代号网络图是以箭线及其两端的节点编号表示工作的网络图，工作的名称（或字母代号）标在箭线的上方，完成该工作所需的持续时间标在箭线的下方，如图 2－2－2（a）所示。表 2－2－1 所示的混凝土基础工程的进度计划网络图如图 2－2－2（b）所示。

表 2－2－1　　混凝土基础工程工作项目表

工作项目	基础放线	基础开挖	模板安装	获得钢筋	钢筋加工	钢筋架立	混凝土制备	混凝土浇筑
工作代号	A	B	C	E	F	G	H	D
工作历时	5	10	5	4	6	3	8	6

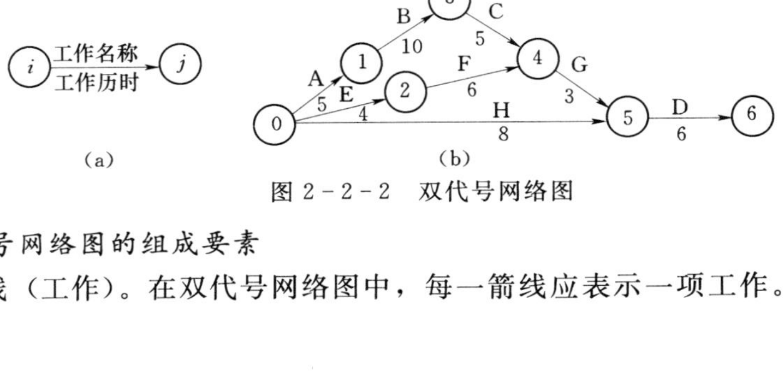

图 2－2－2　双代号网络图

1. 双代号网络图的组成要素

（1）箭线（工作）。在双代号网络图中，每一箭线应表示一项工作。箭线一般画成直线，也可画成折线或曲线，但是不得中断。在无时间坐标的网络图中，直线的长度可以是任意的，与工作持续时间无关。

在网络图中，有时为了正确表达工作之间的逻辑关系，往往要用虚箭线，有些工作只表示前后相邻工作之间的逻辑关系，既不占用时间，也不消耗资源的虚拟工作，这类工作就是虚工作，用虚箭线表示。虚工作在实际生活中并不存在，但在双代号网络图中却是必不可少的。

（2）节点。节点是指某一次活动的开始或结束的瞬间，不消耗资源，不占用时间，在双代号网络图中用箭线两端的圆圈表示。网络图中有一个起始节点和一个结束节点，分别表示一个计划任务的开始瞬间和结束瞬间，其余节点即为中间节点。节点应由箭尾指向箭头由小到大编号。

1）起点节点。网络图中第一个节点叫起点节点，它表示一项任务的开始。起点节点只有外向工作，没有内向工作，如图 2－2－2（b）中的节点⓪。

2）终点节点。网络图中最后一个节点叫终点节点，它表示一项任务的完成。终点节点只有内向工作，没有外向工作，如图 2－2－2（b）中的节点⑥。

3）中间节点。网络图中的其他节点称为中间节点，它意味着前项工作的结束和后项工作的开始。

（3）线路。又称为路线。网络图中从起点节点开始，沿箭头方向顺序通过一系列箭线与节点，最后到达终点节点的通路。

线路上各工作的延续时间之和，称为该线路的长度。自始至终全部由关键工作组成的线路或线路上总的工作持续时间最长的线路，称为关键线路。关键线路可能仅有一条，也可能不止一条。关键线路上的工作称为关键工作，它们完成的快慢直接影响整个工程的工期。短于关键线路的任何线路都称为非关键线路。在非关键线路中，仅比关键线路短的线路叫次关键线路。

2. 网络图的逻辑关系

（1）紧前工作与先行工作。把紧邻某工作之前必须完成的各项工作称为该工作的紧前工作。在网络图中表示的流入某一节点的所有箭线是流出该节点箭线的紧前工作。紧排在本工作之前的工作，称为该工作的紧前工作。先行工作是指某一工作开始之前必须完成的所有工作。

（2）紧后工作与后续工作。紧后工作与紧前工作相对应，是指紧邻某工作之后要完成的各项工作，在网络图中流出某节点的各项工作为流入该节点工作的紧后工作。

后续工作指在某工作之后要完成的所有工作。混凝土基础工程项目的逻辑关系见表2－2－2。

表 2－2－2　混凝土基础工程项目逻辑关系表

工作项目	代号	紧前工作	紧后工作	工作项目	代号	紧前工作	紧后工作
基础放线	A	—	B	获得钢筋	E	—	F
开挖基础	B	A	C	加工钢筋	F	E	G
模板安装	C	B	G	架立钢筋	G	C、F	D
混凝土浇筑	D	G、H	—	制备混凝土	H	—	D

3. 绘制双代号网络图的基本准则

（1）节点编号应由始点到终点顺箭线指向由小到大的序号编列（但序号不一定连续）。

1）一条箭线箭头节点的编号应大于箭尾节点的编号。图 2－2－3（b）是正确的，图 2－2－3（a）是错误的。

2）双代号网络图的节点应用圆圈表示，并在圆圈内编号。节点标号从小到大，可不连续，但严禁重复。

（2）节点编号不能重复。图 2－2－4（a）所示的 A、B 两项工作的节点代号都是 1→2，是错误的。正确的做法是：引入虚工作，绘成图 2－2－4（b）所示的形式。虚工作只起衔接节点的作用，它本身并不占用时间和消耗资源。

（a）错误编号　　（b）正确编号

图 2－2－3　节点编号图例（一）

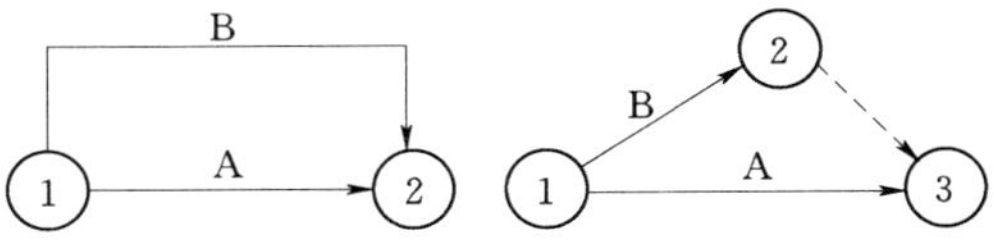

（a）错误形式　　（b）正确形式

图 2－2－4　节点编号图例（二）

（3）只能有一个开始节点和结束节点，开始节点与结束节点之间的中间节点必有首尾相接的箭线。图 2－2－5（a）中出现了两个没有内向箭线的起点节点①和⑤，也出现了两个没有外向箭线的终点节点③和⑨，这是错误的，正确的画法如图 2－2－5（b）所示。

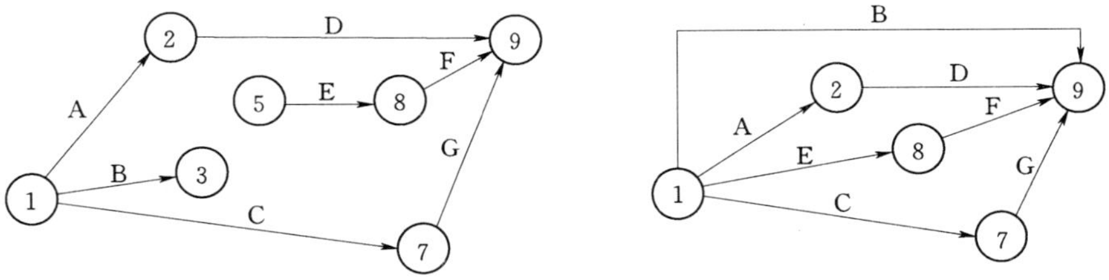

（a）错误画法　　（b）正确画法

图 2－2－5　节点画法图例

（4）网络图中不得存在循环闭合线路。图 2－2－6 所示的网络图中出现了②→④→③→②循环回路是错误的，这种错误是工作逻辑关系错误。

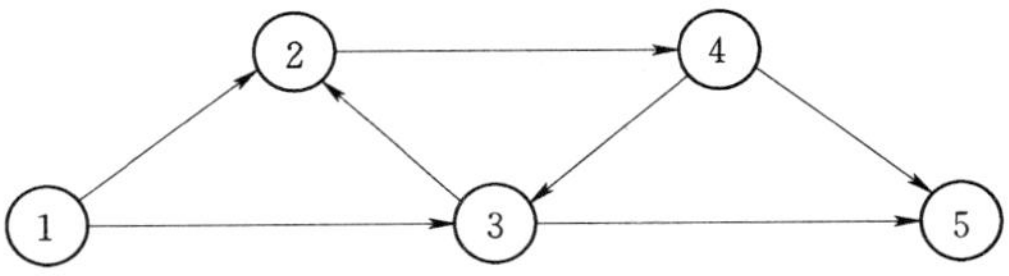

图 2－2－6　循环线路错误图例

（5）箭线的首尾必有节点，两节点之间只能有一条箭线。一条箭线必须有一个开始节点和一个结束节点，不允许从一条箭线的中间引出。图 2－2－7（a）的画法是错误的，正确的画法如图 2－2－7（b）所示。

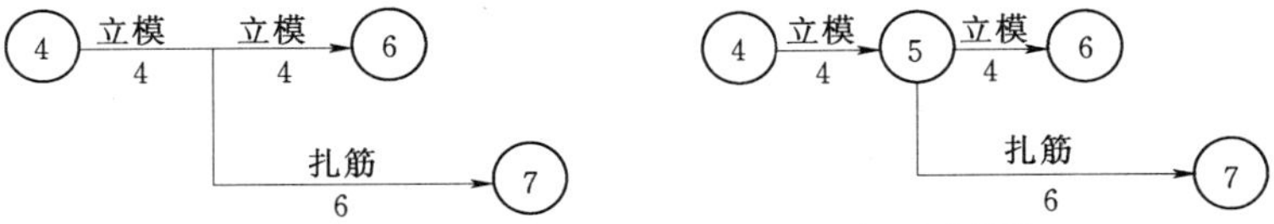

（a）错误画法　　（b）正确画法

图 2－2－7　箭线画法图例

（6）在节点之间严禁出现无箭头的连线。

（7）网络图应能正确反映各项工作之间的相互联系和相互制约的逻辑关系。

4. 双代号网络图的绘制方法

（1）根据已知紧前工作，确定紧后工作，并自左至右先画紧前工作，后画紧后工作。

（2）若没有相同的紧后工作或只有相同的紧后工作，则肯定没有虚箭线，若既有相同的紧后工作，又有不同的紧后工作，则肯定有虚箭线。

（3）到相同的紧后工作用虚箭线，到不同的紧后工作则无虚箭线。

【示例 2-2-1】 已知各项工作之间的逻辑关系见表 2-2-3，试绘制双代号网络图。

表 2-2-3　各项工作之间的逻辑关系

工作	A	B	C	D	E
紧前工作	—	—	A	A、B	B

【解】

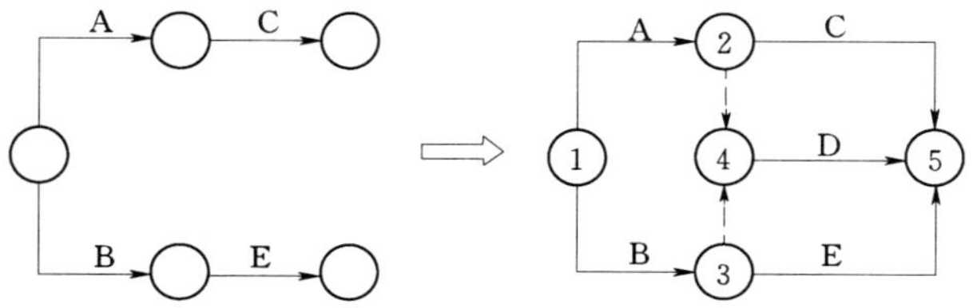

图 2-2-8　双代号网络图

5. 双代号网络计划时间参数计算

网络计划的时间参数是确定工程计划工期，确定关键线路、关键工作的基础，也是制定非关键工作机动时间和进行计划优化、计划管理的依据。

时间参数计算的内容包括各项工作的最早开始时间；最早完成时间；最早开始时间；最迟完成时间；节点的最早时间；节点的最迟时间及工作时差。

上述各种时间参数的计算可以采用多种方法，如表算法、图上计算法、解析法及电算法。本文介绍图上计算法，其他方法的计算原理与此相同。

计算各种时间参数时，规定无论是工作开始时间还是完成时间，都一律以时间单位的终了时刻为准。例如，某工作的开始（或完成）时间为第 5 天，指的是第 5 个工作日的下班时间，也是 6 个工作日的上班时间。计算均规定网络计划起始工作从零起点开始，实际上指的是在第一个工作日的上班开始。

对于双代号网络计划，工作计算法是以“箭线”为讨论对象，在“箭线”上列出各时间坐标，按相应的时间计算规则来计算网络计划时间参数。工作计算法可直接在图上进行。

（1）计算工作最早开始时间（ES）。一项工作的最早开始时间是指该工作可能的最早开始时刻。工作的最早开始时间计算应从网络图的起始节点开始，顺着箭线方向自左至右依次逐次计算，直至终点节点为止。必须先计算其紧前工作，然后才能计算本工作。其计算步骤如下。

1）以网络计划起点为开始节点的工作的最早开始时间如无规定时，其值按零计，如网络计划起点代号为“1”，则

$$ES_{1-j}=0 \tag{2-2-1}$$

2）其他工作的最早开始时间等于其紧前工作的最早开始时间加上该紧前工作的工作历时所得之和，若有多个紧前工作时应取其最大值，即

$$ES_{i-j}=\max\{ES_{h-i}+t_{h-i}\} \tag{2-2-2}$$

式中 ES_{i-j}——工作 $i-j$ 的最早开始时间；

ES_{h-i}——工作 $i-j$ 的紧前工作 $h-i$ 的最早开始时间；

t_{h-i}——工作 $i-j$ 的紧前工作 $h-i$ 的工作历时。

(2) 计算工作的最早完成时间（EF）。显然每项工作的最早完成时间是其最早开始时间与工作持续时间之和，即

$$EF_{i-j}=ES_{i-j}+t_{i-j} \tag{2-2-3}$$

式中 EF_{i-j}——工作 $i-j$ 的最早完成时间；

t_{i-j}——工作 $i-j$ 的工作历时。

另外由式（2-2-2）与式（2-2-3）可得

$$ES_{i-j}=\max\{EF_{h-i}\} \tag{2-2-4}$$

(3) 确定网络计划的计算工期（T_c）。网络计划的计算工期等于网络计划的终点节点所有工作最早完成时间的最大值，即

$$T_c=\max\{EF_{i-n}\} \tag{2-2-5}$$

式中 T_c——网络计划的计算工期；

EF_{i-n}——以网络计划的终点节点 n 为完成节点的工作的最早完成时间。

(4) 网络计划的计划工期（T_p）。网络计划的计划工期 T_p 应等于或小于要求工期，当其无规定要求时，可取计划工期等于计算工期，即

$$T_p=T_c \tag{2-2-6}$$

当已限定了工期时，则计算工期不应超过计划工期，即

$$T_c\leqslant T_p \tag{2-2-7}$$

(5) 计算工作的最迟完成时间（LF）。一项工作的最迟完成时间是指在不影响工程工期的条件下该工作必须完成的最迟时间。工作的最迟完成时间应从网络的终点节点开始，逆着箭线的方向，自右至左进行计算，直至起点节点为止。必须先计算紧后工作，然后才能计算本工作。其步骤如下。

1）以网络计划的终点为完成节点工作的最迟完成时间。则终点节点的工作的最迟完成时间不能超过计划工期，故

$$LF_{i-n}=T_p \tag{2-2-8}$$

若无工期规定时，则

$$LF_{i-n}=T_c \tag{2-2-9}$$

$$LF_{i-n}=\max\{EF_{i-n}\} \tag{2-2-10}$$

2）其他工作 $i-j$ 的最迟完成时间是其紧后工作最迟完成时间与该紧后工作的工作历

时之差，若有多个紧后工作时应取其最小值。$i-j$ 工作最迟应在其紧后工作 $j-k_1$ 和 $j-k_2$ 要求最晚的开始时间之前完成，否则就会影响 $j-k_1$ 和 $j-k_2$ 按时完成，最终可能会影响到工期，即

$$LF_{i-j}=\min\{LF_{j-k}-t_{j-k}\} \tag{2-2-11}$$

式中　LF_{i-j}——工作 $i-j$ 的最迟完成时间；

LF_{j-k}——工作 $i-j$ 的紧后工作 $j-k$ 的最迟完成时间；

t_{j-k}——工作 $i-j$ 的紧后工作 $j-k$ 的工作历时。

（6）计算工作的最迟开始时间。每项工作的最迟开始时间是其最迟完成时间与该工作的工作历时之差，即

$$LS_{i-j}=LF_{i-j}-t_{i-j} \tag{2-2-12}$$

式中　LS_{i-j}——工作 $i-j$ 的最迟开始时间。

（7）计算工作总时差（TF）。工作总时差是指在不影响工期的前提下，一项工作所拥有的机动时间的极限值。一项工作的活动时间范围要受其紧前紧后工作的约束，它的活动时间极限范围是其最早开始时刻到最迟完成时刻这段时间，从其中扣除本身作业必须占用的时间，所余时间才可机动使用。工作总时差应按下式计算：

$$TF_{i-j}=LS_{i-j}-ES_{i-j} \tag{2-2-13}$$

或

$$TF_{i-j}=LF_{i-j}-EF_{i-j} \tag{2-2-14}$$

（8）计算工作的自由时差。工作的自由时差是总时差的一部分，指一项工作在不影响其紧后工作最早开始时间的前提下可以机动灵活使用的时间。这时工作活动的时间范围被限制在本身最早开始时间和与其紧后工作的最早开始时间之间，从这段时间中扣除本身的工作历时后所余的时间，即为该工作可自由活动的时间，若有多个紧后工作时，其最小值即为自由时差。工作自由时差按下式计算：

$$FF_{i-j}=\min\{ES_{j-k}-ES_{i-j}-t_{i-j}\} \tag{2-2-15}$$

$$FF_{i-j}=\min\{ES_{j-k}-EF_{i-j}\} \tag{2-2-16}$$

或

$$FF_{i-j}=\min\{ES_{j-k}\}-EF_{i-j} \tag{2-2-17}$$

【示例 2-2-2】 已知某工作项目进度网络计划如图 2-2-9 所示，试计算其工作的时间参数。

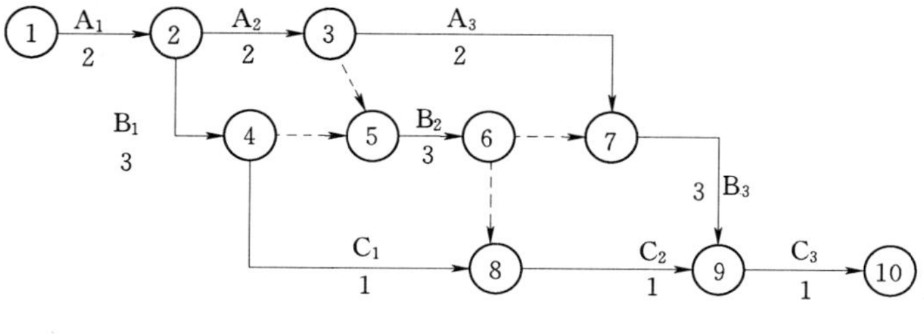

图 2-2-9　某工作项目进行网络计划图

【解】（1）计算工作最早开始时间，与最早完成时间。

$$\begin{cases}ES_{1-2}=0\\EF_{1-2}=ES_{1-2}+t_{1-2}=0+2=2\end{cases}$$

$$\begin{cases}ES_{2-3}=\max\{EF_{1-2}\}=2\\EF_{2-3}=ES_{2-3}+t_{2-3}=2+2=4\end{cases}$$

$$\begin{cases}ES_{2-4}=\max\{EF_{1-2}\}=2\\EF_{2-4}=ES_{2-4}+t_{2-4}=2+3=5\end{cases}$$

$$\begin{cases}ES_{3-7}=\max\{EF_{2-3}\}=4\\EF_{3-7}=ES_{3-7}+t_{3-7}=4+2=6\end{cases}$$

$$\begin{cases}ES_{3-5}=\max\{EF_{2-3}\}=4\\EF_{3-5}=ES_{3-5}+t_{3-5}=4+0=4\text{(虚工作)}\end{cases}$$

$$\begin{cases}ES_{4-8}=\max\{EF_{2-4}\}=5\\EF_{4-8}=ES_{4-8}+t_{4-8}=5+1=6\end{cases}$$

$$\begin{cases}ES_{4-5}=\max\{EF_{2-4}\}=5\\EF_{4-5}=ES_{4-5}+t_{4-5}=5+0=5\text{(虚工作)}\end{cases}$$

$$\begin{cases}ES_{5-6}=\max\{EF_{4-5}\}=5\\EF_{5-6}=ES_{5-6}+t_{5-6}=5+3=8\end{cases}$$

$$\begin{cases}ES_{6-7}=\max\{EF_{5-6}\}=8\\EF_{6-7}=ES_{6-7}+t_{6-7}=8+0=8\text{(虚工作)}\end{cases}$$

$$\begin{cases}ES_{6-8}=\max\{EF_{5-6}\}=8\\EF_{6-8}=ES_{6-8}+t_{6-8}=8+0=8\text{(虚工作)}\end{cases}$$

$$\begin{cases}ES_{7-9}=\max\begin{Bmatrix}EF_{3-7}\\EF_{6-7}\end{Bmatrix}=\max\begin{Bmatrix}6\\8\end{Bmatrix}=8\\EF_{7-9}=ES_{7-9}+t_{7-9}=8+3=11\end{cases}$$

$$\begin{cases}ES_{8-9}=\max\{EF_{6-8}\}=8\\EF_{8-9}=ES_{8-9}+t_{8-9}=8+1=9\end{cases}$$

$$\begin{cases}ES_{9-10}=\max\begin{Bmatrix}EF_{7-9}\\EF_{8-9}\end{Bmatrix}=\max\begin{Bmatrix}11\\9\end{Bmatrix}=11\\EF_{9-10}=ES_{9-10}+t_{9-10}=11+1=12\end{cases}$$

(2) 计算网络计划的计算工期。

$$T_c=\max\{EF_{9-10}\}=12$$

(3) 网络计划工期。

$$T_p=T_c=12$$

(4) 计算工作的最迟完成时间及最迟开始时间。

$$\begin{cases}EF_{9-10}=T_p=12\\LS_{9-10}=LF_{9-10}-t_{9-10}=12-1=11\end{cases}$$

$$\begin{cases}LF_{8-9}=\min\{LS_{9-10}\}=11\\LS_{8-9}=LF_{8-9}-t_{8-9}=11-1=10\end{cases}$$

$$\begin{cases}LF_{7-9}=\min\{LS_{9-10}\}=11\\LS_{7-9}=LF_{7-9}-t_{7-9}=11-3=8\end{cases}$$

$$\begin{cases}LF_{3-7}=\min\{LS_{7-9}\}=8\\LS_{3-7}=LF_{3-7}-t_{3-7}=8-2=6\end{cases}$$

$$\begin{cases}LF_{6-7}=\min\{LS_{7-9}\}=8\\LS_{6-7}=LF_{6-7}-t_{6-7}=8-0=8\text{(虚工作)}\end{cases}$$

$$\begin{cases}LF_{6-8}=\min\{LS_{8-9}\}=10\\LS_{6-8}=LF_{6-8}-t_{6-8}=10-0=10\text{(虚工作)}\end{cases}$$

$$\begin{cases}LF_{5-6}=\min\begin{Bmatrix}LS_{6-7}\\LS_{6-8}\end{Bmatrix}=\min\begin{Bmatrix}8\\10\end{Bmatrix}=8\\LS_{5-6}=LF_{5-6}-t_{5-6}=8-3=5\end{cases}$$

$$\begin{cases}LF_{4-8}=\min\{LS_{8-9}\}=10\\LS_{4-8}=LF_{4-8}-t_{4-8}=10-1=9\end{cases}$$

$$\begin{cases}LF_{2-3}=\min\begin{Bmatrix}LS_{3-7}\\LS_{5-6}\end{Bmatrix}=\min\begin{Bmatrix}6\\5\end{Bmatrix}=5\\LS_{2-3}=LF_{2-3}-t_{2-3}=5-2=3\end{cases}$$

$$\begin{cases}LF_{2-4}=\min\begin{Bmatrix}LS_{5-6}\\LS_{4-8}\end{Bmatrix}=\min\begin{Bmatrix}5\\9\end{Bmatrix}=5\\LS_{2-4}=LF_{2-4}-t_{2-4}=5-3=2\end{cases}$$

$$\begin{cases}LF_{1-2}=\min\begin{Bmatrix}LS_{2-3}\\LS_{2-4}\end{Bmatrix}=\min\begin{Bmatrix}3\\2\end{Bmatrix}=2\\LS_{1-2}=LF_{1-2}-t_{1-2}=2-2=0\end{cases}$$

(5) 计算总时差。

$TF_{1-2}=LS_{1-2}-ES_{1-2}=0-0=0$

$TF_{2-3}=LS_{2-3}-ES_{2-3}=3-2=1$

$TF_{2-4}=LS_{2-4}-ES_{2-4}=2-2=0$

$TF_{3-7}=LS_{3-7}-ES_{3-7}=6-4=2$

$TF_{4-5}=LS_{4-5}-ES_{4-5}=0$

$TF_{4-8}=LS_{4-8}-ES_{4-8}=9-5=4$

$TF_{5-6}=LS_{5-6}-ES_{5-6}=5-5=0$

$TF_{6-7}=LS_{6-7}-ES_{6-7}=0$

$TF_{6-8}=LS_{6-8}-ES_{6-8}=0$

$TF_{7-9}=LS_{7-9}-ES_{7-9}=8-8=0$

$TF_{8-9}=LS_{8-9}-ES_{8-9}=10-8=2$

$TF_{9-10}=LS_{9-10}-ES_{9-10}=11-11=0$

(6) 计算工作的自由时差。

$$FF_{1-2}=\min\begin{Bmatrix}ES_{2-3}-EF_{1-2}\\ES_{2-4}-EF_{1-2}\end{Bmatrix}=\min\begin{Bmatrix}2-2\\2-2\end{Bmatrix}=0$$

$$FF_{2-3}=\min\begin{Bmatrix}ES_{3-7}-EF_{2-3}\\ES_{5-6}-EF_{2-3}\end{Bmatrix}=\min\begin{Bmatrix}4-4\\5-4\end{Bmatrix}=0$$

$$FF_{2-4}=\min\begin{Bmatrix}ES_{4-5}\\ES_{4-8}\end{Bmatrix}-EF_{2-4}=\min\begin{Bmatrix}5\\5\end{Bmatrix}-5=0$$

$$FF_{3-7}=\min\{ES_{7-9}\}-EF_{3-7}=8-6=2$$

$$FF_{5-6}=\min\begin{Bmatrix}ES_{7-9}\\ES_{8-9}\end{Bmatrix}-EF_{5-6}=\min\begin{Bmatrix}8\\8\end{Bmatrix}-8=0$$

$$FF_{7-9}=\min\{ES_{9-10}\}-EF_{7-9}=11-11=0$$

$$FF_{8-9}=\min\{ES_{9-10}\}-EF_{8-9}=11-9=2$$

$$FF_{9-10}=T_p-EF_{9-10}=12-12=0$$

(7) 将结果标注在网络计划图上，如图 2-2-10 所示。

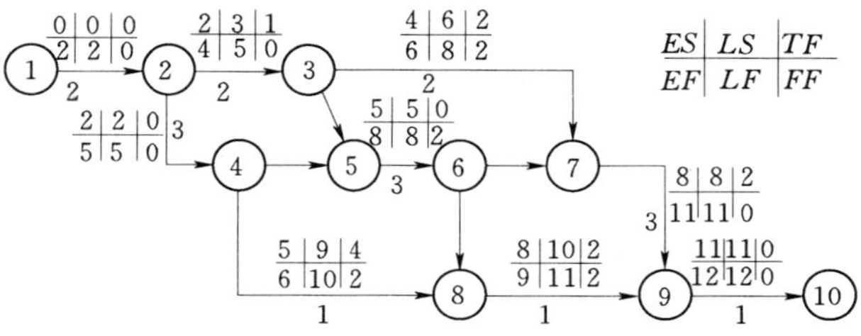

图 2-2-10 网络计划图

(三) 单代号网络图 (Node Diagramming 或 Precedence Diagramming)

单代号网络图又称节点式网络图，它用节点表示工作，用箭线表示工作之间的逻辑关系。单代号网络图中，工作的表示方法如图 2-2-11 所示。在单代号网络图中，节点仍需编号，一个节点表示一项工作，只用一个数码，因此叫“单代号”。

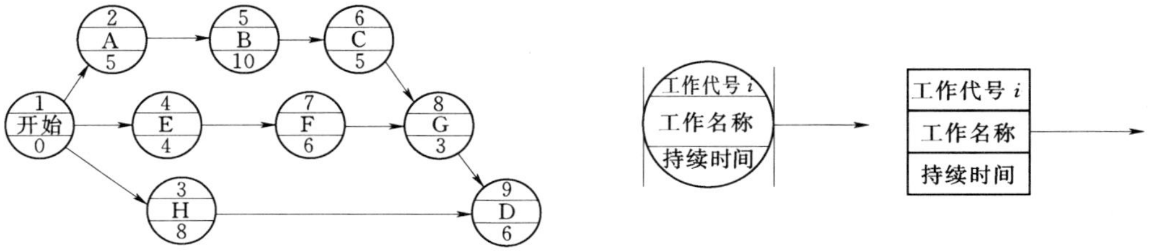

图 2-2-11 单代号网络图工作图例

单代号网络图各工作之间的逻辑关系与双代号网络图相同，仍然是根据工程中工艺上和组织上的客观顺序来确定的，逻辑关系的表示方法也比较简单，对此不再详述。

绘制单代号网络图也必须遵循一定的逻辑规则，当违背了这些规则时，就可能出现逻辑混乱，无法判别工作之间的关系或无法进行参数计算，这些基本规则和双代号的要求基本相同。

(1) 单代号网络图必须正确表述已定的逻辑关系。

(2) 单代号网络图中，严禁出现循环回路。

(3) 单代号网络图中，严禁出现双向箭线或无箭头的连线。

(4) 单代号网络图中，严禁出现没有箭尾节点的箭线和没有箭头节点的箭线。

(5) 单代号网络图应只有一个起点节点和一个终点节点；当网络图中有多项起点节点或多项终点节点时，应在网络图的两端分别设置一项虚工作，作为该网络图的起点节点和终点节点，如图 2-2-12 所示。

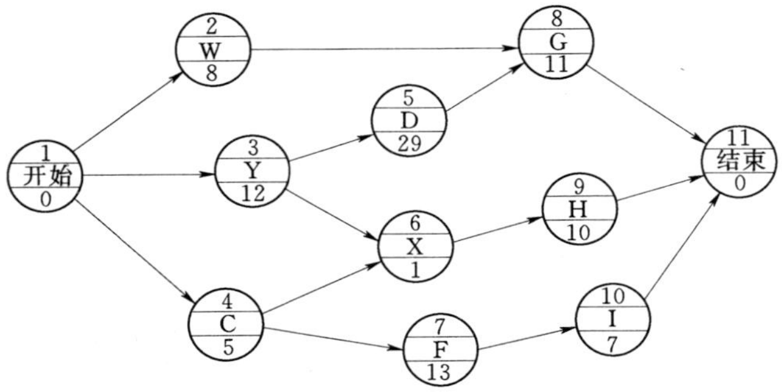

图 2-2-12 带虚拟起点节点和终点节点的单代号网络图

单代号网络图的绘制方法十分简单，即根据工作逻辑关系由前向后逐一将工作画出，这里不再细述。

(四) 双代号时标网络计划

双代号时标网络计划，也称时间坐标网络计划，是以时间坐标为尺度表示工作时间及有关参数的一种网络计划。它将网络计划按照工作的逻辑关系，以一定比例绘制在一张带有时间坐标的表格上，既明了地反映了工作之间的逻辑关系，又能清楚直观地表现出各工作的时间参数。新横道图是传统横道图与网络计划的结合，也是一种简单明了的进度表达形式。因此，在我国容易被接受，应用面较广。

1. *表示方法*

如图 2-2-13 所示为一时标网络计划。时标网络计划的工作以实箭线表示，虚工作以虚箭线表示，波形线表示本工作与其紧后工作之间的时间间隔。当本工作之后紧接有工作时，波形线表示本工作的自由时差；当本工作之后紧接虚工作时，则紧接的虚工作上的波形线中的最短者为本工作的自由时差。

时标的单位应根据需要确定，可以是小时、天、周、旬、月、年等，必须在网络图上注明。

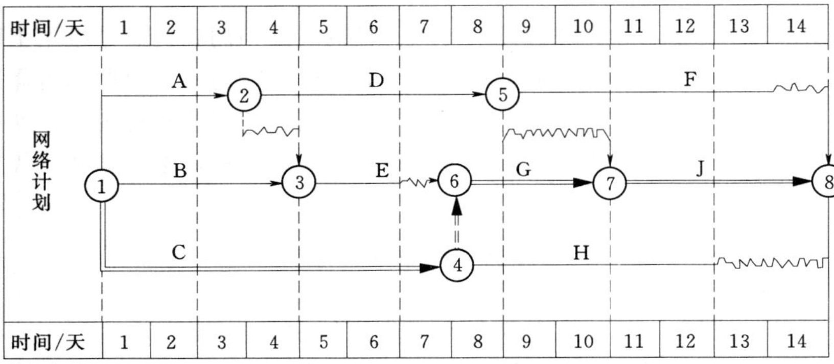

图 2-2-13 双代号时标网络计划

2. 绘制步骤

时标网络计划宜按工作的最早时间即最早开始时间和最早完成时间绘制，一般应先绘好无时标的网络计划，然后再绘制时标、网络计划。有直接绘图法和间接绘图法两种。

（1）直接绘图法。

1）起点节点“①”位于时标表起始刻度。

2）绘制起点节点的外向箭线，其长度等于工作的持续时间。

3）其他工作的开始节点必须在其所有紧前工作绘制后，定位在这些紧前工作线中最迟完成时间最大值的时间刻度上，某些箭线长度不足部分用波形线补足，箭头画在波形线与节点连接处。

4）按上述方法从左至右依次确定其他节点位置，直至网络计划终点节点定位，绘图完成。

（2）间接绘图法，即先算后画。根据先绘制好的无时标网络计划，算出各项工作的最早开始和结束时间，确定关键线路。然后再在时标表上确定节点位置，用箭线标出工作持续时间，某些工作箭线长度不足以达到该工作的完成节点时，用波形线补足。绘图时，一般宜先绘制关键线路上的工作，再绘制非关键工作。间接画法比直接画法要容易一些，但也稍烦琐一些。

【示例 2-2-3】 把图 2-2-14 所示双代号网络图绘制成双代号时标网络图。

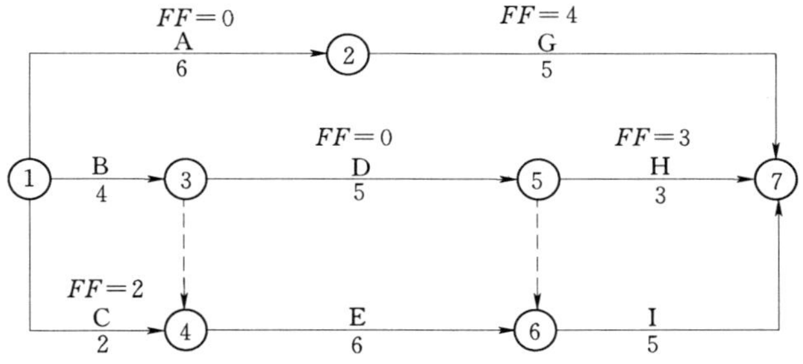

图 2-2-14　双代号网络图例

关键线路为①→③→④→⑥→⑦。

【解】

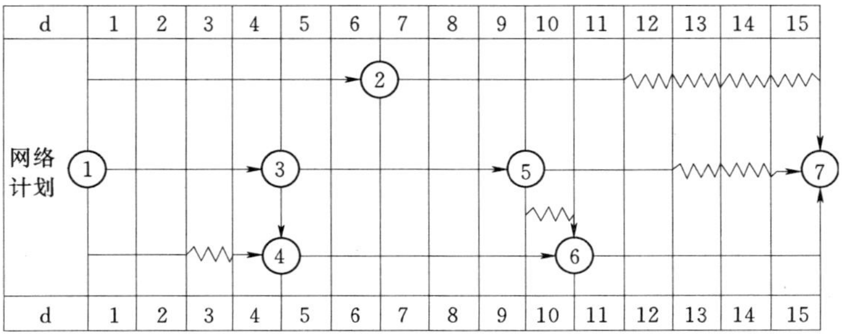

图 2-2-15　双代号时标网络图

3. 关键线路与时间参数的确定

时标网络计划的关键线路，可以自终点节点逆箭线方向向起点节点逐步进行判定，自始至终都不出现波形线的线路即为关键线路。也可以根据总时差来判断。关键线路可用双线或粗线表示。

网络计划的计算工期即为终点节点的时标值。

（1）工作最早时间。每条箭线左端节点中心所对应的时标值代表工作的最早开始时间，箭线实线部分右端对应的时标值代表工作的最早完成时间。

（2）工作的自由时差。箭线右边的波形线长度为该工作的自由时差；若工作的紧后工作全部用虚工作与其连接时，则该工作的自由时差为各项虚工作波形线长度的最小值。

（3）工作总时差。工作总时差，可直接在图上根据其定义来判断，也可自右向左经过简单计算确定，在其诸紧后工作的总时差都被确定后才能求出，其值等于紧后工作的总时差与紧后工作和本工作之间的时间间隔之和的最小值，即

$$TF_{i-j}=\min\{TF_{j-k}+\Delta T_{i-j,j-k}\} \quad (2-2-18)$$

式中 TF_{i-j}——本工作 $i-j$ 总时差；

TF_{j-k}——工作 $i-j$ 紧后工作总时差；

$\Delta T_{i-j,j-k}$——工作 $i-j$ 最早完成时间与其紧后工作 $j-k$ 最早开始时间之间的时间间隔（即 $\Delta T_{i-j,j-k}=ES_{j-k}-EF_{i-j}$）。

（4）工作最迟时间。工作的最迟开始时间和最迟完成时间，分别等于工作最早开始时间或工作最早完成时间加该工作的总时差。

三、实际进度与计划进度比较的方法

（一）横道图比较法

横道图比较法是指将项目实施过程中检查实际进度收集到的数据，经过加工整理后直接用横道线平行于原计划的横道线处，进行实际进度与计划进度的比较方法。分为匀速进展横道图比较法和非匀速进展横道图比较法。

1. 匀速进展横道图比较法

作图比较方法的步骤为：编制横道图进度计划；在进度计划上标出检查日期；将检查收集的实际进度数据，按比例用涂黑的粗线标于计划进度线的下方，如图 2-2-16 所示。

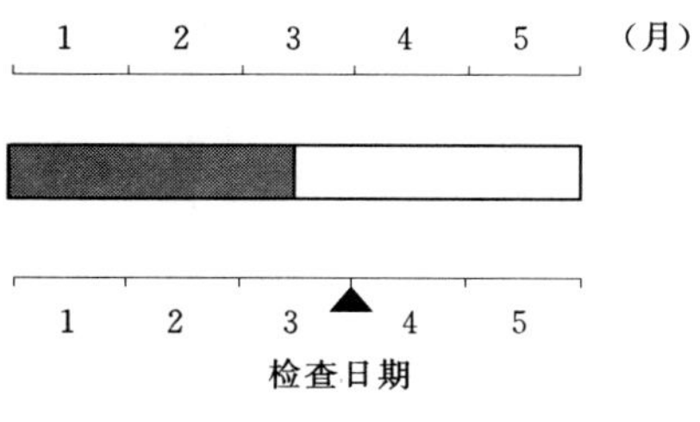

图 2-2-16 匀速进展横道图比较法

（1）实际进度与计划进度比较分析。

1）涂黑的粗线右端与检查日期相重合，表明实际进度与施工计划进度相一致。

2）涂黑的粗线右端在检查日期的左侧，表明实际进度拖后。

3）涂黑的粗线右端在检查日期的右侧，表明实际进度超前。

（2）匀速进展横道图比较法的适用性。该方法只适用于工作从开始到完成的整个过程

中，其施工速度是不变的，累计完成的任务量与时间成正比。若工作的施工速度是变化的，则这种方法不能进行工作的实际进度与计划进度之间的比较。

2. 非匀速进展横道图比较法

采用非匀速进展横道图比较法时，其步骤如下：编制横道图进度计划；在横道线上方标出各主要时间工作的计划完成任务量累计百分比；在横道线下方标出相应时间工作的实际完成任务量累计百分比；用涂黑粗线标出工作的实际进度，从开始之日标起，同时反映出该工作在实施过程中的连续与间断情况，如图 2－2－17 所示。

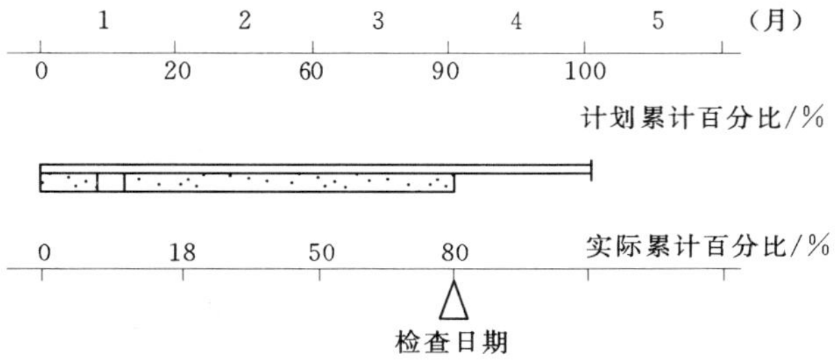

图 2－2－17 非匀速进展横道图比较法

实际进度与计划进度比较分析。通过比较同一时刻实际完成任务量累计百分比和计划完成任务量累计百分比，判断工作实际进度与计划进度之间的关系。

(1) 如果同一时刻横道线上方累计百分比大于横道线下方累计百分比，表明实际进度拖后，拖欠的任务量为二者之差。

(2) 如果同一时刻横道线上方累计百分比小于横道线下方累计百分比，表明实际进度超前，超前的任务量为二者之差。

(3) 如果同一时刻横道线上下方两个累计百分比相等，表明实际进度与计划进度一致。在图中的横道线，无论是计划的还是实际的，只能表示工作的开始时间、完成时间和持续时间，并不表示计划完成的任务量和实际完成的任务量。

横道图比较法有记录和比较简单、形象直观、易于掌握、使用方便等优点，主要用于工程项目中某些工作实际进度与计划进度的局部比较。

【示例 2－2－4】 某工作计划进度与第 8 周末之前实际进度如图 2－2－18 所示，从图中可获得的正确信息有：第 3 周前半周内未进行本工作；第 5 周内本工作实际进度正常；8 周内每周实际进度均未慢于计划进度。

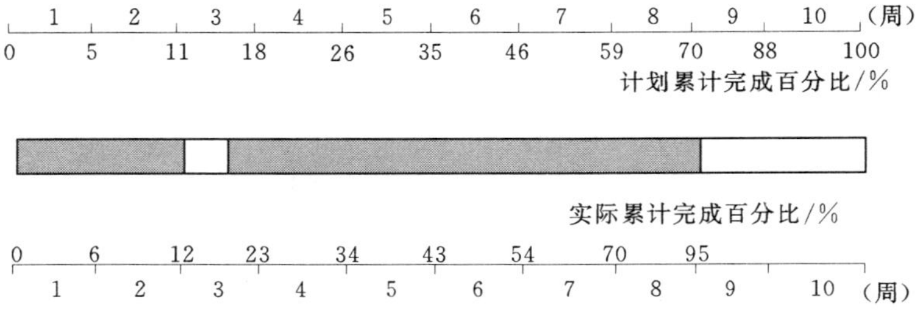

图 2－2－18 某工作计划进度与实际进度

（二）S曲线比较法

S曲线比较法是以横坐标表示时间，纵坐标表示累计完成任务量，绘制的一条按计划时间累计完成任务量的S曲线；然后将工程项目实施过程中各检查时间实际累计完成任务量的S曲线也绘制在同一坐标系中，进行实际进度与计划进度比较的一种方法，如图2-2-19所示。

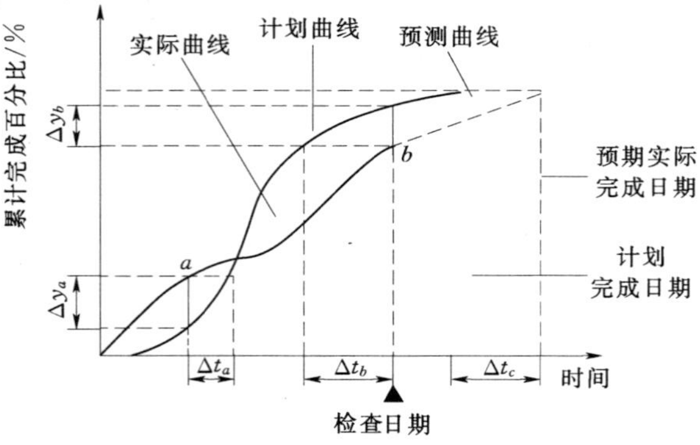

图2-2-19 S曲线比较法

通过比较实际进度S曲线和计划进度S曲线，可以获得如下信息。

（1）工程项目实际进展状况。如果工程实际进展点落在计划S曲线左侧，表明此时实际进度比计划进度超前，如图2-2-19中的a点；如果工程实际进展点落在S计划曲线右侧，表明此时实际进度拖后，如图2-2-19中的b点；如果工程实际进展点正好落在计划S曲线上，则表示此时实际进度与计划进度一致。

（2）工程项目实际进度超前或拖后的时间。在S曲线比较图中可以直接读出实际进度比计划进度超前或拖后的时间。如图2-2-19所示，Δt_a表示t_a时刻实际进度超前的时间；Δt_b表示t_b时刻实际进度拖后的时间。

（3）工程项目实际超额或拖欠的任务量。在S曲线比较图中也可直接读出实际进度比计划进度超额或拖欠的任务量。如图2-2-19所示，Δy_a表示t_a时刻超额完成的任务量，Δy_b表示t_b时刻拖欠的任务量。

（三）“香蕉”曲线比较法

“香蕉”形曲线是两条S形曲线组合成的闭合曲线，从S形曲线比较法中得知，按某一时间开始的施工项目的进度计划，其计划实施过程中进行时间与累计完成任务量的关系都可以用一条S形曲线表示。对于一个施工项目的网络计划，在理论上总是分为最早和最迟两种开始与完成时间的。因此，一般情况，任何一个施工项目的网络计划，都可以绘制出两条曲线。

（1）计划以各项工作的最早开始时间安排进度而绘制的S形曲线，称为ES曲线。

（2）计划以各项工作的最迟开始时间安排进度而绘制的S形曲线，称为LS曲线。

两条S形曲线都是从计划的开始时刻开始和完成时刻结束，因此两条曲线都是闭合的。一般情况，其余时刻ES曲线上的各点均落在LS曲线相应点的左侧，形成一个形如“香蕉”的曲线，故此称为“香蕉”形曲线。

在项目的实施中进度控制的理想状况是任一时刻按实际进度描绘的点，应落在该“香蕉”形曲线的区域内。

在进度比较中，利用“香蕉”形曲线可获得比S形曲线更多的信息，主要有以下方面。

（1）可以更合理地安排工程项目的进度计划。若工程项目中的各项工作均按 ES 曲线安排进度，将导致项目的投资加大；若工程项目中的各项工作均按 LS 曲线安排进度，受影响因素的干扰，易导致工期拖延，使工程进度的风险加大。因此较为科学合理的进度优化曲线应处于 ES 和 LS 曲线之间，如图 2-2-20 中的点画线所示。

（2）可以定期比较工程项目的实际进度与计划进度。在进度计划实施中，根据每次检查收集到的实际完成任务量，直接在计划进度的“香蕉”形曲线图上绘制出实际进度的 S 形曲线，进行计划进度与实际进度的对比。若实际进展点落在 ES 曲线的左侧，表明此刻实际进度比按最早开始时间安排的计划进度超前；若实际进展点落在 LS 曲线的右侧，表明此刻实际进度比按最迟开始时间安排的计划进度拖后。即理想状态下的工程实际进展点应落在“香蕉”形曲线图的范围之内。

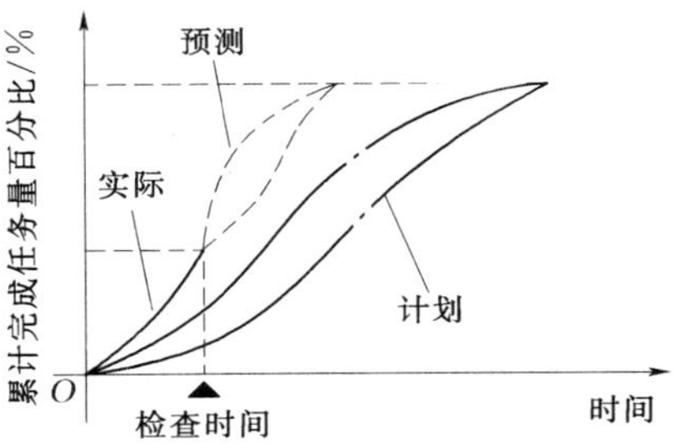

图 2-2-20　后期工程进展趋势预测

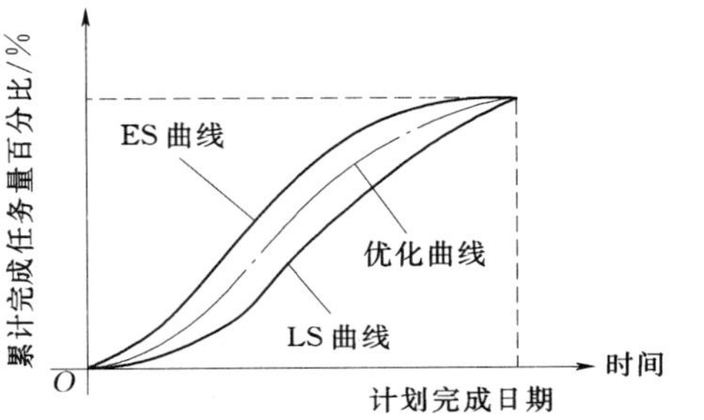

图 2-2-21　“香蕉”形曲线比较法

（3）可以预测后期工程的进展趋势。如图 2-2-21 所示，在检查之日，该工程的实际进展点均落在 ES 曲线左侧，表明此刻实际进度超前；以检查之日的实际进展点为起点，可大致绘出检查日之后的后期工程的“香蕉”形曲线（如图中虚线所示），由此预计该工程项目将提前完工。

（四）前锋线比较法

前锋线比较法是通过绘制某检查时刻工程项目实际进度前锋线，进行工程实际进度与计划进度比较的方法，它主要适用于时标网络计划。所谓前锋线，是指在原时标网络计划上，从检查时刻的时标点出发，用点画线依次将各项工作实际进展位置点连接而成的折线。前锋线比较法就是通过实际进度前锋线与原进度计划中各工作箭线交点的位置来判断工作实际进度与计划进度的偏差，进而判定该偏差对后续工作及总工期影响程度的一种方法。

1. 进行实际进度与计划进度比较的步骤

采用前锋线比较法进行实际进度与计划进度的比较，其步骤如下：

（1）绘制时标网络计划图。工程项目实际进度前锋线是在时标网络计划图上标示的，为清楚起见，可在时标网络计划图的上方和下方各设一时间坐标。

（2）绘制实际进度前锋线。一般从时标网络计划图上方时间坐标的检查日期开始绘制，依次连接相邻工作的实际进展位置点，最后与时标网络计划图下方坐标的检查日期相连接。

2. 工作实际进展位置点的标定方法

(1) 按该工作已完任务量比例进行标定。假设工程项目中各项工作均为匀速进展，根据实际进度检查时刻该工作已完任务量占其计划完成总任务量的比例，在工作箭线上从左至右按相同的比例标定其实际进展位置点。

(2) 按尚需作业时间进行标定。当某些工作的持续时间难以按实物工程量来计算而只能凭经验估算时，可以先估算出检查时刻到该工作全部完成尚需作业的时间，然后在该工作箭线上从右向左逆向标定其实际进展位置点。

3. 进行实际进度与计划进度的比较

前锋线可以直观地反映出检查日期有关工作实际进度与计划进度之间的关系。对某项工作来说，其实际进度与计划进度之间的关系可能存在以下三种情况。

(1) 工作实际进展位置点落在检查日期的左侧，表明该工作实际进度拖后，拖后的时间为二者之差。

(2) 工作实际进展位置点与检查日期重合，表明该工作实际进度与计划进度一致。

(3) 工作实际进展位置点落在检查日期的右侧，表明该工作实际进度超前，超前的时间为二者之差。

4. 预测进度偏差对后续工作及总工期的影响

通过实际进度与计划进度的比较确定进度偏差后，还可根据工作的自由时差和总时差预测该进度偏差对后续工作及项目总工期的影响。

前锋线比较法既适用于工作实际进度与计划进度之间的局部比较，又可用来分析和预测工程项目整体进度状况。

【示例 2-2-5】 某分部工程施工网络计划，在第 4 天下班时检查，C 工作完成了该工作的 1/3 的工作量，D 工作完成了该工作的 1/4 的工作量，E 工作已全部完成该工作的工作量，则实际进度前锋线如图 2-2-22 上点画线构成的折线。

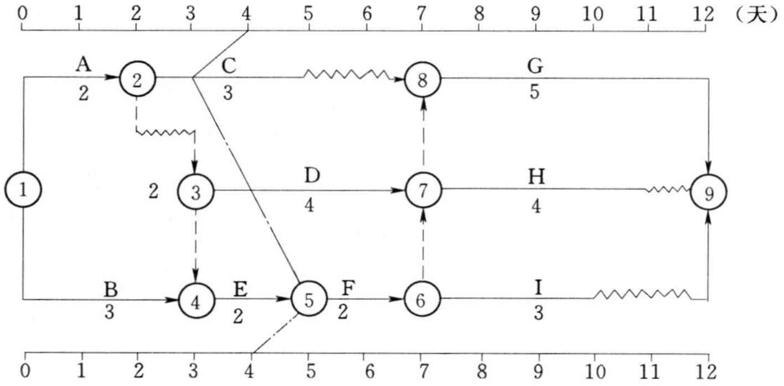

图 2-2-22 某分部工程施工网络计划图

【解】 通过比较可以看出：

(1) 工作 C 实际进度拖后 1 天，其总时差和自由时差均为 2 天，既不影响总工期，也不影响其后续工作的正常进行。

(2) 工作 D 实际进度与计划进度相同，对总工期和后续工作均无影响。

（3）工作 E 实际进度提前 1 天，对总工期无影响，将使其后续工作 F、I 的最早开始时间提前 1 天。

综上所述，该检查时刻各工作的实际进度对总工期无影响，将使工作 F、I 的最早开始时间提前 1 天。

四、施工阶段进度计划的调整方法

当出现进度偏差时，需要分析该偏差对后续工作及总工期产生的影响。偏差的大小及其所处的位置，对后续工作和总工期的影响程度是不同的。

（一）偏差对后续工作和总工期的影响的判断

（1）偏差小于自由时差，即 $\Delta \leqslant FF$，对进度计划无影响。

（2）偏差大于该工作的自由时差，但小于总时差，即 $FF < \Delta \leqslant TF$，对后续工作有影响，对总工期无影响。

（3）偏差大于总时差，即 $\Delta > TF$，对后续工作和总工期均有影响。

（二）进度计划的调整方法

1. 改变某些工作间的逻辑关系

当工程项目实施中产生的进度偏差影响到总工期，且有关工作的逻辑关系允许改变时，可以改变关键线路和超过计划工期的非关键线路上的有关工作之间的逻辑关系，达到缩短工期的目的。如图 2-2-23 所示，若基础工程采取顺序施工方法需 63 天，则采用流水作业只需 35 天。

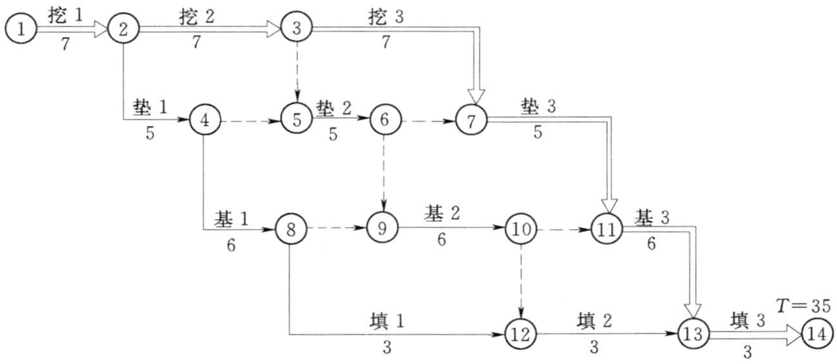

图 2-2-23 某基础工程施工流水作业图

2. 缩短某些工作的持续时间

某工程时标网络计划如图 2-2-24 所示。

情况 1：偏差大于该工作的自由时差，但小于总时差，即：$FF < \Delta \leqslant TF$。从图 2-2-24（a）中可以看出，工作 B、D 的开始时间拖后 1 天，其他工作的实际进度均正常；由于工作 B 的总时差为 1 天，工作 D 的总时差为 2 天，故此时工作的实际进度不影响总工期。

情况 2：偏差大于总时差，即：$\Delta > TF$。从图 2-2-24（b）中可以看出，工作 B、D

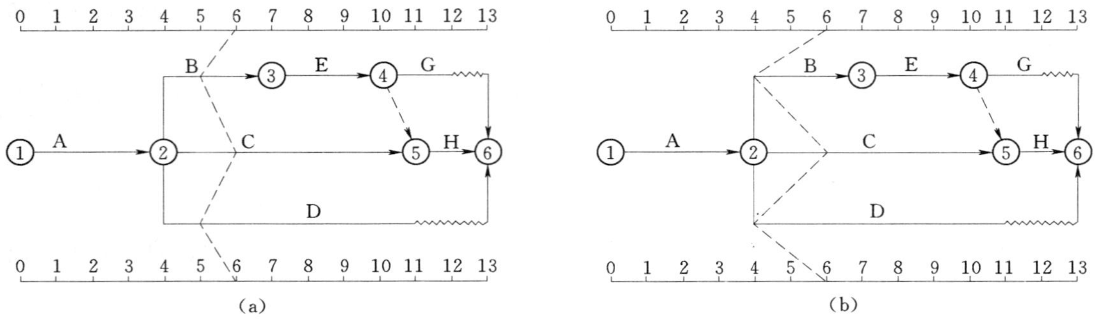

图 2-2-24　某工程时标网络计划

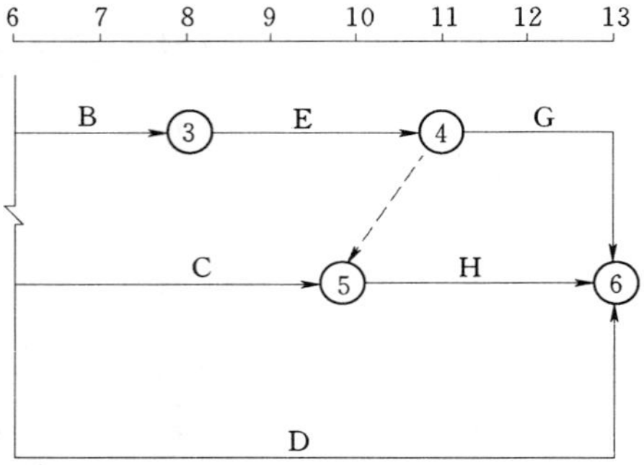

图 2-2-25　某工程调整后时标网络计划

的开始时间拖后 2 天，其他工作的实际进度均正常；工作 B 的总时差为 1 天，工作 D 的总时差为 2 天，则实际进度影响总工期。

对该工程时标网络计划进行调整，如图 2-2-25 所示。

情况 a：项目总工期不允许拖延（缩短关键线路上后续工作持续时间，即为工期优化）。如图 2-2-25 将 B 工作由 3 天缩短为 2 天。

情况 b：项目工期允许拖延（只需以实际数据取代原计划数据）。

情况 c：项目工期允许拖延，但时间有限（以总工期的限制时间作为规定工期，对尚未实施的网络计划进行工期——费用优化）。

五、国际工程进度计划案例

【案例 2-2-1】　巴基斯坦贾姆肖罗电厂工程施工进度计划

（一）工程概况

贾姆肖罗电厂位于巴基斯坦南部国际商业名城卡拉奇（KARACHI）市以北 180km，工业城市海德拉巴（HYDERABAD）市西北郊 18km 的贾姆肖罗镇（JAMSHORO），距印度河 5km，是目前巴基斯坦最大电厂之一。

贾姆肖罗电厂规划为 7 台发电机组，第一期工程为 4 台 21 万 kW 的油、气双燃料火力发电机组——1 号、2 号、3 号、4 号机组，其中 1 号机组由日本三井公司全套中标承建，2 号、3 号、4 号机组，由中国机械设备进出口总公司以 2.3 亿美元的合理价格中标总承包，东北电力设计院承担勘探设计，湖北省电建一公司承担设备安装，某局一公司承担全部土建工程，武汉青山电厂承担调试、人员培训及一年的商业运行工作。该电厂属交钥匙工程。

（二）主要计划目标控制

贾姆肖罗电厂工程，中方中标为 3 台 21 万 kW 油气双燃汽机发电机组——简称 2 号、3 号、4 号机组，依据总合同要求：3 台机组投产发电工期为 3 年，其中 2 号机组发电工期为 2 年，3 号机组投产发电 6 个月后 4 号投产发电，在此条件下，土建施工制订每台机组主要的控制计划目标如下。

交付安装工期，2 号机组：锅炉基础 10 个月——即于 1988 年 9 月 15 日交付安装；主厂房 12 个月——即于 1988 年 11 月 15 日交付安装。机组所有工程于 1989 年 5 月全部交付安装。3 号机组土建交付安装相应延长 4 个月，即锅炉基础于 1989 年 3 月交付；主厂房于 1989 年 3 月 15 日交付；其他工程于 1989 年 11 月全部交付。4 号机组交付安装时期，锅炉于 1989 年 11 月，主厂房于 1989 年年底，其他工程全部交付于 1990 年 6 月。而 3 台机组发电时间分别为 1989 年 12 月、1990 年 6 月和 1990 年 12 月，每台机组投产发电时间也是土建工程竣工验收、交钥匙的时间。

依上述目标，编制土建工程施工总进度计划。

（三）总进度计划网络图

图 2-2-26 所示为贾姆肖罗电厂 2 号、3 号、4 号机组网络控制计划图。

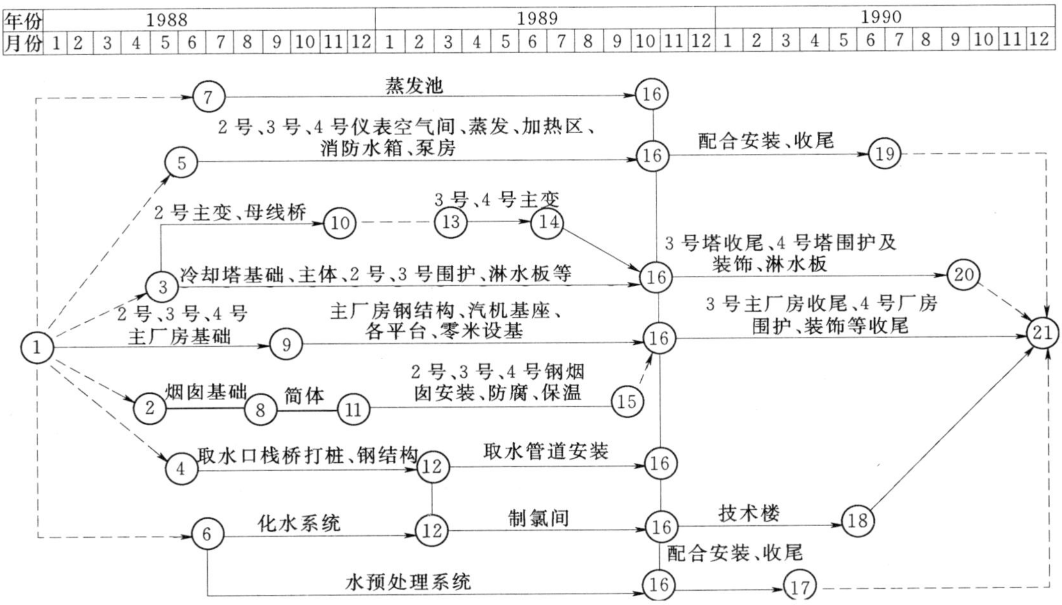

图 2-2-26　贾姆肖罗电厂 2 号、3 号、4 号机组网络控制计划图

六、国际工程进度控制管理要点

（一）国内外工程进度管理差异

国际 EPC 工程与国内工程进度管理方面的差异给我国企业承包国际工程带来了很多新的困难。只有认识这些差异，才有可能制定项目的进度风险预案，编制合理的项目进度计划，确保项目按合同日期竣工。

1. 承发包模式差异

国际工程一般采用 EPC 模式招投标，按照合同约定对工程建设项目的设计、采购、施工、试运行等实行全过程或若干阶段的承包。通常公司在总价合同条件下，对其所承包工程的质量、安全、费用和进度进行负责。国内工程项目一般不进行 EPC 模式工程招标，而是按照 EPC 分阶段分别进行项目招标。

2. 国家制度差异和政府执行能力差异

在我国，大部分工程项目业主代表国家和政府，所以项目能得到各级政府的积极支持，项目政治环境较好，征地拆迁较为容易，项目各级审批也很迅速，承包商很快就能进驻施工现场，开展项目施工。而在有些多党执政的国家，政治斗争激烈，政治集团经济利益不同，他们为了各自的政治目的，干扰甚至阻碍项目实施。项目有关批文审批过程曲折漫长，审批结果频繁变化。土地私有，只要地主不愿意出售自己既有的土地，政府也没有办法。如在菲律宾有个铁路项目，我国施工企业进驻现场一年多，征地拆迁都没有彻底完成，施工工作无法开展，造成频繁长期停工，项目损失严重。伊朗德黑兰轻轨工程因为一座小二层楼的拆迁问题使整个工程停顿了 6 年。

3. 生产资料采购难度差异

我国资源丰富，近年来经济发展迅速，生产资料和生活资料充足，施工生产所需的生产资料基本上是买方市场，工程所需生产资料在当地市场上都能够尽快买到；社会物流配送渠道也比较发达，一般物资都能够快速地送达现场，有的物资可以实现当天订货、当天送货上门。这种状况不但方便了施工，同时减轻了采购和施工管理的难度。对于施工企业有很多考虑不周的问题，比如材料采购没有计划或者计划粗略，施工现场设备配备不足，劳动力缺乏等问题，都能够在一天或者几天内解决，基本上不会影响工程进度。

但在有些国家，施工生产资料供应不足，甚至完全依靠进口，工程所需物资供应形成卖方市场，如果不能提前和厂家签订合同，下达准确供货计划，工程往往会因为缺少生产资料而停工。

国际工程即使在国内采购的物资，也存在订货、制造、海运、清关、储存、检验等诸多环节，如果不能科学合理地计划安排采购等各项工作，则可能会造成所需物资不能及时到达施工现场、影响施工进展，或物资提前到达、储存费用较高、增加工程成本的结果。

4. 工程技术标准差异

国际工程和国内工程技术标准要求不同，设计图纸通过审批需要一些时间。国外工程多执行美标或欧标，国内设计图纸通过审批所花时间较长，影响采购施工工作。

在国内，设计院权威性较高，只要设计的项目不突破概算，设计院设计的图纸业主一般不再进行另外审核。目前国内有些行业设计比较成熟，比如铁路设计，国家已经发布了系统的定型图，所以设计速度较快。

项目中标后，国内承包商和业主技术谈判比较艰难，尤其是一些经济相对落后的国家。业主的很多要求都可能超出原定的标准，如果承包商接受实施，就会增加很大的额外投资，如果不同意，谈判周期又会很漫长，设计工作受到很大影响。

国际工程设计多采用美标或者欧标，即使甲方同意采用中国标准，也规定不低于国际标准。有的设计单位可能初次做国际工程项目，对美标或者欧标不太熟悉，还不能完全按照国际标准设计。国内设计的很多基础工作与国际标准要求的不太相同，如果完全按照国际标准设计，对设计院来说，无论从时间上还是能力上都是一个严峻的挑战。设计院设计的图纸要接受业主专业团队的审核和审批，一般只有审批级别为D级时才能发布施工。由于双方的经济立场不同，图纸审批过程是一个交流沟通的漫长过程，语言的障碍，更增加了设计院与业主交流沟通的难度。

以上分析可见，承包商编制进度计划时要根据实际情况合理考虑设计各项工作的工期，不能简单引用国内经验。只有编制精细的科学合理的项目总控计划和设计计划，才能明确设计工作的轻重缓急，减轻设计的集中压力，理顺协调设计与采购、施工的关系，使图纸发布满足施工进展的需要。

5. 项目管理要求差异

国际项目管理的要求一般较高，如果不能精细组织施工，窝工、返工现象频频发生。国外管理相对严格，许多国际工程项目的业主还聘请优秀的项目管理商管理。这些项目管理商多来自欧美比较发达的国家，他们管理标准较高，各种管理程序细致健全，执行严格，HSE管理要求更高，国内企业如果不能按照施工程序和合同既定标准施工，合理安排各项工作的衔接，就会造成大量窝工和返工，劳动施工效率大大降低，严重影响工程进度。

而国内施工管理流程和方法各个施工企业都比较熟悉，相对宽松，紧急的时候还可以变通处理，HSE影响施工进度的时候不多，所以施工速度较快。国际工程，如果我们不清楚业主管理的方法和要求，依靠国内经验估算工期，配置施工机具和劳动力，这样编制的施工计划不切合实际，工期估算不合理，无法实施。

6. 进度控制差异

国际EPC工程要求承包商在限定的时间内按照合同的要求完成EPC所有工作，EPC很多工作交叉或者同时进行，相互之间互为条件，互相影响，任何一个接口协调出现问题都会影响整个项目的顺利开展，所以项目管理集成化很高，既要宏观还要微观地精心安排EPC各项工作部署，才能保证项目顺利开展。

国内工程项目一般不进行EPC模式工程招标，而是按照EPC分阶段分别进行项目招标。国内项目设计和采购工作的进度控制一般不存在太大困难，进度控制相对复杂的是工程施工阶段。国内业主可以通过招标文件明确各个标段施工任务和工期，依靠承包合同的法律效力把进度控制转嫁给各个分包商，减轻业主层次进度管理难度。

国内的这种管理模式，以至于一谈到进度计划管理，多认为只需在施工阶段考虑，编制的进度计划也多以施工安排为主，很少考虑或者不考虑设计图纸和采购对工程的制约和影响。

综上分析，国际EPC工程项目比国内工程项目的进度管理新增了很多困难，承包商首先要了解项目所在国的具体政治经济外界状况，当地劳力的工作效率，业主及业主工程师的配合力度；充分考虑各专业间的接口协调，合理估算EPC各项关键工作的工期，确定合理的开始完工时间，对各项工作配备适当的人员和设备资源；在满足管理商管理要求的情况下编制细致严谨的EPC协调进度计划，制定严肃的计划管理执行制度，使各个部门严格按照计划协同工作，形成有机的整体，这样才能保证EPC各项工作顺利进行，项目才能按合同工期顺利竣工。

（二）国际工程进度控制要点

1. 计划编制的重要性

编制的计划进度要全面细致，确保总体进度目标及各工序目标与业主（总承包商）一致，合理配置项目施工资源，有效组织反馈控制，达到施工过程各阶段性目标及各单元按计划工期高标准交付业主的目的，并在进度计划控制管理过程中完全符合业主对各类计划进度报告的格式、内容、涵义等项目规定的要求。

（1）项目总体计划和里程碑计划，它包括了工程设计、设备和材料采购、施工三部分。

（2）每部分主要内容包括每道作业的开始时间、完成时间、所需劳动力工种和消耗工日、总工时、所需设备和机具等。

（3）对每道工序进行资源和逻辑关系衔接，计算项目完成所需总工日和关键线路并进行优化。

（4）计算每月甚至每周完成工作内容，对所需劳动力、机具进行综合分析。这对工程的目标完成具有一定的明晰性和很强指导性。

2. P3 软件应用于计划进度管理

网络计划技术，特别是美国 P3 软件（Primavera Project Planner）在我国建筑业的引入与应用，使网络计划技术在工程项目控制管理中日益发挥重要作用。作为计划工程师不但要有工程方面专业知识，还要能够运用现代项目管理软件。

3. 进度控制

进度控制在整个施工过程中，对保证工期占非常重要的地位。在项目施工过程中，进度动态以实际进度统计为依据，从确定进度偏差开始，到制定纠正偏差措施，进行纠正偏差活动，到下一次进度检测为结束，形成一个固定的周期性的循环过程。

4. 计划进度管理人员应具备的素质

建筑业日趋国际化，项目管理水平在逐步提高，作为计划进度管理人员，首先，英语水平要过关，因国际项目和众多国内合资项目的日常管理语言是英语，日常工作记录、总体计划 P3 的编制、会议记录、计划进度检测、各种费用记录和索赔等工作均通过书信往来和当面交谈进行，用英语进行语言表达，对于计划进度管理人员非常重要。业务方面需要具备综合素质，包括供应、技术、经营、合同管理和采购等方方面面的知识，在工作中要仔细研究合同文本，这是项目管理的基础，依据 FIDIC 条款对照合同内容进行分解和对比，找出索赔理由和依据，据理力争，力求公平公正，降低投标风险和项目管理风险。

自测练习题

一、思考题

1. 进度计划的表示方法有哪些？

2. 试述双代号网络图的绘制步骤。

3. 试述双代号网络图与单代号网络图的不同有哪些？

二、案例题

1. 根据表 2-2-4 中逻辑关系，绘制双代号网络图。

表 2-2-4　　不同工作间的逻辑关系

工作	A	B	C	D	E	F	G	H	I
紧前工作	—	A	A	B	B、C	C	D、E	E、F	H、G
紧后工作	B、C	D、E	E、F	G	G	H	I	I	—

2. 已知某工程项目的时标网络计划如图 2-2-27 所示。

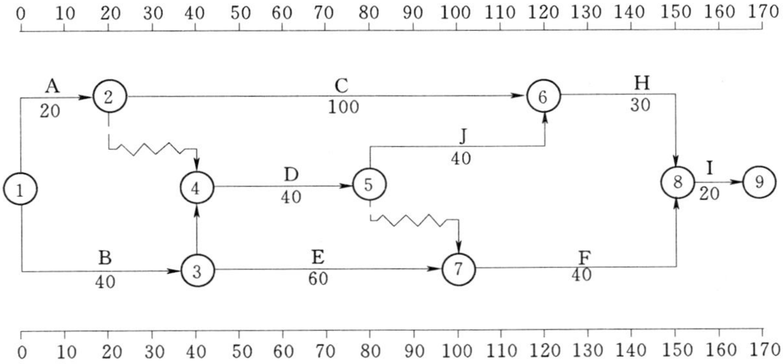

图 2-2-27　某工程项目时标网络计划图

问题：

(1) 工作 E 的总时差及自由时差各为多少天？

(2) 指出该网络计划的关键路线。

(3) 工程进行到 70 天下班时检查，发现工作 A、B 已完成，而工作 C、D、E 分别需要 40 天、30 天和 20 天才能完成，试绘制实际进度前锋线，分析工作 C、D、E 的实际进度与计划进度的偏差及影响。

(4) 如果工期不能延误，进度计划应如何调整？

第三节　国际工程的质量控制

学习指导

通过本节学习掌握国际工程项目质量和质量控制的概念；了解国际工程项目质量的特点；掌握施工阶段质量控制的工作内容、质量控制程序；掌握质量检验的内容和方法。

一、国际工程项目实施阶段质量管理过程

(一) 工程（产品）质量与质量控制的概念

工程（产品）质量是指建筑安装工程能够满足社会和人民需要的那些工程的自然属性和技术属性。建筑工程产品价值较大，使用年限长，有多种功能要求，主要有适用性、坚固性、耐久性、安全性、美观性和经济性等，称为工程质量特性。适用表现为布局合理、

工艺布置和操作方便，工作舒适；坚固表现为建筑物及其构件有一定的强度和稳定性，具有抗震、抗冲等能力；耐久表现为建筑物的使用寿命长、抗冻、耐磨、抗腐蚀等；安全表现为工程施工运行安全可靠；美观表现为整齐，布局和造型优美大方；经济表现为造价低，维修费用低，施工效率低，损耗小。以上这些工程质量特性的实现，是建设、设计、施工等单位共同努力的结果。

国际工程项目质量要求则主要表现为工程合同、设计文件、技术规范规定的质量标准。因此，国际工程项目质量控制就是为了保证达到工程合同的规定的质量标准而采取的一系列措施、手段和方法。

国际工程项目质量控制按其实施者不同，包括以下三方面。

1. 业主方面的质量控制

业主普遍采用委托工程咨询（监理）公司对工程质量进行监督控制的做法。为了提高监理工作的有效性，不少国家的业主往往委托在工程竞标中的失败方作为该工程的监理单位。

2. 政府方面的质量控制

政府是否介入其投资的公共工程以及民间投资的工程质量的具体监督检查，即政府主管部门是否直接参与微观层次的工程质量监督检查控制，各个国家和地区的情况不尽相同，归纳来讲，大致有以下三种模式。

（1）法国模式。主要表现在政府主管部门不直接参与工程项目的质量监督检查，而是主要运用法律和经济手段，促使建筑企业提高工程质量。如法国实行强制性的工程保险制度。法国的建筑法规《建筑职责与保险》规定：凡涉及工程建设活动的所有单位，包括业主、总承包商、设计、施工、质检等单位，均必须向保险公司投保，而保险公司则要求该项工程在建设过程中，必须委托一个质量检查公司进行质量检查，并给予投保单位可少付保险费的优惠。法国的质量检查公司在营业前必须取得由政府有关部门组成的委员会审批颁发的证书，并每2～3年须经发证机构复审一次。为了保证质量，检查公司能保持其第三方客观公正地位，质量检查公司不得在国内参与与质检以外的任何商业活动。质量检查公司在接受工程项目的质量检查任务后，从工程的设计、施工招标阶段开始，直到工程竣工，最后提交工程质量评价报告送与工程建设的有关各方。法国的质检公司均配备完善的检测设备，以保证质量检验的准确性和及时性。

（2）美国模式。主要表现在政府主管部门直接参与工程项目质量的监督和检查。在美国，政府参加工程项目质量监督检查的人员分为两类：一类是政府自己的检查人员，另一类是政府临时聘请或要求业主聘请的，属于政府认可的外部的专业人员。这类监督检查人员都直接参与每道重要工序和每个分部分项工程的检查验收，由他们认定合格后，方可进行下一道工序。对工程材料、制品质量的检验由相对独立的法定检测机构检测，在所有监督检查中，又以地基基础和主体结构的隐蔽工程作为重点。

（3）德国模式。主要表现在政府部门对工程项目的质量监督实行间接管理。德国政府对工程质量的监督管理，主要采取由州政府建设主管部门委托或授权，由国家认可的质监工程师组建的质量监督审查公司，代表政府对所有新建工程和涉及结构安全的改建工程的质量实行强制性监督审查。在工程质量检查中，对工程材料的检测，一般由承包商负责送到国家认可的工程质量检测机构检测。当发生工程质量问题或业主与承包商对工程材料、施工质量发生争议时，由质监工程师委托国家认可的工程质量检测机构进行检测，检测费用由承包商、业主或质监公司中的责任方负担。

3. 承建商方面的质量控制

其特点是内部的、自身的控制，在对具体建设工程项目质量监督的模式上，承包商都按照谁设计谁负责，谁施工谁负责的原则实行质量自控。

（二）国际工程项目实施阶段质量管理过程

国际工程项目质量管理是与技术管理紧密联系又截然不同的两个板块，业主和咨询公司会单独设立质量部门，配备质量工程师对现场的质量问题进行落实整改配合，牵头测量、技术、施工、试验等团队对现场施工进行工序转换和质量验收。

国际工程项目实施阶段应实行全面质量管理，全面质量管理应抓住计划、执行、检查、处理四个阶段，这是不断循环、不断提高的管理过程，这个科学的工作方法称为PDCA（Plan－Do－Check－Action）循环，它反映了计划工作必须经过的四个阶段。

1. 计划阶段

这个阶段的工作包括以下几部分。

（1）分析现状，找出问题，确定质量管理方针和目标。

（2）分析影响工程质量的各种因素，确定主要矛盾，提出相应解决措施。

（3）提出项目质量管理的组织、制度、工作程序、方法和要求。

2. 执行阶段

这个阶段的工作包括以下几部分。

（1）充分发动群众，使群众了解计划和指标。

（2）结合工程实际把综合性质量指标进行分解，化为分部分项指标落实到班组，交指标、交措施，做到分工明确，职责清楚。将质量的目标值，通过生产要素前投入、作业技术活动和产出过程，转换为质量的实际值。

3. 检查阶段

为了使计划正确贯彻，必须组织和协同各有关部门，经常检查计划执行情况，发现问题，及时协调解决。对计划实施过程进行各种检查，包括作业者的自检、互检和专职管理者专检。

4. 处理阶段

根据检查结果作出相应的处理。成功的要从中总结经验，推广提高；失败的亦要找出原因，从中汲取教训，避免再次发生；没有解决的，在以后的质量计划中设法解决。

PDCA工作的循环和各部分工作的小循环具有大环套小环、螺旋上升的特点，每一循环实现一定的质量目标、解决了一些质量问题，工程质量提高了一步。并及时总结经验提出新的目标，再进行第二次循环。如此周而复始，质量就能不断得到提高，逐步升级。

二、国际工程项目质量控制的方法

（一）施工企业质量管理机构

质量管理不仅是某个部门的任务，而是企业中所有部门、全体人员的共同任务。但是必须有一个专门机构把各个部门的质量管理工作组织起来，统一规划，协调各部门的质量管理活动。为此各级基建主管部门和各施工企业，都应设置专业质量管理人员，做到“上面有人抓、中间有人管、下面有人干”的要求。

施工企业配备的专业质量检查人员，应根据单位大小、承包工程任务规模和分散情况而定，总数可按照关于专职检查人员可占企业职工的5‰的规定。一般公司（工程局）一级设质量检查处，直接由局长领导。工程处（工区）一级设质量检查科，把检查、测量、试验人员并在一起，与工区机关的其他职能平行，以便行使职权。施工队一级也可以不设组而只配1～2名专职检查员。

在加强专业管理的同时，应抓好群众对质量的管理工作，建立班组的质量管理小组（也称QC小组）。它是开展全面质量管理的群众基础。专职人员应组织指导小组的工作，形成一个全面质量管理体系。

QC小组的形式有以下三种。

（1）以行政班组为基础成立小组，人员彼此较熟，情况较清楚，工作起来方便。

（2）围绕关键的质量问题成立小组，方向明确，力量集中，进行攻关，效果显著。

（3）跨班组、部门成立小组，当问题涉及几个班组、部门时，按工作需要，成立联合小组，小组成员一般以10人左右为宜。

质量管理小组应广泛吸收职工参加活动，开展质量第一和质量管理基本知识和科学管理方法的教育。专职管理部门对QC小组要进行指导并帮助他们定方向、选课题，提供技术和管理业务上的支持。这样群众性质量管理和专业质量管理就成了质量管理不可缺少的两个方面，二者构成一个点线面结合的完整的质量管理体系。此外，建设单位和设计单位要建立施工合同管理机构，在施工现场监督和检查工程质量。

（二）质量控制的计划工作与管理依据

1. 质量控制的计划工作

质量计划是统一组织和协调下属部门及全体职工进行质量管理的指令性文件。它明确了奋斗目标，规定了具体的工作内容，使有关部门、单位和个人对保证和提高工程质量有了明确的方向和方法，围绕质量计划有秩序地进行工作。

工程质量计划按任务不同通常有以下三种。

（1）质量发展计划。这是较长期的质量升级计划，计划期一般为1～2年，也有的为3～5年。如施工单位的质量优良品率、各工程的一次合格率、优质工程计划等。

（2）质量攻关计划。就是在系统调查前期质量指标完成情况，施工过程中分部分项工程的质量通病，及国内外保证和提高质量的经验，从而分析施工中的薄弱环节和质量通病，确定主攻方向和质量难题。例如混凝土浇筑质量未达到标准，钢筋对焊质量不合格，大坝出现温度裂缝等，为解决这些关键质量问题制定的保证质量计划。

（3）保证质量的技术组织措施计划。这是指根据工种特点和质量要求而编制的技术组织措施计划。主要是针对重要结构、新工艺和易出事故的生产环节，例如大体积混凝土的冬夏季施工、土坝冬雨季施工、水下混凝土浇筑、隧洞顶拱衬砌等。

各种质量计划要有明确的奋斗目标，并提出为完成这些任务的具体措施，落实到单位或个人。质量计划可以是综合计划，也可以有分项目、分部门的具体计划。

质量计划由施工企业的技术、质量检查部门负责组织编制，交计划部门综合平衡，经工程局技术负责人审查批准后，正式列入施工企业的年（季）度计划贯彻执行。执行中要定期检查、总结执行情况，向上级管理部门报告。

2. 质量控制的管理依据

施工阶段质量控制的依据，根据其适用的范围及性质，大体上可以分为以下两类。

（1）共同性的依据。所谓共同性依据主要是指那些适用于国际工程项目施工阶段与质量控制有关的通用的、具有普遍指导意义和必须遵守的基本文件。它们包括以下几方面。

1）工程承包合同。工程施工承包合同、设计合同和监理合同中分别规定了参与建设的各方在质量控制方面的权利和义务的条款，有关各方必须履行在合同中的承诺。尤其是监理单位，既要履行监理合同的条款，又要监督建设单位、施工单位履行有关质量控制条款。

2）设计文件。“按图施工”是施工阶段质量控制的一项重要原则，也是约定俗成的事，因此，经过批准的设计图纸和技术说明书等设计文件，无疑是质量控制的重要依据。国际工程一般不发纸质版图纸，基本为电子版图纸，以CD磁盘或者网址链接的形式下发，在施工过程中会因各类原因经常更新，这就需要我们及时更新图纸编号和工程数量，以便调整施工材料的工期计划、采购计划、运输安排、设备配置、劳动力资源等。

3）当地国家及政府有关部门颁布的有关质量管理方面的法律、法规性文件。有关质量管理方面的文件是基本建设行业质量管理方面所应遵循的基本法规文件。根据本行业及地方的特点，工程所在当地政府和部门制定和颁发了有关的法规性文件，这些文件分别适用于本行业或地区工程建设质量管理和质量控制。

（2）专门技术法规性依据。这类文件依据一般是针对不同行业、不同的质量控制对象而制定的技术法规性的文件，包括各种有关的标准、规范、规程或规定。

所谓技术标准有国际标准（如ISO系列）、国家标准、行业标准和企业标准之分。它是建立和维护正常的生产和工作秩序应遵守的准则，也是衡量或构配件的技术检验和验收标准等。

对于国内项目，我们都有对应的规范、评定标准和依据工程、设备和材料质量的尺度，如质量检验及评定标准；材料、半成品。但是国际工程项目，只有施工规范指南，并没有评定标准，因此跟咨询公司（监理单位）一起共同制定质量验收项目和标准就显得非常重要。在制定这些质检项目和标准时，要注意与施工方案、现场实际、自身的施工能力、设备配置、工序安排等综合考虑，因为质检标准一旦确定，业主和咨询公司就会严格落实约定的质检标准，如何达不到就必须返工和整改。在编制一个切合实际的施工方案的前提下，深思熟虑地综合各方面因素，以保护自身利益为出发点制定质量验收标准和质检项目就显得非常重要。

（三）质量控制方法——质量检验（Quality Testing）

质量检验是工程质量控制的重要方法。质量检验，就是依据一个既定的质量标准，采用一定的方法和手段来评价工程或产品的质量特性的工作。质量检验的主要工作是对工程或产品的特征性能进行量度。

1. 质量检验的作用与任务

质量检验是工程质量形成过程中不可缺少的环节，是工程建设中的重要工序，是工程质量控制的一项重要工作。在工程的设计施工中，搞好质量检验工作，不但可以对工程的原材料或原始数据、施工中构配件质量、中间工序质量以及分项工程质量是否满足要求作出正确的判断，而且还能收集到有关工程质量与操作质量的动态信息，为改进质量管理工作提供可靠的依据，从而使整个工程的质量工作处于控制状态之中。

质量检验对保证国际工程项目质量有下列三项作用。

（1）把关作用或称保证作用。把关就是通过对工程实体的检查或测试，防止不符合技术质量标准的工程或产品流入下道工序或用户，把住质量关。对于不合格的工程或产品，要进行返工、修整或重新设计，使之达到规范要求之后才可进入下道工序或交付用户。要严格做到不合格的原材料或原始数据、半成品不使用到工程上，不合格的工程不交工（或不合格的图纸不交付施工）。

（2）预防作用。就是采用先进的检查方法和手段，把发生或可能发生的质量问题解决在设计、施工过程之中，防止最终出现不合格的工程。“以预防为主”进行质量控制是全面质量管理的一个重要思想。

（3）报告作用或称反馈作用。就是把在工程质量检验中所收集到的数据、情况做好记录，进行汇总分析，综合评价，然后向有关部门报告，即把质量信息反馈给这些部门。如果从反馈来的质量信息中发现存在质量问题，设计、施工的有关部门应迅速采取果断有效的措施加以处置，以确保工程或产品质量的稳定和提高。

2. 质量检验的内容

（1）将质量标准具体化。标准具体化就是把技术法规和标准（或设计要求）等转换成体现质量标准的数量界限，并在质量检验中正确执行。

（2）对工程或产品的质量特征性能进行检测量度。它包括检查人员的感官度数、机械器具的测量和仪表仪器的测试，或化验分析等。通过检测量度，提出工程或产品质量特征值的报告。

（3）将检测量度出来的质量特性值同该工程或产品的质量要求（技术标准或设计要求）相比较。

（4）根据上述比较结果，作出切合工程实际的判断。判断工程或产品的质量是否符合规定等级，判断亦称评定。评定要用事实和数据说话，以标准、规范为准绳，防止主观性，避免片面性。

（5）根据判断的结果进行处理。对合格的工程或产品给予放行。对施工过程中没有通过的工程工序，要反馈给有关施工生产者，给予调整、修复或返工处理。

（6）记录所获取的各种检验数据。记录要贯穿于整个质量检验的过程之中、要求把检验出来的质量特性值完整、准确、及时地记录下来，为工程产品质量评定提供依据。

质量检验按其检验方法、检验形式和检验内容等分类，有多种多样，必须根据不同的对象适宜地选择合理的检验方式才能做到准确高效。要尽可能准确地反映出实际情况，保证检验质量；要尽可能方便设计和施工，减少检验工作人员，节省检验费用，缩短检验时间。

3. 工程质量检验方式

（1）按检查内容可分为外形检查、物理性能检查、化学性能检验。

1）外形检查就是运用比较简单的检测工具对设备成品或分项工程的外形尺寸等进行检查。

2）物理性能检查即对工程或产品的组成部件、部位对原材料、半成品、成品、构件、设备、容器等进行耐压、抗渗、抗热、绝缘等性能的检验；又如对混凝土和砂浆试块、结构构件等的抗压、抗弯等力学性能的检验。

3）化学性能检验主要是分析化验物质的化学成分，如对水泥、钢材、沥青等原材料进行化学成分分析检验等。

（2）按生产流程可分为工前检验、中间检验、竣工检验。

1）工前检验就是在工程进行施工前所必须做的一些检验。如施工前的技术复核（图纸的自审与会审等），相对原材料、构件、外协作件等进行质量检验等。

2）中间检验是在工程或产品的质量形成过程中的检验。如在施工中间对中间产品或上道工序进行的质量检验，对隐蔽工程进行的质量检验等。

3）竣工检验即工程产品形成后的检验。如分项工程、分部工程和单位工程竣工后进行的质量评定检查、试车检查、交工和验收检查等。

（3）按检验数量可分为全数检验、抽样检验、审核检查。

1）全数检验即对被检验的对象进行逐个、逐项（指有检验内容的项目或分项工程）检验。如对工程的重要部位、关键设备、关键工序等进行的全面检查。

2）抽样检验就是从某一工程或某一工序的某些检验项目中抽取一部分作为检查对象所进行的检查，用抽样检查的结果代替该工程或工序的全貌。

3）审核检查即运用随机抽样的方法抽取极少数样品（工程、工序或检验项目均可视为样品）进行复查性检验，以观察整体工程质量水平的变化。

质量检验部门的专职检验用于抽样检验性质（也有某些全数检验的时候），而上级部门组织的检查则有审核检验的性质。

三、国际工程质量控制的工作内容

工程项目的施工是使业主及工程设计意图最终实现并形成工程实体的阶段，也是最终形成工程产品质量和工程建设项目使用价值的重要阶段。因此，施工阶段的质量控制是建设项目质量控制的重点。

（一）施工阶段工程质量形成及控制的系统过程

施工阶段的质量控制是一个经对投入的资源和条件进行质量控制（事前控制），进而对生产过程及各环节质量进行控制（事中控制），直到对所完成的工程产出品进行质量检验与控制（事后控制）的全系统控制过程。这个控制过程可以根据施工阶段工程实体质量形成的时间段的不同来划分；也可以根据施工阶段工程实体形成过程中物质形态的转化来划分；或者是将施工的国际工程项目作为一个大系统，对其组成结构按施工层次加以分解来划分。

1. 根据施工阶段工程实体质量形成的时间段划分

（1）事前控制。即对施工前准备阶段进行的质量控制。它是指在各工程对象正式施工活动开始前，对各项准备工作及影响质量的各因素和有关方面进行的质量控制。

（2）事中控制。即对施工过程中进行的所有与施工方面有关的质量控制，也包括对施工过程中的中间产品（工序产品或分部、分项工程产品）的质量控制。

（3）事后控制。是指对通过施工过程所完成的具有独立功能和使用价值的最终产品（单位工程或整个建设项目）及其有关方面（例如质量文档）的质量进行控制。

上述三个阶段的质量控制系统过程及其所涉及的主要方面如图 2-3-1 所示。

- 施工阶段质量控制
  - 事前控制
    - 施工准备质量控制
      - 质量控制系统组织
      - 质量保证体系、施工管理人员资质审查
      - 原材料、半成品及构配件质量控制
      - 机械设备质量控制
      - 施工方案、施工计划、施工方法、检验方法审查
      - 工程技术环境监督检查
      - 现场管理环境监督检查
      - 新技术、新工艺、新材料审查把关
      - 测量标桩审核、检查
    - 图纸会审及技术交底
    - 审查开工申请，把好开工关
  - 事中控制
    - 施工过程质量控制
      - 工序控制
      - 工序之间交接检查
      - 隐蔽工程质量控制
    - 中间产品质量控制
    - 分部、分项工程质量评定
    - 设计变更与图纸修改的审查
  - 事后控制
    - 施工质量检验
      - 联动试车（工业产品）
      - 验收文件审核
      - 竣工验收
    - 工程质量评定
    - 工程质量文件审核与建档

图 2-3-1　施工阶段质量控制的系统过程

2. 按工程实体形成过程中物质形态转化的阶段划分

由于工程施工是一项从投入开始、经施工与安装到产出的物质生产活动，所以，施工阶段质量控制的系统过程也是一个经由上述三个阶段的系统控制过程。

（1）对投入物质资源质量的控制。

（2）施工及安装生产过程质量控制。即在使投入的物质资源转化为工程产品的过程中，对影响产品质量的各因素、各环节及中间产品的质量进行控制。

（3）对完成的工程产出品质量的控制与验收。

在上述三个阶段的系统过程中，前两阶段对于最终产品质量的形成具有决定性的作用，而所投入的物质资源的质量控制对最终产品质量又具有举足轻重的影响。所以，在质量控制的系统过程中，无论是对投入物质资源的控制，还是对施工及安装生产过程的控制，都应当对影响工程实体质量的五个重要因素方面，即对施工有关人员因素、材料（包括半成品、构配件）因素、机械设备因素（永久性设备及施工设备）、施工方法（施工方

案、方法及工艺）因素以及环境因素等，进行全面的控制。影响工程质量各因素的构成如图 2-3-2 所示。

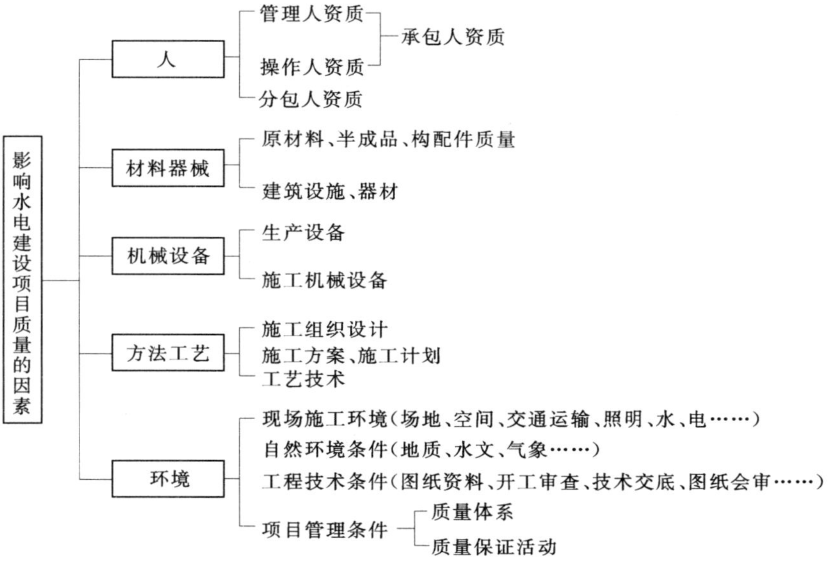

图 2-3-2　影响工程质量各因素的构成

3. 按建设项目施工层次结构划分

通常，任何一个大中型建设项目都可以划分为若干层次。例如，对于建筑国际工程项目，按照规定可划分为单位工程、分部工程和分项工程等层次；而对于诸如水利水电、港口交通等建设项目，则可划分为单项工程、单位工程、分部工程、分项工程等几个层次。各组成部分之间具有一定的先后顺序。显然，工序施工的质量控制是最基本的质量控制，它决定了有关分项工程的质量，而分项工程的质量又决定了分部工程的质量，分部工程的质量又决定了其所在单位工程的质量，各单位工程（单项工程）的质量最终决定了整个建设项目的质量。

（二）施工阶段质量控制程序

在施工阶段进行建筑产品生产的全过程中，业主和（监理）工程师要对产品施工生产进行全过程、全方位的监督、检查与控制，它与工程竣工验收不同，它不是对最终产品的检查、验收，而是对主产中各环节或中间产品进行监督、检查与验收。这种全过程、全方位的中间质量控制简要程序如图 2-3-3 所示。

（三）施工阶段质量控制的内容

1. 施工准备阶段的质量控制

（1）施工技术准备工作的质量控制。

1）组织施工图纸审核及技术交底。

a. 应要求勘察设计单位按相关规定、标准和合同规定，建立健全质量保证体系，完成符合质量要求的勘察设计工作。

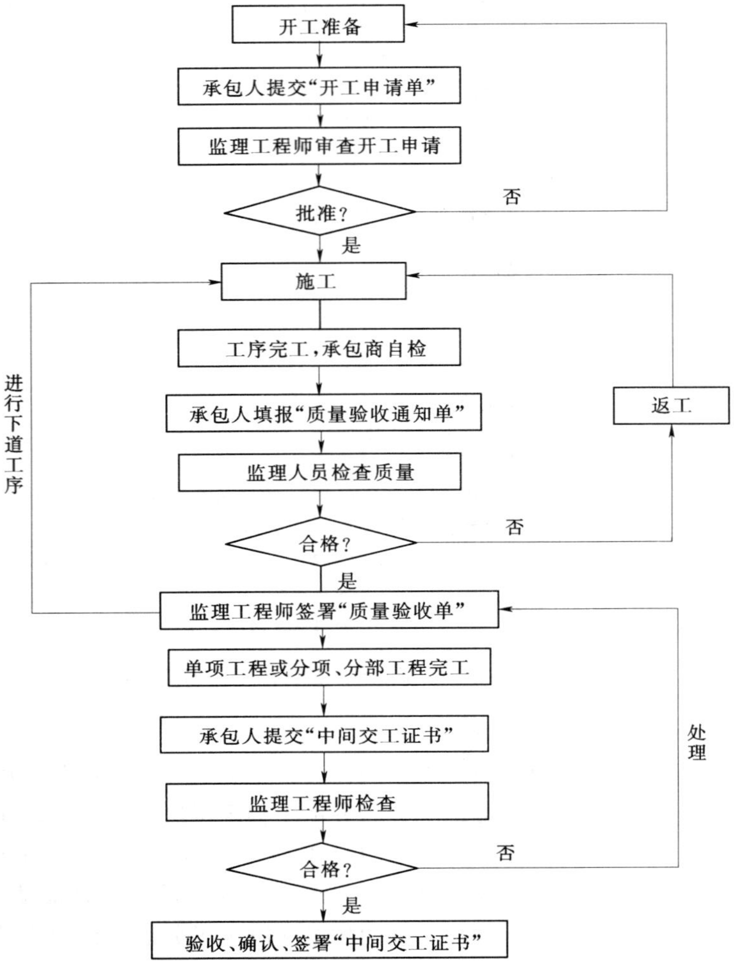

图 2-3-3　施工质量控制简要程序

b. 在图纸审核中，审核图纸资料是否齐全，标准尺寸有无矛盾及错误，供图计划是否满足组织施工的要求及所采取的保证措施是否得当。

c. 设计采用的有关数据及资料是否与施工条件相适应，能否保证施工质量和施工安全。

d. 进一步明确施工中具体的技术要求及应达到的质量标准。

2）核实资料。核实和补充对现场调查及收集的技术资料，应确保可靠性、准确性和完整性。

3）审查施工组织设计或施工方案。重点审查施工方法与机械选择、施工顺序、进度安排及平面布置等是否能保证组织连续施工，审查所采取的质量保证措施。

4）建立保证工程质量的必要试验设施。

（2）现场准备工作的质量控制。

1）场地平整度和压实程度是否满足施工质量要求。

2）测量数据及水准点的埋设是否满足施工要求。

3）施工道路的布置及路况质量是否满足运输要求。

4）水、电、热及通信等的供应质量是否满足施工要求。

（3）材料设备供应工作的质量控制。

1）材料设备供应程序与供应方式是否能保证施工顺利进行。

2）所供应的材料设备的质量是否符合相关法律、标准及合同规定的质量要求。设备应具有产品详细说明书及附图；进场的材料应检查验收，验规格、验数量、验品种、验质量，做到合格证、化验单与材料实际质量相符。

2. 施工过程中的质量控制

（1）对施工承包人的质量控制工作进行监控。

1）对施工单位的质量控制自检系统进行监督，使其能在质量管理中始终发挥良好作用。

2）监督与协助施工承包人完善工序质量控制，使其能将影响工序质量的因素自始至终都纳入质量管理范围；督促承包人将重要的和复杂的施工项目或工序作为重点，设立质量控制点，加强控制；及时检查与审核施工承包人提交的质量统计分析资料和质量控制图表；对于重要的工程部位或专业工程，监理单位还要再进行试验和复核。

（2）在施工过程中进行质量跟踪监控。

1）跟踪监控施工过程。（监理）工程师要在施工过程中进行跟踪监控，监督承包（单位）的各项工程活动。随时密切注意承包人在施工准备阶段对影响工程质量的各方面因素所做的安排，在施工过程中是否发生了不利于保证工程质量的变化，诸如施工材料质量、混合料的配合比、施工机械的运行与使用情况、计量设备的准确性、上岗人员的组成和变化，以及工艺与操作等情况是否始终符合要求。

2）严格工序间的交接检查。对于主要工序作业和隐蔽作业，通常要按有关规范要求，由（监理）工程师在规定的时间内检查，确认其质量符合要求后，才能进行下道工序。如上道工序为开挖基槽时，若挖好的基槽未经（监理）工程师检查并签字确认其质量合格，就不能进行下一道垫层的施工。

3）建立施工质量跟踪档案。（监理）工程师为了对施工承包人所进行的每一分项或分部工程的各个工序质量实施严密、细致和有效的监督、控制，需要把建立施工跟踪档案作为一项十分重要的工作予以实施。

施工质量跟踪档案（Exectition Tracing File，ETF）是针对各分部分项工程所建立的，是在施工承包人进行工程对象施工或安装期间，实施质量控制活动的记录，它包括（监理）工程师对这些质量控制活动的意见以及施工承包人对这些意见的答复，详细地记录了工程施工阶段质量控制活动的全过程。因此，它不仅在工程施工期间对工程质量的控制有重要作用，而且在工程竣工和投入运行后，也能为查询和了解工程建设的质量情况以及工程维修和管理提供大量有用的资料和信息。

施工跟踪档案包括以下两方面内容。

a. 材料生产跟踪档案。主要包括有关的施工文件目录，如施工图、工作程序及其他文件，不符合项目的报告及其编号，各种试验报告（如力学性能试验、材料级配试验、化学成分试验等），各种合格证（质量合格证、鉴定合格证等）以及各种维修记录等。

b. 建筑物施工或安装跟踪档案。各建筑物施工或安装工程均可按分部分项工程或单项工程，建立各自的施工质量跟踪档案，如基础开挖，厂房土建施工，发电机组安装，电气设备安装，油、汽、水管道安装等。对每一分项工程分为若干子项，如路基填筑或路面沥青铺筑施工可按桩号分段建立档案，发电机组安装可按机组段建档等。在每个施工质量跟踪档案中，应包括各自的有关文件、图纸、试验报告、质量合格证、质量自检单、（监理）工程师计量验收单，以及各工序的施工记录等。此外，还应包括关于不符合项的报告和通知以及对其处理的情况等。

（3）工程变更监控。在工程施工过程中，无论是业主单位还是施工或设计承建人提出的工程变更或图纸修改，都应通过（监理）工程师审查并组织有关方面研究，确认其必要性后，由（监理）工程师发布变更指令方能生效予以实施。

（4）施工过程中的检查验收，即工序产品的检查、验收。对于各工序的产出品，应先由承包人按规定进行自检，自检合格后向（监理）工程师提交质量验收通知单，（监理）工程师收到通知单后，应在合同规定的时间内及时对其质量进行检查，确认其质量合格并签发质量验收合格证后，方可进行下道工序的施工。

（5）处理已发生的质量问题或质量事故。对施工过程中出现的质量缺陷，（监理）工程师应及时下达通知，要求承包人整改，并检查整改结果。

（6）下达停工指令控制施工质量。当发现施工存在重大质量隐患，可能造成质量事故或已经造成质量事故时，（监理）工程师有权行使质量控制权，下达工程暂停令，要求承包人停工整改。整改完毕并经（监理）工程师复查，符合规定要求后，再及时签署工程复工报审表。

3. 施工过程中所形成产品的质量控制

对施工过程所形成产品的质量控制，是围绕工程验收和工程质量评定进行的。具体内容包括以下几方面。

（1）分部分项工程的验收。

1）对于完成的分部分项工程进行中间验收。当分部分项工程完成后，施工承包人应先对其进行自检，确认合格后，再向（监理）工程师提交一份中间（中期）交工证书，请求（监理）工程师予以检查、确认。如有质量缺陷，（监理）工程师则指令施工承包人进行处理，待质量符合要求后再予以验收。

2）对完成的分部分项工程进行质量评定。在根据合同要求进行中间验收的同时，还应当根据工程性质，按工程质量检验评定标准，要求施工承包人进行分部分项工程质量等级的评定，以便核查。

（2）督促进行联动试车或设备的试运转。对需要进行功能试验的国际工程项目（包括单机试车和无负荷试车），（监理）工程师应督促承包人及时进行试验，并对重要项目进行现场监督、检查，必要时请业主单位和设计单位参加。

（3）审查竣工资料，提出工程质量评估报告。（监理）工程师应依据有关法律、法规、工程建设强制性标准、设计文件及施工合同，对承包人报送的竣工资料进行审查，并对工程质量进行竣工预验收。对存在的问题，应及时要求承包人整改。整改完毕由（监理）工程师签署工程竣工报验单，并在此基础上提出工程质量评估报告。

（四）对影响工程质量主要因素的控制

在工程建设中，施工阶段影响工程质量的因素主要有“人、材料、方案、机械和环境”五大方面。因此，事前对这五方面的因素严格予以控制，是保证建设项目工程质量的关键。

1. 人的控制

人是指直接参与工程建设的决策者、组织者、指挥者和操作者。人，作为控制的对象，是避免产生失误；作为控制的动力，是充分调动人的积极性，发挥“人的因素第一”的主导作用。

为了避免人的失误，调动人的主观能动性，增强人的责任感和质量观，达到以工作质量保工序质量、促工程质量的目的，除了加强政治思想教育、劳动纪律教育、职业道德教育、专业技术知识培训，健全岗位责任制，改善劳动条件，公平合理的激励外，还需根据国际工程项目的特点，从确保质量出发，本着适才适用，扬长避短的原则来控制人的使用。

2. 材料质量控制

(1) 材料质量控制的要点。

1) 订货前的控制。

a. 掌握材料质量、价格、供货能力的信息，选择好的供货厂家，就可获得质量好、价格低的材料资源，从而就可确保工程质量，降低工程造价。为此，对主要材料、设备及构配件在订货前，必须要求承包单位申报，经（监理）工程师论证同意后，方可订货。

b. 对主要装饰材料及建筑配件，应在订货前要求厂家提供样品或看样订货；主要设备订货时，要审核设备清单，是否符合设计要求。

c. （监理）工程师协助承包单位合理地、科学地组织材料采购、加工、储备、运输，建立严密的计划、调度、管理体系，加快材料的周转，减少材料的占用量，按质、按量、如期地满足建设需要。

2) 进货后的控制。

a. 对用于工程的主要材料，进场时必须具备正式的出厂合格证和材质化验单。如不具备或对检验证明有怀疑时，应补做检验。

b. 工程中所有构件，必须具有厂家批号和出厂合格证。预制钢筋混凝土或预应力钢筋混凝土构件，应按规定的方法进行抽样检验。由于运输、安装等原因出现的构件质量问题，应分析研究，经处理鉴定后方能使用。

c. 凡标志不清或认为质量有问题的材料；对质量保证资料有怀疑或与合同规定不符的一般材料；由工程重要程度决定，应进行一定比例试验的材料；需要进行追踪检验，以控制和保证其质量的材料等，均应进行抽检。对于进口的材料设备和重要工程或关键施工部位所用的材料，则应进行全部检验。

d. 材料质量抽样和检验的方法，应符合相关规定，要能反映该批材料的质量性能。对于重要构件或非匀质的材料，还应酌情增加采样的数量。

e. 对进口材料、设备应会同商检局检验，如核对凭证中发现问题，应取得供方和商检人员签署的商务记录，按期提出索赔。

f. 高压电缆、电压绝缘材料，要进行耐压试验。

3）现场配制材料的控制。在现场配制的材料，如混凝土、砂浆、防水材料、防腐材料、保温材料等的配合比，应先提出试配要求，经试配检验合格后才能使用。

4）现场使用材料的控制。

a. 对材料性能、质量标准、适用范围和对施工要求必须充分了解，以便慎重选择和使用材料。

b. 合理地组织材料使用，减少材料的损失，正确按定额计量使用材料，加强运输、仓库、保管工作，加强材料限额管理和发放工作，健全现场管理制度，避免材料损失、变质，确保材料质量。

c. 凡是用于重要结构、部位的材料，使用时必须仔细地核对，检查材料的品种、规格、型号、性能有无错误，是否适合工程特点和满足设计要求。

d. 新材料应用，必须通过试验和鉴定；代用材料必须通过计算和充分的论证，并要符合结构的要求。

e. 要针对工程特点，根据材料的性能、质量标准、适用范围和对施工要求等方面进行综合考虑，慎重选择和使用材料。

（2）材料质量控制的内容。掌握材料质量标准，进行材料质量的检（试）验。不同的材料有不同的质量标准，如水泥的质量标准有细度、标准稠度用水量、凝结时间、强度、体积安定性等。

3. 施工方案控制

施工方案正确与否，是直接影响国际工程项目的进度、质量、投资三大目标能否顺利实现的关键。往往由于施工方案考虑不周而拖延进度，影响质量，增加投资。为此，（监理）工程师在审核施工方案时，必须结合工程实际，从技术、组织、管理、工艺、操作、经济等方面进行全面分析、综合考虑，力求方案技术可行、经济合理、工艺先进、措施得力、操作方便，有利于提高质量、加快进度、降低成本。

4. 施工机械设备控制

从保证项目施工质量角度出发，应着重从机械设备的选型、机械设备的主要性能参数和机械设备的使用操作要求等三方面予以控制。在项目施工阶段，（监理）工程师必须综合考虑施工现场条件、建筑结构型式、机械设备性能、施工工艺和方法、施工组织管理、建筑技术经济等各种因素，审核承包单位机械化施工方案。

（1）机械设备的选型。机械设备的选择，应按照技术上先进、经济上合理、生产上适用、性能上可靠、使用上安全、操作上方便和维修方便等原则，贯彻执行机械化、半机械化与改良工具相结合的方针，突出机械与施工相结合的特色，使其具有工程的适用性，具有保证工程质量的可靠性，具有使用操作的方便性和安全性。

（2）机械设备的主要性能参数。机械设备的主要性能参数是选择机械设备的依据，要能满足施工需要和保证质量的要求。

（3）机械设备的使用、操作要求。合理使用机械设备，正确地进行操作，是保证项目施工质量的重要环节，应贯彻“人机固定”原则，实行定机、定人、定岗位责任的“三定”制度。操作人员必须认真执行各项规章制度，严格遵守操作规程，防止出现安全质量事故。

5. 环境因素控制

影响国际工程项目质量的施工环境因素较多，主要有技术环境、施工管理环境及自然环境。

技术环境因素包括施工所用的规程、规范、设计图纸及质量评定标准。

施工管理环境因素包括质量保证体系、三检制、质量管理制度、质量签证制度、质量奖惩制度等。

自然环境因素包括工程地质、水文、气象、温度等。

上述环境因素对施工质量的影响具有复杂而多变的特点，尤其是某些环境因素更是如此。如气象条件就是千变万化，温度、大风、暴雨、酷暑、严寒等均影响到施工质量。为此，（监理）工程师要根据工程特点和具体条件，采取有效的措施，严格控制影响质量的环境因素，确保国际工程项目质量。

四、国际工程质量控制案例及要点分析

（一）工程概况

英布鲁水电枢纽工程位于刚果河支流莱菲尼河下游巴泰凯高原地区，距刚果河汇合口14km，距刚果（布）首都布拉柴维尔215km。水库总库容为5.84亿m^3，装机容量为120MW，安装4台30MW轴流转桨式水轮机。枢纽主要建筑物由左右岸土坝、泄水闸、河床式电站厂房、开关站等主要建筑物组成，是一个涉及面较广、综合性较强的水利工程，其规模、复杂程度、施工难度在非洲也是屈指可数。

（二）工程特点

国外国际工程项目施工，代表的是企业形象，更多的是代表一个国家的形象。其施工质量直接影响或决定了该企业或该国能否在业主国家市场占有一席之地。因此，质量控制在整个工程管理中尤为重要。

在施工过程中，由于受当地气候、地质条件、材料资源、人力资源、环境资源、基础设施以及施工管理模式、质量管理模式等诸方面的影响，加上国际工程的特殊性，在施工质量控制方面与国内相比有诸多不同。

该工程的管理模式是：业主是刚果共和国，委派业主是刚果重大工程委员会（DGGT），咨询工程师是德国Fichtner公司，中国机械设备进出口总公司（CMEC）以卖方信贷的方式，承揽该工程后发包至中国水利水电集团总公司。英布鲁工序验收是“三检制”和联检制相结合，在自检合格的情况下报Fichtner和DGGT，中国水电第十四工程局质检员与CMEC、Fichtner、DGGT工程师一起进行联检，在联检合格后，方进行下道工序的施工。然而，Fichther与DGGT参与验收时间均限于白天。其余时间不进行任何验收工作。所有施工安排必须围绕上述时间来进行，工期、资源利用受到了极大的影响。

除此之外，该工程施工中面临的其他问题有物资资源缺乏、基础设施较差、人力资源缺乏、语言障碍、外界环境影响等。

（三）施工质量控制要点

针对国外项目工程特点，应着重做好以下几方面的工作。

1. 质量管理策划

项目部在前期应确定项目部质量目标、质量管理程序、物资采购程序、物资设备资源、人力资源、物资运输方式等，以确保项目部物资、资源、管理及沟通程序得到保障。

2. 优选、培训施工人员

质量管理应贯彻全面管理的原则，坚持以人为本，要求全体人员都承担质量职能。在施工过程中。必须选派具有一定道德、文化、技术等综合素质及身心健康的人员进点。对当地招收的外方劳务人员，必须首先分工种进行技能培训，使其具有一定的劳动技能，能在我方技术人员和作业人员的指导下完成自己承担的工作。

3. 建立质量管理体系

制定一系列质量管理的规章制度，组建以项目经理领导的质量管理委员会，成立质量管理部。建立和完善“三检制”或“联检制”，使项目工程质量处于控制状态。

4. 建立项目质量文化

项目部建立质量文化是提高和保持员工质量意识，保证项目质量目标实现的最好途径。质量文化是以质量道德、质量意识为基础，以激发人的自觉性和自主性为手段，以提高工程质量、服务质量和质量效益为最终目的的管理方式。

5. 建立良好的物资保障机制

由于国外工程所用材料、构配件、设备等均由国内购买后利用海运或空运的方式运到施工工地，耗时长，费用高，若出现假冒伪劣产品，将给企业造成不可估量的损失。因此，计划、采购检测、运输、保险等各个环节都必须严格把关。

6. 建立目标管理的激励机制

通过 PDCA 循环，以责、权、利相结合的经济责任制作为考核手段，来控制施工人员的行为，以人的工作质量保证施工质量。

国外国际工程项目因环境条件不同，在资源管理及保障、质量管理及验收方式等方面存在差异。特别在资源计划、配置方面的特殊性。致使具体的质量策划、质量管理方式、质量管理侧重点等不尽相同，但施工质量管理与国内项目施工质量管理理念、管理原则完全相同。实践证明，建立质量管理体系、落实质量管理责任制是质量管理的关键。工程从开工开始就建立完善的质量管理体系，制定质量管理办法、技术质量管理办法、工程验收管理办法等一整套质量管理规章制度，形成源头上控制、全过程跟踪、验收把关的系统管理流程，使质量管理贯穿于施工全过程，确保施工工程质量满足业主及合同要求。

自测练习题

一、单选题

1. 国际工程项目质量的影响因素有很多，归纳起来主要有 6 方面，包括（　　）。

A. 法律、技术规范、人、材料、机械、方法

B. 人、材料、机械、方法、测量、环境

C. 设计文件、合同约定、人、材料、测量、环境

D. 法律、人、材料、机械、合同约定、环境

2. 以下哪项不属于国际工程项目质量的特点？（　　）。

A. 影响因素多　　B. 质量波动大　　C. 质量隐蔽性　　D. 质量变异小

3. 国际工程项目质量计划的内容不包括（　　）。

A. 工程概况　　B. 主体工程

C. 工程主要技术要求和施工要求　　D. 承包商提供的设备和材料

4. 国际工程项目的质量控制中，以下哪一种不是通常采用的措施？（　　）。

A. 测量　　B. 检验　　C. 返工　　D. 质量控制程序

二、辨析题

1. 国际工程项目质量管理的目标是追求最高标准的工程质量。

2. EPC 合同中规定：若承包商对业主已经批准的文件希望再进行修改，可以不需要业主方审批。

3. 在项目分包过程中，EPC 承包商可以将整个工程分包出去，分包商的行为违约，EPC 承包商可以免除相关质量责任。

三、简答题

1. 简述工程质量控制的内容。

2. 简述质量管理的依据。

第四节　国际工程的投资控制与施工成本控制

学习指导

通过本节学习了解国际工程中的投资管理的基本内容和国际工程成本控制的特点，掌握投资和成本控制应重点关注的问题，投资计算和成本计算的相关知识，在正常履约情况下商务管理中应如何做好己方的重点控制工作。

一、建设工程实施阶段的投资控制

（一）建设项目总投资概述

建设项目总投资，一般是指进行某项工程建设花费的全部费用。建设项目总投资的构成，包括设备及工器具购置费、建筑安装工程费、工程建设其他费用、不可预见费、贷款利息和税金等。研究和确定工程项目投资的构成，是进行工程项目投资规划和控制的前提。由以下费用构成。

1. 设备、工器具及生产家具购置费

（1）设备购置费，是指为项目购置或自制的达到固定资产标准的设备、工具、器具的费用。

计算公式：设备购置费＝设备原价或进口设备抵岸价＋设备运杂费

（2）工器具及生产家具购置费，是指新建项目或者扩建项目初步设计规定所必须购置的不够固定资产标准的设备、仪器、工卡模具、器具、生产家具和备品备件的费用。

计算公式：工器具及生产家具购置费＝设备购置费×费率

2. 建筑安装工程费

建筑安装工程费是指用于建筑工程和安装工程的费用。建筑工程包括一般土建工程、采暖通风工程、电气照明工程、工业管理工程、特殊构筑物工程。安装工程包括机械设备安装工程、电气设备安装工程、金属结构安装工程等。由直接费、间接费、利润和税金等构成。

3. 工程建设的其他费用

工程建设其他费用，是指从工程筹建到工程竣工、验收交付使用为止的整个建设期间，除建筑安装工程费和设备及工器具购置费以外的，为保证工程建设顺利完成和交付使用后能够正常发挥效用而发生的各项费用的总和。工程建设其他费用按内容大体可分为以下几类。

(1) 土地使用费。与项目建设有关的其他费用，包括建设单位管理费、勘察设计费、研究试验费、临时设施费、工程监理费、工程保险费及其他费等；与项目投入使用或生产后有关的其他费用，包括联合试运转费用、生产准备费、办公和生活家具购置费等。

(2) 预备费，包括不可预见费和价差预备费。

不可预见费指在项目实施中可能发生难以预料的支出，需要预留的费用。

计算公式：

不可预见费=(设备及工器具购置费+建筑安装工程费+工程建设其他费用)×不可预见费费率

价差预备费按合同类别和国情参照 FIDIC 条款约定执行。

(3) 贷款利息，是指工程项目在建设期间固定资产投资借款的应计利息。按贷款协议计算。

(二) 项目总投资计算的方法

1. 基本原理

从项目实施阶段计算分析，影响工程投资的主要因素有两个，即工程实物量和单位价格。

计算公式：工程投资费用=单位价格×工程实物量

工程实物量的计量单位是由单位价格的计量单位决定的。项目实施阶段一般以分项工程作为计量单位的基本对象，主要包含 5 个部分：项目开办费部分、分部工程概要、工程量部分、分包工程款和暂定金额、汇总。

单位价格，主要由两大要素构成，即完成基本子项所需资源的数量和相应资源的价格。这里的资源主要是指人工、材料和施工机械的使用。因此，单位价格的确定可用下式计算：

单位价格=资源消耗量×资源价格

2. 工程投资计价的编制依据

工程投资计价的编制依据主要包括工程技术文件、工程估价数据及数据库、市场信息与环境条件、工程建设实施方案、各种费用的计算依据和政府规定的税费依据等，主要依据是前 3 项。

3．工程投资计价的准备工作

国际工程投资计价是正确进行决策的重要依据，其工作内容繁多、工作量大、而时间往往十分紧迫，因而必须周密考虑，统筹安排，遵照一定的工作程序，使计价工作有条不紊、紧张有序地进行。

（1）认真研究工程技术文件。工程技术文件是指反映一个工程项目的规模、内容、标准、功能等的文件。主要了解工程技术和工艺的内容和特点，对设备、材料、施工和安装方法等规定的技术要求，有的则是对工程质量进行检验、试验和验收所规定的方法和要求。在工程量清单编制中，应注意以下几点。

1）注意每项工作的技术要求及采用的规范，采用的规范不同，其施工方法和控制指标将不一致，有时可能对施工方法、采用的机具设备和工时定额有很大影响。

2）注意技术规范中有无特殊施工技术要求、有无特殊材料和设备的技术要求、有无允许选择代用材料和设备的规定。若有，则要分析其与常规方法的区别，合理估算可能引起的额外费用。

3）图纸分析要注意平、立、剖面图之间尺寸、位置的一致性，结构图与设备安装图之间的一致性。发现矛盾，应及时提请技术负责人澄清或修正。

（2）进一步调查研究项目的相关情况。除了对工程项目所在国的政治、经济、法律和社会状况等一般国情有所了解外，为了使投资价格建立在可靠的基础上，在编制前还应进一步了解与该项目有关的情况，尽可能多掌握，特别是工程项目的现场条件和施工环境、工程所在地区的自然条件、相关的市场行情等。

现场条件调查的主要内容有以下几方面。

1）自然条件，包括气象资料、水文资料，地质情况等分析对工程的影响。

2）施工条件，包括现场用地、地下障碍、三通一平情况；现场周围道路状况、现场安装施工临时设施的可能性、与邻近建筑的距离、市场基础设施、当地政府的管理要求等。

3）周边条件，主要包括构件加工制作供应条件，商品混凝土的供应能力和价格、工地周围的民房及配套设施以及对周边公司的不利影响、工程所在地周围治安情况等。

4）现场勘察，除了一般的调查外，还应该针对重点的工程特点进行勘察。另外可以考虑现场录像，以利于更多未到现场的人了解情况，做出正确的测算。

（3）工程材料、设备的询价。工程材料和设备的价值通常占投资总额的50%以上。在国际工程中，使用的材料、设备等的价格因其来源、运距、市场竞争等多种影响因素的不同，差别很大。询价工作直接影响投资总额的可控性。

由于工程中采用的材料、设备的标准不同，可能采用一些发达国家的标准及工程所在国的标准，这就要求询价人员要懂得相关的工程技术知识。此外，国际市场上物资供应渠道十分广泛，同类物资种类繁多，不同品牌的质量和价格存在一定差异。同时，各类物资的价格随着国际经济和金融形势的变化也在不断波动。要在满足技术文件要求的前提下选择质优价廉的品牌，尽量减轻市场价格变动的影响。

1）材料设备询价单的主要内容。材料/设备的品名、规格、质量要求；材料的数量（包括合理的损耗）、计量单位；材料的供应计划，包括供货地点、供货方式；说明按何种交货状态计价，如指定装运港船边交货等；材料的贸易条件、计价货币、支付方式、支付时间；送达报价单的具体日期、报价单的有效期；询价人员的姓名、办公地点、电话、传真等。

通常，供应商或生产厂家在收到材料或设备询价单后，都会积极地作出反应，根据询价单的要求进行报价。询价人员在收到报价单后，应将从各种渠道所获得的相关资料加以汇总整理，对同种材料的相关信息进行比较分析，优选出可靠的材料供应商的报价，并将各种材料、设备的价格、主要性能指标及其交易条件等分别列成清单。

2）劳务和施工设备的询价。劳务询价，国际工程经常雇用到国内工人、工程所在国的和第三国的人员。国内劳务通过商谈可以比较明确地估算，雇用外籍劳务询价时应注意了解以下内容：工程所在国关于劳务的有关规定；工程所在国法定休息日期；各种技术等级工人的日工资标准、加班工资；当地工人的工作态度、工作效率和生活习惯等。

4. 建设项目投资的计算方法

常用的方法有生产能力指数法、资金周转率法、比例估算法和综合指标估算法。结合国际工程要求，这里主要介绍综合指标投资估算法，综合指标投资估算法又称概算指标法，是依据有关规定、国家或行业、地方的定额、指标和取费标准以及设备和主材料价格等，从工程费用中的单项工程入手，来计算投资的方法。实物工程量以符合技术文件要求的设计资料为基础计算。单位价格包含直接费、待摊费、开办费、暂定金额。在此主要介绍直接费和待摊费用的计算。

（1）直接费，包括人工费、材料费和施工机械费。

1）人工工日单价确定。国内派出人员费用有派出企业收取的管理费、置装费、国内旅费、国际旅费、国外零用费及艰苦地区的补贴、国外伙食费、人身意外保险费和税金。雇用当地人员费用有日基本工资、带薪法定节假日、带薪休假日工资、夜间施工或加班应增加的工资，按规定应由雇主支付的税金、保险费、招募费和解雇费、上下班交通费等。

2）材料和设备单价确定。国际工程材料、设备的来源有3种渠道，即当地采购、承包商国内采购和第三国采购。在实际工作中，采用哪一种采购方式要根据材料设备的价格、质量、供货条件及当地有关规定等确定。应多家询价，货比三家，确定材料、设备单价，分两种采购方式计算。

a. 当地采购材料、设备单价＝市场价＋运费费＋运输＋采购保管损耗。

b. 承包商国内或第三国采购材料、设备单价＝到岸价＋海关税＋港口费＋运杂费＋保管费＋运输保管损耗＋其他费用。（如果细算，则包括海运费、海运保险费、港口装卸费、清关费、商检费、进口许可证费、关税、其他附加税以及港口到工地的运输装卸费、保险费和临时仓储费，银行信用证手续费，材料设备的采购费，样品费，试验费等）

（2）待摊费，包含施工管理费和其他待摊费用。

1）施工管理费的主要内容包括：施工人员费（包含当地雇工费）、办公费、差旅费、文娱宣教费、生活设施费、劳动保护费、检验试验费、工具用具使用费、固定资产使用费、广告宣传、会议及招待费等。

2）其他待摊费用主要内容包括：临时设施工程费（含生活用房、生产用房和室外工程等临时房屋的建设费，施工临时供水、供电、通信等费用）、期间开支的费用、各类手续费、保险费、政府规定应缴的税金、业务活动费、管理费、风险和利润等。

3）开办费视项目情况确定是否单列，其主要内容包括现场勘察费、现场清理费、进场临时道路费、雇主代表和现场工程师设施费、现场试验设施费、水电费、其他临时设施费、现场保卫设施和安装费用、交通费、其他杂项等。

5. 影响投资计价准确性的因素

（1）工程建设总进度计划的编制。在国际工程中，工程建设总进度计划要尽可能地进行优化，以降低工程成本，提高项目资金利用率。

（2）施工方法的确定。在投资计价前，对可以采取不同施工方法或技术措施完成的工作进行比较分析，从中选择适当的方法和技术措施。选择时原则上要在技术上可行、施工速度能满足总进度计划要求、同时要考虑各种方法所需要的费用，综合进行技术经济比较，从中选择成本（或单位成本）最低的施工方法。

（3）分包计划的确定。一般通过询价方式来确定，并适当调整分包的工程内容。

（4）资源的安排。劳动力的安排除考虑总进度计划的要求外，也要考虑到用工比例是否适应当地法律法规、工种搭配和管理人员配比等，避免短期内出现劳动力使用高峰，从而增加施工现场临时设施，降低工效；施工机械的安排除满足工程进度和质量的要求外，要考虑使用费用以及运输和办理进出关手续需要的时间；材料和工程设备的安排，要考虑订货的周期和运输时间，设备本身价格付款方式及时间并符合质量规定；资金的安排，绘制工程资金需要量图并编制资金筹措计划，并充分考虑外部资金的到账时间和周期。从而提高资金综合使用率，减少融资贷款利息。

二、工程建设项目投资总额的控制

工程建设期投资总额控制，就是在建设投资决策阶段、设计阶段、承发包阶段、施工阶段和竣工验收阶段以工程投资规划的结果为目标，通过相应的控制措施将施工过程的实际发生值控制在计划值范围以内的工程管理活动。

工程项目的建设过程是一个周期长、投资大和综合复杂的过程，投资的控制目标需要按建设阶段设置，且每一阶段的控制目标值是相对而言的，随着工程项目建设的不断深入，投资控制目标也逐步具体和深化。

（一）工程项目造价控制的原则

工程项目造价控制的成败与否，很大程度上取决于造价规划的科学性和目标控制的有效性。进行工程造价控制通常应遵循动态控制、主动控制与被动控制相结合，全过程控制且突出控制重点、多种控制措施相结合的控制原则。

1. 动态控制

工程项目建设周期长，长期处于一种不稳定的状态，各种影响工程造价的因素也在不断发生变化，因此这种目标控制是动态的，贯穿于工程项目实施的始终。工程投资动态控制应做好以下几项工作：对造价规划的目标值进行分析和认证；收集费用产生的实际数据；投资目标值与实际值的比较；各类投资控制报告和报表的制定；投资偏差纠正措施的采取。

2. 主动控制与被动控制相结合

一个建设项目产生了费用偏差，或多或少会对工程的建设产生影响，或造成一定的经济损失。因此，在经常、大量地运用被动控制方法的同时，也需要注重造价的主动控制问题，将造价控制立足于事先主动地采取控制措施。在进行建设项目投资控制时，需要能动地影响建设项目的进展，时常分析投资发生偏离的可能性，采取积极和主动的控制措施，以尽可能地减少或避免造价目标值与实际值的偏离，将可能的损失降到最低。

3. 全过程控制且突出控制重点

全过程控制要求从设计准备阶段开始就进行投资控制，并将投资控制工作贯穿于建设项目实施的全过程，直至项目结束。在明确全过程控制的前提下，还要特别强调早期控制的重要性。研究表明节约投资的可能性在设计准备阶段和设计阶段由100%迅速降低，至施工开始时已降至10%左右，因此工程造价控制的关键在施工以前的投资决策和设计阶段。而在项目做出投资决策后，控制工程造价的关键就在于设计。

4. 多种控制措施相结合

要有效地控制工程造价，应从组织、技术、经济、合同等多个方面采取措施，尤其是将技术措施与经济措施相结合，是控制工程造价最有效的手段。从组织上采取的措施，包括重视多种设计方案的比选，严格审查监督初步设计、技术设计、施工图设计、施工组织设计、深入技术领域研究节约投资的可能方案等；从经济上采取的措施，包括动态比较价格的计划值和实际值，严格审核各项费用支出，采取对节约投资有力的奖罚措施等相应措施。

（二）工程造价控制的内容

工程造价控制，即在工程项目建设过程中的不同阶段，经常地、定期或不定期地将实际发生的费用与相应的计划目标值进行比较，若发现建设项目实际发生费用偏离目标值，则采取组织、经济、技术及合同等纠偏措施，保证工程造价目标的实现。不同建设阶段的造价控制内容有所不同，具体如下所述。

1. 招投标阶段

根据拟建项目的功能要求和使用要求，作出项目定义，包括项目投资定义，并按项目规划的要求和内容以及项目分析和研究的不断深入，将投资估算的误差率控制在允许范围以内。

2. 工程设计阶段

运用标准设计、价值工程和限额设计方法等，以投资决策阶段批准的投资估算控制初步设计的工作，以设计概算控制施工图设计的工作。如果设计概算超过投资估算，应对初步设计进行调整和修改；同理，如果施工图预算超出设计概算，应对施工图设计进行调整和修改。

3. 施工阶段

以施工图预算、工程承包合同价和资金使用计划等为依据，通过工程计量、工程变更控制、索赔管理等方法，合理确定实际完成工程量，严格控制施工阶段实际发生的工程费用。

4. 竣工验收阶段

通过竣工结算的编制及审核，有效控制工程项目竣工结算价；编制竣工决算，如实体现建设项目的实际工程造价。在此阶段，要以设计概算为目标，对建设全过程中的造价管理工作进行全面总结，汇总分析工程建设的经验，积累技术经济数据和资料，以提高工程造价管理水平。

（三）国际工程建设各阶段的造价控制要点

1. 设计阶段的工程造价控制

工程造价贯穿于建设全过程，但工程设计阶段是进行工程造价控制的重点。做好设计阶段的造价控制工作对实现项目造价目标有着决定性的意义。在工程设计阶段，可以应用价值工程和限额设计等管理技术和方法，对工程项目的造价实施有效的控制。

2. 施工阶段的工程造价控制

以施工图预算和工程承包合同价为工程造价控制的目标值，在工程施工过程中定期或不定期地进行工程造价实际值与目标值的比较。通过比较发现实际支出与工程造价控制目标之间的偏差，然后分析偏差产生的原因，并采取有效的措施加以控制，以保证造价控制目标实现。

建设工程项目投资的绝大部分支出都发生在施工阶段，建设工程项目的施工是一个动态、系统的过程，涉及环节多，施工条件复杂，工程变更、工程索赔、施工的工期与质量、人材机价格的变动、风险事件的发生等很多因素都会影响到工程造价。因此，这一阶段的工程造价控制最为复杂。

施工阶段造价控制的主要技术方法是进行投资偏差的分析，并采取纠偏措施。除此之外，还可以通过优化施工组织设计、工程计量与价款结算的管理、工程变更控制及索赔管理等途径对工程造价进行控制。

（1）投资偏差的分析。在项目实施过程中，由于各种因素的影响，实际情况往往会与计划出现偏差，为了有效地进行造价控制，造价管理者必须定期地进行投资计划值与实际值的比较，当实际值偏离计划值时，应分析偏差的原因，采取适当的纠正措施进行造价动态控制，同时，根据已完工程的实际支出，对工程项目进行重新的认识，并做出建设工程项目费用趋势分析，提出改进和预防偏差的措施，对造价进行严格控制。偏差分析可采用不同的方法，常用的有赢得值法、横道图法和表格法。

（2）施工组织设计的优化。施工组织设计不仅是进行施工作业的纲领性文件，还是明确和控制工程质量、工期、成本目标的主要依据，是处理索赔、工程变更的一个依据。施工方案的优化选择是降低施工成本的主要途径。施工方案是否先进、合理，不仅直接关系到施工质量，还会直接影响工程项目的最终造价。施工组织设计优化的主要工作包括对施工组织设计的审查、施工方法的选择，施工顺序的选择和施工机械的选择。

（3）工程变更控制。工程变更是指在工程项目施工过程中，按照合同约定的程序对部分或全部工程在材料、工艺、功能、构造、尺寸、技术指标、工程数量及施工方法等方面做出的改变。工程变更可以是由施工、设计、监理或者业主自己提出。

工程变更往往伴随着工程索赔，工程变更导致的工程量变化、施工进度变化等情况，都可能使项目的实际造价超出原来的预算造价。因此，必须严格控制工程变更对工程造价的影响。首先，在变更审批时，要进行技术经济分析，检查变更的理由、依据及单位、数量和金额的变化情况，确认变更不会从根本影响工程质量和工期以及投资目标。其次，严禁工程变更内容在未得到确认前，即已施工造成既成事实。对工程变更应做到事前把关、主动监控、规范操作。再次，要规避无效签证带来的额外支出风险。

（四）工程造价控制的方法

1. 价值工程

价值工程是运用集体智慧和有组织的活动，对所研究对象的功能与费用进行系统分析并不断创新，使研究对象以最低的总费用可靠地实现其必要的功能，以提高研究对象价值的思想方法和管理技术。这里的价值，是功能与实现这个功能所耗费用的比值，表述式为

$$V=F/C$$

式中 V——价值系数；

F——功能系数；

C——成本系数。

从上述关系式中可以看出，提高产品价值的基本途径有以下 5 种：

（1）通过应用新技术、提高功能，降低成本，价值大大提高，是价值工程的主攻方向。

（2）通过改进设计、功能不变，降低成本，价值提高，着眼于降低成本。

（3）通过改进设计，提高功能，成本不变，价值提高，着眼于提高功能。

（4）通过改进设计，功能大大提高，成本略有增加，价值提高，着眼于提高功能。

（5）功能略有下降，成本大大降低，价值提高，着眼于降低成本。

价值工程在工程设计阶段的应用。工程设计是具体实现技术与经济对立统一的过程，工程建设的规模、产品方案、结构形式和建筑标准及使用功能，基本上都是在初级阶段决定的，这些都是影响工程造价的主要因素。而工程造价对设计也有很大的制约作用，在一定经济约束条件下，应尽可能地减少次要辅助项目的投资，以保证和提高主要项目设计标准和功能。价值工程作为一种技术分析与经济分析相结合的方法，能够很好地解决造价与设计两者之间的相互制约关系。

同一个建设项目、同一单项或单位工程可以有不同的设计方案，也就会产生不同的工程造价，这就可以用价值工程方法进行方案设计的比选。

2. 限额设计

限额设计就是在设计阶段根据拟建项目的建设标准、功能和使用要求等，进行投资规划，对建设项目投资目标进行切块分解，将投资分配到各个单项工程、单位工程或分部工程，分配到各个专业设计工种，明确建设项目各组成部分和各个专业设计工种所分配的投资限额，然后，将投资限额提交给设计单位，要求各专业设计人员按分配的投资限额进行设计，并在设计的全过程中，严格按照分配的投资限额控制各阶段的设计工作，采取各种措施，保证投资限额不被突破。

3. 赢得值法

赢得值法是在工程项目实施中，对项目进度和费用进行综合控制的一种有效方法，其核心是综合度量项目在任一时间的计划指标、完成状况和资源耗费。它的主要优点是可以

预测项目可能发生的工期滞后量和费用超支量，从而及时采取纠正措施。

（五）国际工程项目投资偏差案例

【案例 2-4-1】 马来西亚某电站项目商务策划案例

1. 目的

（1）通过整个项目产出与投入的分析，从整体上显示工程项目财务盈亏情况，侧重于成本盈亏分析。

（2）通过模拟整个项目各时段资金的流入流出情况，显示工程项目在某一时刻上资金存量情况，为内部资金运作计划、提前筹资等提供宏观指导，侧重于某一时刻的流动资金净存量分析。

2. 编制依据

（1）主合同招投标文件及各层次分包合同。

（2）授标函。

（3）承包商目前最新的施工组织设计、资源配置计划、工程施工进度计划。

（4）目前所掌握的市场价格水平。

3. 分析方法及基础数据

（1）收入。

1）由总承包商实施的主体工程价款：按施工组织设计分工程类别分时段（暂按月，下同）统计工程量，并按授标函价格计算相应的产值。经计算，由总承包商组织施工的主体工程价款为 405422890 令吉。其中，1 标为 53583891 令吉，2 标为 290830326 令吉，3 标为 61008673 令吉。

2）总承包对分包商提供技术支持而收取的管理费：按施工组织设计分类分时段统计工程量，并按授标函价与总承包商对分包商授标函价格之差计算，总承包商应得的管理费。经计算，总承包商应得的管理费为 19690355 令吉，是分包商主体工程产值的 6.1%，其中，主体工程一般为 5%，钻爆工序 10%，喷锚支护工程不收管理费。

3）总承包商的总则费用：分项目分类别分别统计属于总承包商和分包商的总则费用。在 1 标中，总承包商的总则费用按授标函价格与总承包商对分包商的授标函价格之差计算。经计算，总承包商的总则费用合计为 55506848 令吉。其中，1 标为 17717897 令吉，2 标为 28515624 令吉，3 标为 9273327 令吉。根据分包商前期结算的经验，总则费用按总工期平均分摊结算。

4）总承包商收入合计 480620093 令吉。

（2）支出。

1）人工费。按施工组织设计分工种分时段逐月统计施工人员需用量并乘以月工资标准得到整个项目的人工费。工资标准根据授标函计算，厂队级管理人员及高级熟练工 3000 令吉/（人·月），折合 784 美元/（人·月）；熟练工及半熟练工 2400 令吉/（人·月），折合 627 美元/（人·月）；一般劳务为 1680 令吉/（人·月），折合 439 令吉/（人·月）。经计算，总承包商的施工高峰期人数为 1055 人，平均施工人数为 703 人，总的人工费为 79855255 令吉，占主体工程产值的 19.7%。

2）材料费。通过投标书预算的工料机分析得到各分类工程材料费在产值中所占的权重，并以此权重乘以分项目分时段的工程产值得到分项目分时段的材料费。

经测算，各分项工程材料费权重见表2-4-1。

表2-4-1　各分项工程材料费权重

序　号	项　目	费　率	序　号	项　目	费　率
1	发电隧洞	45.00%	5	钢衬	64.20%
2	趾板混凝土	74.90%	6	厂房混凝土	74.99%
3	面板混凝土	64.38%	7	灌浆钻孔	45.86%
4	大坝观测	80.00%	8	灌浆	16.00%

经计算，总承包商整个主体工程的材料费合计为229228929令吉，占主体工程产值的56.54%。

3）机械费。

a. 按照施工组织设计分规格型号分时段列出各种主要设备的进场计划，并从物资采购部门了解设备的价格。经统计，总承包商共投入设备684台（套），原值35816738令吉，其中拟从中国采购的设备原值为14560300令吉，拟从供货商采购的设备原值21256438令吉。

b. 设备的折旧：按工程造价设备折旧办法并结合财务通则的有关规定计算设备的折旧，以平均折旧的方式对设备的原值进行摊销。经计算，总承包商所投入的设备在该工程项目上的折旧费为11085467令吉，占主体工程产值的2.73%。

c. 设备使用费：包括设备的大修理费、经常性修理费、安装拆卸费、保养维护费以及动力、燃料费等，机上人工已列入人工费部分。

根据施工组织设计中的资源配置情况计算各种施工设备的使用时间，根据97台时费定额计算各种机械的台时使用费。经计算，总承包商投入设备的使用费合计为44065632令吉，占主体工程产值的10.87%。

4）现场经费（临建费和现场管理费）：根据施工组织设计分类整理，经计算，现场经费合计50726904令吉。其中：

a. 生活营地及配套设施费：4606788令吉。

b. 生产辅助企业及临时设施费：5277976令吉。

c. 管理人员工资：13707627令吉。

d. 人员进场及退场费：2529999令吉。

e. 国内设备进场及退场费：1064000令吉。

f. 施工期间回国探亲费：5060000令吉。

g. 施工现场差旅费：816000令吉。

h. 现场交通工具购置及使用费：2088000令吉。

i. 办公设置费：计算机、笔记本电脑、打印机、复印机、扫描仪、传真机、对讲机、计算机网络、办公桌椅等，合计444000令吉。

j. 日常办公费：装订复印费、日常办公用品费等，合计255000令吉。

k. 通信费：长途通信费、短途通信费、上网费等，合计836400令吉。

l. 测量、试验仪器购置费：150000 令吉。

m. 医疗设施、药品及医疗补贴费用：1234080 令吉。

n. 后勤服务费：生活办公用电及照明、管理人员生活费、营地管理及后勤人员工资等，合计 1832634 令吉。

o. 财务费用：编标费用估算约为 3500000 元，折合 1766056 令吉；预付款保函手续费、履约保函手续费、流动资金贷款利息，税收等未考虑。

p. 境外咨询、顾问、代理及服务费：根据授标函由 MCH JV 承担。

q. 出国人员手续费、保险费及工作准证费：5206212 令吉。

r. 中方人员社会统筹企业承担部分：2951496 令吉。

s. 国内工作组、当地办事处费用：900648 令吉。

5）总部管理费：暂按合同总额（8.24 亿令吉）的 5%测算，合计 41200000 令吉。具体的上交比例协商确定。

（3）其他资金流入流出情况。

1）其他资金流入流出。包括预付款的支付及返还；质量保证金的扣留及返还等。这些因素在静态分析中不影响工程的成本盈亏，但对整个工程的资金运作有重大影响。

2）预付款。根据授标函的规定，5000 万令吉工程预付款于 2003 年 8 月支付，其中，可由总承包商支配的为 2400 万令吉。预付款从合同签订之日起的第六个月开始回扣。

3）质保金。根据授标函的规定，质量保证金在结算支付时按结算款的 5%扣留，合计 24031005 令吉。在工程完工后返回一半，另一半在质保期满后返还。

（4）工程款结算点。在静态分析中，两个结算点时间间隔的长短不影响成本盈亏，但影响整个工程项目资金的运作以及流动资金需用量的大小。授标函对结算方式尚无明确规定，目前按工程产值（含 WCT 产值）每满 2000 万令吉结算一次进行分析，共有 33 个结算点。

（5）资金安排。用于购买设备或材料的大宗集中支付，提前 3 个月安排资金；业主对总承包商的工程款的结算款安排在完成产值累计满 2000 万令吉的次月。

4. 分析结果

（1）成本盈亏分析。按照上述方法分析，总承包商在财务上将盈余 24457906 令吉。

（2）资金存量分析。

1）总体情况。

a. 资金存量分析显示，整个工程项目期末资金净存量为－273364 令吉，也就是说，如果将所投入的设备原值全部打入工程成本，则整个项目将亏损 273364 令吉。

b. 资金存量分析还显示，整个工程项目的累计资金存量最小值为－36072863 令吉，也就是说，总承包商需自筹 36072863 令吉的流动资金才能维持整个工程项目资金的正常运作。

2）解决流动资金的渠道。

a. 向各母体工程局借款或缓交管理费。

b. 银行贷款。

c. 与业主签订正式协议时，要求缩短支付期，改为按月结算，减小资金占用。

d. 通过工程分包或要求分包商自带设备施工等方式转移流动资金压力。

e. 通过赊购材料、设备，转移流动资金压力。

f. 改自购设备为租赁设备。

5. 其他需要说明的事项

(1) 本次分析尽可能地遵照实物法造价的思想和方法进行，而实物法是建立在施工组织设计这一基础之上的。因此，分析结果的可信度在很大程度上取决于施工组织设计的深度及合理性。

(2) 本次分析仅限于资金流量的静态分析，没有考虑资金的时间价值问题，也没有考虑利率、汇率等方面的风险问题。

(3) 设备的原值基于目前综合行政部所能提供的资料，对于综合行政部目前尚无资料的设备，我们参照国内的设备价格并按令吉：元＝1：2 的比例折算（汇率为 1：2.18)。

三、国际工程项目成本控制

（一）工程项目成本控制概述

工程项目成本控制就是在保证项目进度目标和满足项目质量要求的前提下，通过对项目费用的预测、核算、比较、分析、控制等手段，将项目成本控制在预算范围内，并尽可能节省费用的过程。全面的成本管理体系应包括成本目标的制定与成本的管控。

1. 工程项目成本管理与控制的内容

(1) 资源计划，决定完成项目各项活动需要哪些资源（人、材料、设备）以及每种资源的需要量。

(2) 成本估算，估计完成项目各活动所需每种资源成本的近似值。

(3) 成本预算，把估算总成本分配到各具体工作。

(4) 成本控制，根据预算对成本的发生进行控制，分析差异产生的原因，并做出适当调整。

2. 项目成本管理的标准及依据

遵照工程当地法律的有关规定，在符合国家会计准则的基础上遵照执行公司内部会计规范及成本管理的有关规定。结合项目实际，进行成本超前策划；建立健全成本管理各项制度，加强成本过程控制，适时进行成本分析；结合项目施工生产特点，重点从合同、资金两方面加强成本管理；真实、完整地反映成本信息，充分体现会计核算和监督职能。

3. 项目的成本管理的特点

工程项目的成本管理应伴随项目建设的进程渐次展开，不同时期的成本管理有不同特点。

(1) 施工前期的成本控制。

1) 工程投标阶段。根据工程概况和招标文件估算所需资源及其费用，分析建筑市场和竞争对手的情况，进行成本预测，提出投标决策意见。

2) 中标以后。应根据项目的建设规模，组建与之相适应的项目部，同时以投标文件为依据确定项目的成本目标。

3) 施工准备阶段。根据设计图纸和有关技术资料、对施工方法、施工顺序、作业组织形式、机械设备选型、技术组织措施等进行认真的研究分析，并运用价值工程原理，制定出科学先进、经济合理的具体施工方案。

根据成本目标，以分部分项工程实物工程量为基础，考虑到劳动定额、材料消耗定额和技术组织措施的节约计划，在优化的施工方案的指导下，编制明细而具体的成本计划，并按照部门、施工队和班组的分工进行分解，作为部门、施工队和班组的责任成本落实下去，为今后的成本控制做好准备。

根据项目建设时间的长短和参加建设人数的多少，编制间接费用预算，并对上述预算进行明细分解，以有关部门（或业务人员）责任成本的形式落实下去，为今后的成本控制和绩效考评提供依据。

需要说明的是，由于国际工程一般采用工程量清单报价，部分国际工程承包商采用标后预算，即在项目实施后主要分包商、材料供应商、施工方案已确定并获批的条件下，对各项成本进行比较完善的预算，从而确定成本目标。

（2）施工期间的成本控制。加强施工任务单和限额领料单的管理。特别是做好每一个分部分项工程完成后的验收（包括实施工程量和验收和工作内容、工程质量、文明施工的验收），以及实耗人工、材料的数量核对，以保证施工任务单和限额领料单的结算资料绝对正确，为成本控制提供真实可靠的数据。

将施工任务单和限额领料单的结算资料与施工预算进行核对，计算分部分项工程的成本差异。分析差异产生的原因，并采取有效的措施。

做好月度成本原始资料的收集和整理，正确计算月度成本，分析月度预算成本与实际成本的差异，对于一般的成本差异要在不利差异的基础上认真分析有利差异产生的原因，以防对后续作业成本产生不利影响或因质量低劣而产生返工损失；对于盈亏比例异常的现象，则要特别重视，并在查明原因的基础上，采取果断措施，尽快加以纠正。

在月度成本核算的基础上，实行责任成本核算。也就是利用原有会计核算的资料，重新按责任部门或责任者归依成本费用，每月结算一次，并与责任成本进行对比。

经常检查分包合同、供应合同等的履约情况，为顺利施工提供物质保证。如遇交付期或质量不符合要求时，应根据合同规定记录索赔点，根据项目情况作出索赔决策；对缺乏履约能力的单位，要立即采取措施，终止合同，并另寻可靠的合作单位，以免影响施工，造成经济损失。

定期检查各责任部门和责任者的成本控制情况，检查成本控制责、权、利和落实情况（一般为一月一次）。发现成本差异偏高或偏低的情况，应会同责任部门或责任者调查差异产生的原因，并督促他们采取相应的对策或纠正差异；如有因责、权、利不到位而影响成本控制工作的情况，责、权、利不到位的原因，调整有关各方的关系，落实权、利相结合的原则，使成本控制工作得以顺利进行。

（3）竣工验收阶段的成本控制。估算工作量，合理组织人员快速完成竣工扫尾工作。避免由于主要施工力量被抽调到其他在建工程，导致竣工扫尾时间太长，机械、设备无法转移而继续产生费用；也要避免由于人员太多造成的窝工。

重视竣工验收工作，顺利交付使用。在验收以前，要准备好验收所需要的各种资料（包括竣工图）送业主方备查；对验收中业主方提出的意见，应根据设计要求和合同内容认真处理，如果涉及费用，应请工程师签证，列入工程结算。

在工程保修期间，应指定保修工作的责任者，并责成保修责任者根据实际情况提出保修计划（包括费用计划），以此作为控制保修费用的依据。

4. 管理原则和管理目标

在对项目施工过程进行成本控制时，必须遵循以下几个基本原则：①全面控制原则，即全员参与、全过程控制；②动态控制原则；③目标管理原则；④成本最低化原则；⑤责、权、利相结合的原则。

在成本管理的过程中，应根据需求使用科学的管理方法与技术，提高工作效率，以最少的投入获得最大的产出，以达到项目成本管理的目标。

（二）工程项目成本管理组织架构

公司总部的项目管理部门、项目经理、财务部门、工程部门、经营部门、物资设备部门以及安全质量部门都将参与到成本管理的过程之中。

项目控制管理由项目经理负责组织财务、预算、工程、安全质量、物资设备等部门，共同对项目成本进行全过程的监督与控制。每月/季度均应进行经济活动分析，查找盈亏原因，制定相应措施应予以改进。

1. 项目经理

制定成本管理方针，对项目的成本管理和控制做出总体策划并贯彻实施，对实施情况予以适时监控。

2. 总经济师

协助经理开展成本管理工作，建立健全各项成本管理制度，在项目实施前进行成本策划，对成本费用各项进行分解并落实责任，制定出具体的成本过程控制管理办法并建立各职能部门的成本责任制度，对成本控制责任予以量化考核。按照建造合同要求及时上报和调整预计总收入、总成本。编制成本管理控制要点和成本管理报表，定期分析检查项目成本管理状况。

3. 财务人员

制定项目前期成本及现金流策划方案，并协助总经济师进行项目资金管理，对出现的问题应及时预警；协助施工预算部门编制责任工程预算，参与责任成本承包合同和外协工程合同的签订；协助对各类成本费用进行过程控制和监督（对计量、支付、结算等过程严格按照合同执行量价双控）；针对不同的承包方式，审核、归依、核算本项目的成本费用，并负责对间接费用进行控制；建立各类管理台账（成本台账、结算台账等）；每月/季度定期负责组织本项目的成本分析，真实的编制财务会计报告。

4. 经营管理人员

根据相关部门提供的施工地区的人工、地材、机械配件，电力等价格资料，结合工程特点，遵循可控原则，确定各单项工程责任预算单价；根据实施性施工组织设计所确定的单项工程实物工程量，计算单项工程责任预算价值；根据设计文件和现场实际情况，进行施工资源配置。参与重大施工方案的编制；负责对分包商的计量结算，要求清方数量准确，合同费用计算合理；每月/季度参加经济活动分析；做好变更、索赔方面的基础工作。

5. 物资设备管理人员

负责组织调查施工地区各种材料价格，掌握各种材料、电力、燃料及各类设备配件的价格，为编制责任预算提供资料；负责对物资设备购置、租赁、使用等进行管理，把好进出关，降低材料消耗、机械设备使用等成本。每月/季度参加经济活动分析，提出材料费、机械使用费管理情况书面说明。做好变更、索赔方面的基础工作。

6. 安全质量管理人员

采取安全质量保障措施，降低安全质量成本，并对安全质量管理及事故进行专项成本分析。

（三）项目成本管理的基本流程

项目成本管理从投标阶段开始，涉及建设工程的全生命周期。在投标阶段，承包商在明确参与成本管理的各部门人员及相应职责之后，应根据招标文件列出资源使用计划，确定为完成项目各活动需要什么资源（人、设备、材料）和这些资源的数量。编制包括项目材料用量及单价表、项目机械设备用量及单价表、项目劳务安排及人工费用表、项目工程分包情况表等表格。以上表格中涉及计划金额及计划用量的内容需要在确定资源计划时确定。实际金额和实际用量根据实际情况填写。

在项目正式开工之前，要进行成本估算。成本估算是项目各活动所需成本的定量估算，需要编制的文档包括现场管理及财务费用情况表、其他费用情况表和项目分部成本表、最终汇总成项目成本预测表。

项目开工后，成本管理的主要任务是做好分期的成本预算及成本控制工作，需要编制目标成本预算表，进行编制分部（部门）成本目标责任书。不同的管理方式下成本目标的责任主体不同，可根据实际情况编制，编制包括了质量目标、进度目标，成本目标等的整体目标责任书的情况也较为常见。为了更好地控制成本，承包商需要分析各类费用的明细支出，在项目分期结算时，应对已完工工程进行成本核算。

（四）国际项目施工成本估算要点

随着我国企业国际化进程的迅速推进，商务管理工作凸显其重要性，同时，也对项目施工成本估算准确性要求更高，现对照国内项目提出几点因素进行分析。

1. 人工费

人工费涉及两部分，当地用工和中方工人。重点需要考虑的是当地用工因素，充分考虑项目所在国的法规、政策、福利制度以及工会组织情况，遵循合同约定的用工比例，满足项目所在国的要求，在实际调查的基础上，对当地各工种的工作时间、薪酬标准、福利以及个税等方面充分考虑。中方工人沿用国内的标准计入应在当地缴纳的费用后估算人工单价。

2. 材料供应

材料供应主要涉及主材、地材和油料。国际项目的物资材料充裕度差异较大，在充分调查市场的基础上，制定材料供应规划方案并有备选方案，结合国情及道路状况选定适宜的水运或陆运方式，材料费中需要充分考虑进出口关税和增值税的金额，适当考虑远距离运输成本增加以及跨国境运输的供应储备等成本，依据项目所在国的法律法规并符合合同条款来进行估算。

3. 机械使用费

主要对配件供应、售后服务以及折旧费发生的变化进行分析估算。

受项目所在国气候条件差异影响、施工机械成本支出与国内不同，设备基本都存在加速折旧的问题，对此应在成本估算时进行考虑并计入。施工机械的采购建议仍以招标采购为主，重视售后服务和设备的出勤保证率，对于配件等需考虑因采购周期的影响而增加的储备量。

4. 设备费

设备费应进行多方的询价，确保设备本体和附件均符合合同的技术标准，规避因执行标准不符合合同要求而产生的低报价损失；满足试运转期间类似于施工机械的备品备件储备量，对于试运行需要的直接费应进行充分的估算；及早着手设备的招标和定标工作，以确保相应部位土建工程的设计顺利进行。在设备采购合同签订时考虑因土建未及时移交造成的安装交叉或压缩工期的预案。

在以上基础上，还需要计入资金计划中的融资成本、适当考虑汇率损失以及采购过程中外币支付比例的问题，同时需要把分包商的管理纳入到项目的综合管理中，重视技术管理的超前性，重视项目过程管理，对于EPC项目需要重视设计方案的优化管理和与施工的紧密衔接等工作，计入因合同工作内容划分综合在其他项目中的成本。另外，任何风险因素都有可能造成项目施工成本的重大变化，需要结合风险识别和评估进行完善，在此不加详述。

自测练习题

一、单选题

1. 国际工程项目费用构成中，直接人工费包括（　　）。

A. 国内派出工人和管理人员工资　　B. 国内派出工人和后勤人员工资

C. 管理人员和当地雇佣工人工资　　D. 国内派出人员和当地雇佣工人工资

2. 国际工程项目建筑安装工程的总成本不包括（　　）。

A. 直接费　　B. 间接费　　C. 暂列金额　　D. 分包费

3. 以下哪项不仅是编制费用估算的依据，同时也是承包商编制费用计划的重要依据之一？（　　）。

A. 工程承包合同　　B. 项目进度计划　　C. 工作分解结构　　D. 组织过程资产

4. 工程项目建设过程中，业主会提出许多变更，这些变更在很大程度上是由于（　　）造成的。

A. 合同的不完善　　B. 项目进度计划制定不合理

C. 没有进行充分的可行性研究　　D. 不可抗力

二、名词解释

国际工程项目费用

三、简答题

1. 简述国际工程项目费用管理过程。

2. 简述费用计划的编制依据。

四、论述题

试述国际工程项目成本超支的原因。

第五节 国际工程合同管理

学习指导

通过本节学习了解国际工程中的基本管理模式和国际工程常用合同样本（尤其是FIDIC合同）的特点，掌握合同订立与履约中应重点关注的问题、合同变更管理和变更补偿的相关知识，以及在正常履约情况下承包商合同管理中应如何做好己方的基础工作。

一、国际工程合同管理概述

国际工程合同（International Engineering Contract）就是以“国际工程项目”为交易标的，设立当事人权利和义务而签订的合同。对于工程业主而言，签订合同是为了获得自己期望的某一工程设施；对于承包商而言，签订合同是为了通过实施并完成工程项目，获得业主支付的资金。但由于工程本身的规模很大，有时可能被分解为很多工作内容，如土建工作、安装工作、设计、采购、管理咨询服务等。综上所述，可以将国际工程合同定义为：合同当事人为了实现某一国际工程项目的全部或部分交易而订立的关于各方权利、义务、责任以及相关管理程序的协议。

（一）国内外工程承包环境的差异及国际工程合同管理的特点

国际工程合同管理有广义和狭义之分，广义的合同管理（Contract Management）是指从国际工程项目合同签订前开始，一直到工程履约完毕，详细了解项目状况，工程所在国自然、政治、经济、社会条件等，在合同签订前对自己的权利、责任、义务、风险作出恰当判断，并通过谈判来调整。在合同开始后，针对工程实施过程进行监控，保证己方的工程实施过程遵守合同规定，在对方有违约行为时能及时主张自己的相应权利；在己方出现违约行为时，根据合同采取恰当的补救措施，努力减少违约损失；在双方出现争议时，通过谈判、仲裁、诉讼来解决。合同管理的目的是实现己方合同的合法利益最大化。

狭义的合同管理（Contract Administration）指的是合同签订后的合同管理工作。广义的合同管理是全过程的“事前、事中、事后”管理，狭义的合同管理侧重于“事中、事后”管理。

1. 国内外工程承包环境的差异

由于国内外工程承包环境的差异，这些差异造就了国际工程合同管理的鲜明特点。这些差异表现在以下几个方面。

（1）中外文化的差异。我国的管理文化属于关系文化，即基于人际关系的一种灵活处理问题的文化，在处理问题时，思维注重于“和谐型”“长期性”等，而较少在事前制定规则，在合同中也不愿意将事情说得太具体，在执行过程中多根据实际情况进行协商。出现问题也不太愿意采用法律手段来解决，而侧重于采用“合情、合理”的方法去商谈。

国际上，尤其是发达的欧美国家及受到欧美文化影响的其他地区国家，他们更注重规则文化，即合同思维。这种文化的好处是做事有规则，程序清楚，出了问题有规可依。显然，合同是一种属于法律性质的“规则制度”，这种文化主要追求的是“合法”。

从目前国际经济交易规则的发展来看，往往是以规则为主、关系为辅的管理模式，因而，合同管理的思想仍然是国际商业交易中的主流思想。

(2) 经济制度形态及政府执行力的差异。我国改革开放以来，逐渐建成了具有中国特色的市场经济体系，市场经济已经得到了充分发展，合同法也比较完善，但实践中仍然带有一定的计划经济色彩，合同在处理经济交易关系中的重要性被降低，也导致了中国企业走出去后，在执行合同过程中，合同法律意识比较淡薄。国际上，更多的国家采用的是完全市场经济，行政干预较少，解决经济交易问题的手段往往是合同和法律，因此，人们的合同法律意识较强。

在我国，大部分工程项目业主代表国家和政府，所以项目能得到各级政府的积极支持，项目政治环境较好，征地拆迁较为容易，项目各级审批也很迅速，项目前期推动进展较快。而在有些多党执政的国家，政治斗争激烈，政治集团经济利益不同，他们为了各自的政治目的，干扰甚至阻碍项目实施。项目有关批文审批困难，审批结果频繁变化，土地私有等，都给项目的前期推动和实施造成较大的影响。

(3) 法律体系的差异。我国的法律体系是基于大陆法系逐渐发展起来的，属于成文法国家，加上我国的“混合经济形态”，我国颁布的工程建设类法律法规较多，这可能带来两方面的影响，一是，即使工程合同签订不完善，仍可以从相关法律或主管部门颁布的相关管理条文中来寻求帮助；二是，合同签订自由受到了较多的限制，合同中的“签约自由”很难得到充分体现。在国际工程中，合同适用的法律往往是那些市场经济国家的法律，往往更强调“签约自由”和“合同中的承诺”，因此，在我国国内不存在问题的合同，在国外就可能出现法律方面的问题，甚至落入合同陷阱等。

2. 国际工程合同管理的特点

承包商与业主之间建立交易关系的纽带就是双方之间的合同，由于文化的差异，在国际工程市场中，合同管理的重要性远远高于国内工程市场，且具有以下鲜明的特点。

(1) 跨国的经济活动。由于项目主要参与各方来自不同国家，具有不同的政治、经济、法律背景，在语言、文化等方面也存在着较大差异，从而导致了思维和沟通方式等方面的差异。由于国际工程主要从事的是经济活动，参与各方利益不同，立场和观点的不一致，加上沟通和思维的差异，因而，在国际工程中产生矛盾和争议的地方相对较多。

(2) 高度的不确定性。一般来说国际工程比较复杂且工期长，加上承包商的跨国经营，管理上的空间跨度大，对新环境不熟悉，导致工程实施过程中的不确定性因素增多。加之，近几年来，国际政治形势的不稳定，都使工程实施中的变数增加。因此，国际工程被业界认为是一个高风险行业。

(3) 合同关系的显著性。在国际项目中，参与各方是为了实现各自目标而走在一起，他们之间的关系主要体现为“利益关系”，这种关系的唯一纽带就是“合同”。各方的权利、责任、义务都体现在合同中，各方对合同的重视程度不言而喻。可以说，合同是国际工程实施和管理的出发点和落脚点。

（4）管理工作的复杂性。由于国际工程的长期性和复杂性，各方利益的不一致性，外部环境的高度不确定性，实施中发生的问题较多，因而具有管理的复杂性。解决问题可能需要多学科的交叉知识，如工程技术、金融、法律、财务、商务等，而且要求具有很强的协调能力以及较强的外语沟通能力。

由于国际工程的特点，使整个履约过程具有很大的动态性，特别是交易各方利益不一致，使得各方的履约行为具有很强的投机性。虽然，项目所有参与方都会在工程进度、质量、安全等方面做出很大努力，然而，业主关心的重点是承包商能否保质、安全、按期地完成该工程；而承包商关心的则是能否得到恰当的工程付款，实现经营利润。一旦这些目标受到外部或内部因素的干扰，导致一方利益受损，就可能出现履约投机行为，努力将自己的损失转移给其他合同参与方。可以说，国际工程承包的交易过程是一个各方利益博弈的过程，所以，为了保证合同的恰当履约，必须对合同进行管理。

（二）国际工程合同的适用法律

在国际工程商务活动中，由于项目参与方所在国的法律可能对同一商务活动有很多不同的相关法律加以限制，并存在着很多法律冲突，要解决各国之间的法律冲突，就必须对国际工程合同的适用法律以及工程实施过程中应该遵守的法律加以规范和限制。

1. 法律冲突的解决方法

从现有国际做法来看，国际商务法律问题的解决方法分为两大类，一是冲突法解决方法，二是实体法解决方法。

（1）冲突法解决方法即制定冲突规范来解决法律冲突，也被称为间接调整法。具体做法是通过在国内或国际条约中规定某类国际商务活动法律关系应受何种法律或条约支配，而不是直接规定当事人权利和义务。也就是指有关国家，通过建立国际条约的形式，制定统一的冲突法来解决国际商务法律冲突。这避免了各国不同规范之间的冲突，以更合理有效的方式实现了冲突法的调整作用。冲突法不能直接规定当事人的权利和义务，使得冲突法解决问题时，司法程序会相对复杂，导致解决问题的效率相对降低。

（2）实体法解决方法也称直接调整法，主要包含两个方面的含义：一是根据国际条约或国际惯例中的统一实体法规范，直接规定国际商务活动法律冲突当事人的权利义务关系，从而避免法律冲突；二是一些从事国际司法统一的组织，在世界范围内或特定范围内，以类似国际立法的形式，制定相关的“统一法”，供有关国家采用。这使得国际商务交易的法律冲突在事前就得到一般性的解决。同样实体法解决冲突也有一定的局限性，其适用受到各国是否参加相关条约的限制，且实体法并不排除当事人另行选择适用法律的权利。

2. 合同法律适用的基本理论

合同法律适用问题也就是合同准据法如何选择的问题，从广义上讲，合同准据法是指解决涉及合同的一切法律适用问题的法律；从狭义上讲，合同准据法就是直接确定合同当事人的权利和义务的法律，主要用于解决合同的成立、内容与效力、履行和解释等问题，用来确定涉外民事法律关系当事人权利与义务的特定法域的实体法。一般而言，在国际合同中，当事人在合同中选定的合同准据法大多指的是狭义的合同准据法。

合同法律的适用在国际项目合同管理中十分重要，关系到合同的形式、成立、效力、解释、履行等问题，尤其是发生争议时，准据法就显得尤为关键。

（1）意思自治原则（Theory of Autonomy of Will）。按照当事人的意思自治，由合同当事人选择的法律支配，这种原则赋予了当事人选择支配合同关系的准据法的特殊权利。其优点是符合签约自由原则，有利于合同当事人预知行为后果和维护法律关系的稳定性，适用法律的选择较为简便，有利于迅速解决争议，方便国际商务交往。

1）在意思自治原则下，当事人可以选择如下法律：

a. 国内法，可以是当事人任一方的国内法，也可以是第三国法律。

b. 国际惯例，国际惯例其本身不具备法律约束力，但当事人在合同中明确约定后，则具有法律约束力。

c. 国际条约，一般适用于缔约国，非缔约国有时也可以选择某一国际条约作为准据法。

2）大陆法系国家主张意思自治必须加以限制，一般在以下三个方面限制。

a. 当事人选择的法律仅限于特定国家的任意法，不能排除强制性法律的适用。

b. 当事人的选择必须是善意的，不能采用法律规避手段。

c. 当事人只能选择与合同有联系的法律。

（2）客观标志原则（Theory of Localization of Contracts）。客观标志原则的含义就是合同准据法的选择应该是合同在那里“地域化”的国家的法律。用来确定合同准据法的客观标志包括：合同履行地、合同订立地、当时住所所在地、债务人所在地、被告所在地、当事人共同国籍国、物之所在地、登记地、法院地或仲裁地。确定合同准据法的基本方法有三种：一是，仅按某一固定的客观标志确定合同准据法；二是，根据合同不同种类来确定，如某国法律规定，工程建筑合同，若当事人未选择合同适用法律，则采用住所所在地法律作为合同准据法；三是，以与合同法律关系最密切联系地作为客观标志来确定，这一说法代表着合同准据法理论的最新发展方向。

（3）我国涉外合同适用的法律原则。

1）当事人自主选择原则。我国合同法规定：“涉外合同当事人可以选择合同争议所适用的法律，但法律另有规定的除外。涉外合同当事人没有选择法律的，适用于合同有密切联系的国家的法律”。我国法律同时规定，这种意思自治在某些情况下受我国法律限制，就是说在某些情况下，我国法律可以直接指定合同适用的法律，从目前来看，这种情况基本上只针对在我国境内履行的涉外项目。

2）国际条约优先适用原则。作为主权国家，我国恪守条约必须遵守国际准则。我国《民法通则》《民事诉讼法》《海商法》等都有国际条约优于国内法的相关规定。

3）最密切关系原则。最密切关系原则是我国涉外合同法律适用的补充原则。

4）国际惯例补充原则。由于我国立法不足等原因，在我国参与的国际条约没有规定，且不违反我国法律原则和公共利益的情况下，可以适用国际惯例。

（三）国际工程常用项目管理模式

国际工程施工常用的管理模式在不同国家、不同的国际组织、学会、协会有不同的分类方法。目前最常用的是根据业主和各种国际组织、学会等对项目的管理进行分类，国际工程项目管理即合同管理模式大致可以分类如下。

1. 施工承包合同模式

国际工程中采用施工承包合同类型的，一般是业主委托建筑师或咨询工程师（简称工程师）进行前期的可行性研究工作，待项目评估立项后再进行设计，编制施工招标文件，业主和承包商签订工程施工承包合同。业主单位一般指派业主代表与工程师和承包商联系，负责有关项目管理工作。在国际上，常常是做设计的建筑师/工程师在施工阶段继续担任监理工程师，这有利于检查设计要求，此时，工程师按照业主与承包商签订的合同中有关工程师职责和权限进行项目管理工作。这种合同类型下，项目管理的组织形式如图2-5-1所示。

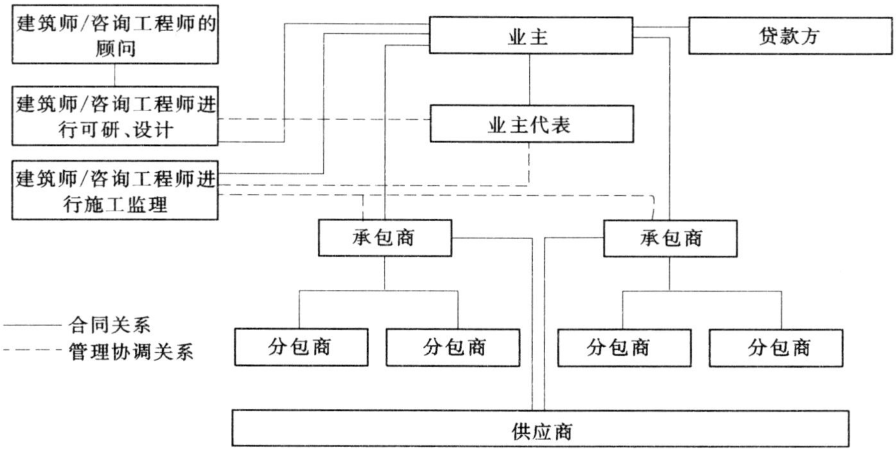

图2-5-1 施工承包合同类型下，业主管理组织形式

这种合同类型在国际上常用的合同范本中，FIDIC《施工合同条件》使用较多，这种情况下，业主多采用多个主合同向不同承包商发包的形式，这种多个主合同的单独发包，可节省下施工总承包商的管理费用，但往往产生协调困难问题，导致众多纠纷，加大业主代表的协调工作量。

2. 设计—建造合同（Design＋Build）

设计建造合同是一种相对简单的项目管理模式，其组织形式如图2-5-2所示。在这

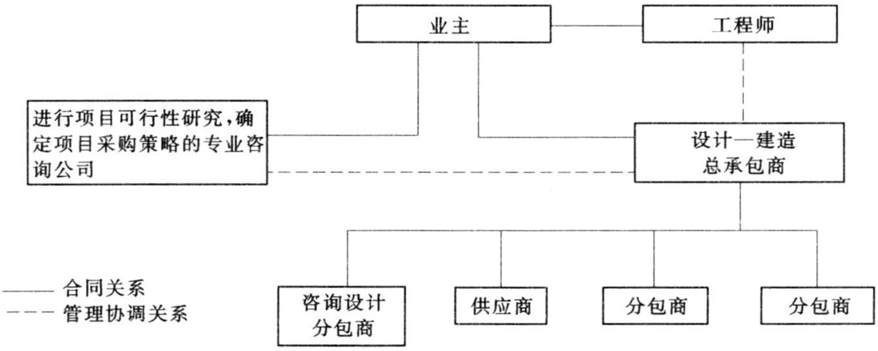

图2-5-2 设计—建造合同类型下，业主管理组织形式

种模式下，业主首先聘用一家专业咨询公司为其研究拟建项目的基本要求，在招标文件中明确项目完整的工作范围，在项目的原则确定之后，业主需要选定一家公司对项目设计和施工进行总承包。这种合同模式下，投标和签订合同时通常以总价为合同基础，但允许价格调整，个别情况下，也允许某些部分采用单价合同。设计建造合同的总承包商对整个项目的成本负责。业主方聘用业主代表进行项目管理，管理的内容除了对施工进行监理外，对设计也要管理，包括对承包商设计人员的资格进行审查，对承包商设计文件和设计图纸的审查。按照“业主要求”中的规定审查、审核或批准承包商的文件，参与讨论设计。FIDIC《生产设备与设计/建造合同条件》即为这种合同模式。

3. 设计—采购—建造/交钥匙合同（EPC/Turnkey）

EPC/交钥匙工程即由承包商向业主提供包括设计、施工、设备采购、安装和调试直至竣工移交的全部服务，有时还包括融资方案的建议。其合同各方关系如图 2－5－3 所示，承包商的主要工作范围大致包括以下几部分。

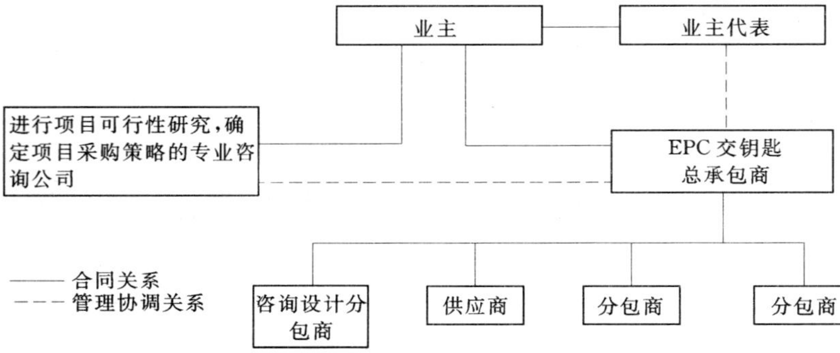

图 2－5－3　EPC 交钥匙合同项目管理的组织形式

（1）设计（Engineer）：应包括“业主要求”中列明的设计工作，如项目可行性研究，配套公用工程设计、辅助工程设施的设计及结构/建筑设计的设计计算书和图纸等。

（2）采购（Procure）：可能包括获得项目或施工期的融资，购买土地，购买包括在工艺设计中的各类工艺、专利产品以及设备和材料等。

（3）施工（Construct）：由施工总承包商负责全面的项目施工管理，如施工方法、安全管理、费用控制、进度管理、设备安装调试以及工作协调等。

这种合同模式与常用的设计—建造合同模式相类似，但 EPC 合同总承包商承担的责任和风险更大。由业主代表对项目进行直接的较宏观的管理，不再设置工程师。

4. 建造—运营—移交 BOT 合同模式及公私伙伴关系 PPP 模式

1984 年，土耳其总统提出了建造—运营—移交（Build—Operate—Transfer）的合同管理模式，即 BOT 合同模式，迅速地被世界各国采用。20 世纪 90 年代末，英国政府总结了私人主导融资项目管理实践中的经验教训，推动建立公私伙伴关系（Public—Private—Partnership），即 PPP 模式。与此同时，很多国际组织与其他国家也在研究和推进 PPP 的发展，各家对 PPP 的理解不尽相同，但在利用公私双方优势互补，提供公共设施及社会服务方面存在共识。

BOT 也可称为特许经营权方式，合同方式的典型合同框架如图 2－5－4 所示。

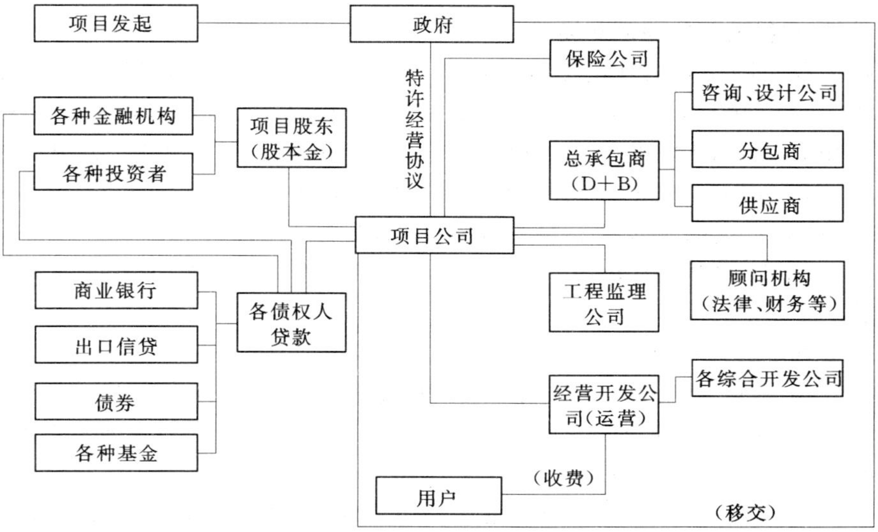

图 2－5－4　BOT 典型结构框架图

一般而言，PPP 模式主要应用于基础设施等公共项目。政府针对具体项目特许新建一家项目公司，项目公司负责进行项目的融资和建设，融资来源包括项目资本金和贷款；项目建成后，政府特许企业进行项目的开发和运营，贷款人通过项目经营获得收益。

PPP 模式的实质是一种新型的项目融资模式；融资模式可以使更多的民营资本参与到项目中，以提高效率，降低风险；可以在一定程度上保证民营资本“有利可图”；减轻了政府初期建设投资负担和风险。

这种模式的一个最显著的特点就是政府与项目的投资者和经营者之间的相互协调及其在项目建设中发挥的作用。它是政府、营利性企业和非营利性企业基于某个项目而形成以“双赢”或“多赢”为理念的相互合作形式，参与各方可以达到与预期单独行动相比更为有利的结果，其运作思路如图 2－5－5 所示。参与各方虽然没有达到自身理想的最大利益，但总收益即社会效益却是最大的，这显然更符合公共基础设施建设的宗旨。

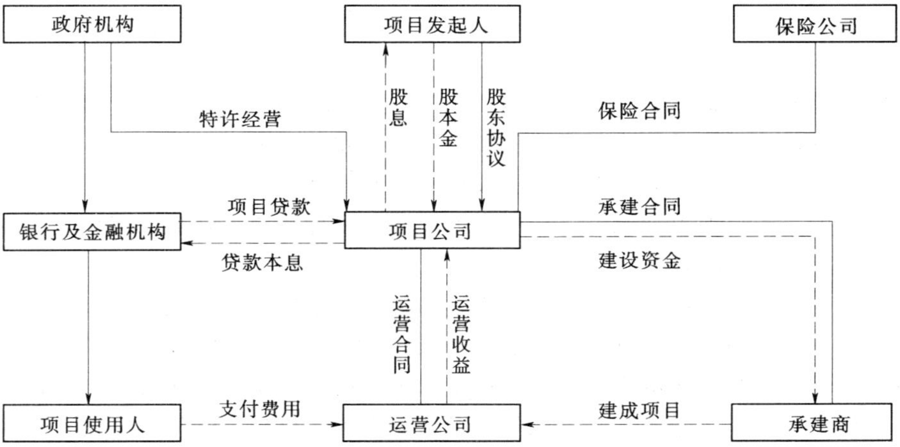

图 2－5－5　PPP 典型结构框架图

（四）国际知名施工合同范本简述

在国际工程实践中，具体的工程合同大多参照工程合同范本来编制，甚至直接采用标准范本。在国际上，编制出版工程合同范本的国际机构很多，如国际咨询工程师联合会（International Federation of Consulting Engineers，FIDIC）；英国土木工程师学会（Institution of Civil Engineers，ICE）；美国建筑师学会（American Institute of Architects，AIA）；美国承包商总会（Associated General Contractors，AGC）；美国设计建造学会（Design - Build Institute of America，DBIA）以及世界银行等为项目贷款的金融机构。

1. 国际咨询工程师联合会（FIDIC）编制的施工合同样本

FIDIC 是国际咨询工程师联合会的法文名称（Fédération Internationale Des Ingénieurs Conseils）首字母缩写，FIDIC 1913 年由欧洲 3 个国家的咨询工程师协会在比利时成立，总部设在瑞士日内瓦。

FIDIC 专业委员会编制了一系列规范性合同条件，构成了 FIDIC 合同条件体系。它们不仅被 FIDIC 会员国在世界范围内广泛使用，也被世界银行、亚洲开发银行、非洲开发银行等世界金融组织在招标文件中使用。在 FIDIC 合同条件体系中，目前最著名的和最经常被使用的是 1999 版合同样本，主要有施工合同条件（Condition of Contract for Construction，简称《新红皮书》）、永久设备和设计—建造合同条件（Conditions of Contract for Plant and Design - Build，简称《新黄皮书》）、设计—采购—建造/交钥匙项目合同条件（Conditions of Contract for EPC Turnkey Projects，简称《银皮书》）、合同的简短格式（Short Form of Contract，简称《绿皮书》）等。目前最新版本为 2010 年的第三版。

（1）施工合同条件。该文件推荐用于由雇主或其代表——工程师设计的建筑或工程项目，主要用于单价合同。在这种合同形式下，通常由工程师负责监理，由承包商按照雇主提供的设计施工，但也可以包含由承包商设计的土木、机械、电气和构筑物的某些部分。

（2）永久设备和设计—建造合同条件。该文件推荐用于电气和（或）机械设备供货和建筑或工程的设计与施工，通常采用总价合同。由承包商按照雇主的要求，设计和提供生产设备和（或）其他工程，可以包括土木、机械、电气和建筑物的任何组合，进行工程总承包。但也可以对部分工程采用单价合同。

（3）EPC 交钥匙项目合同条件。该文件可适用于以交钥匙方式提供工厂或类似设施的加工或动力设备、基础设施项目或其他类型的开发项目，采用总价合同。这种合同条件下，项目的最终价格和要求的工期具有更大程度的确定性；由承包商承担项目实施的全部责任，雇主很少介入。即由承包商进行所有的设计、采购和施工，最后提供一个设施配备完整、可以投产运行的项目。

（4）简明合同格式。该文件适用于投资金额较小的建筑或工程项目。根据工程的类型和具体情况，这种合同格式也可用于投资金额较大的工程，特别是较简单的、重复性的、或工期短的工程。在此合同格式下，一般都由承包商按照雇主或其代表——工程师提供的设计实施工程，但对于部分或完全由承包商设计的土木、机械、电气和（或）构筑物的工程，此合同也同样适用。

每一种 FIDIC 合同条件文本主要包括两个部分，即通用条件和专用条件，在使用中可利用专用条件对通用条件的内容进行修改和补充，以满足各类项目和不同需要。FIDIC 系列合同条件具有国际性、通用性、公正性和严密性；合同各方职责分明，各方的合法权益可以得到保障；处理与解决问题程序严谨，易于操作。FIDIC 合同条件把与工程管理相关的技术、经济、法律三者有机地结合在一起，构成了一个较为完善的合同体系。在国际工程承包领域得到了广泛的应用。

FIDIC 合同条件的特点如下：

1）脉络清晰，逻辑性强，承包人和业主之间的风险分担公平合理，不留模棱两可之词，使任何一方都无隙可乘。

2）对承包人和业主的权利义务和工程师职责权限明确的规定，使合同双方的义务权利界限分明，工程师职责权限清楚，避免合同执行中发生过多的纠纷和索赔事件，并起到相互制约的作用。

3）被大多数国家采用，为世界大多数承包人所熟悉，又系世界银行和其他金融机构推荐，有利于实行国际竞争性招标。

4）便于合同管理，对保证工程质量，合理地控制工程费用和工期产生良好的效果。

2. 英国知名施工合同版本

英国建筑业编制工程合同范本的机构主要是英国土木工程师学会（ICE）和英国合同审定联合会（JCT）。英国土木工程师协会是土木工程界历史最悠久的权威性国际学术团体之一，1818 年创立于英国，是根据英国法律具有注册资格的教育、学术研究与资质评定的团体，也是颁发国际性土木工程执业证书的职业组织。ICE 出版的合同条件在土木工程合同方面具有很高的权威性，在国际上得到了广泛的应用。合同条件的编制除了 ICE 外，还有英国咨询工程师协会、土木工程承包商联合会等参与制定。FIDIC《红皮书》的最早合同版本来源于 ICE 合同条件，ICE 合同条件主要用于单价合同，是以实际完成的工程量和投标文件中的单价来控制工程项目的总造价。ICE 也为设计—建造模式专门制定了合同条件。同 ICE 合同条件配套的还有一份《ICE 分包合同标准格式》，它规定了总承包商与分包商签订分包合同时采用的标准格式。2005 年 6 月，ICE 出版了最新版的 NEC（New Engineering Contract）合同范本第三版，简称 NEC3。

英国合同审定联合会（JCT）是一个关于审议合同的组织，在 ICE 合同基础上制定了建筑工程合同的标准格式。JCT 的建筑工程合同条件（JCT98）用于业主和承包商之间的施工总承包合同，主要适用于传统的施工总承包，属于总价合同。另外还有适用于 DB 模式和 MC 模式的合同条件。JCT98 是 JCT 的标准合同，在 JCT98 的基础上发展形成了 JCT 合同系列。JCT98 主要用于传统采购模式，也可以用于 CM 采购模式，共有 6 种不同的版本。2005 年 JCT 出版了新的 2005 版合同，每一合同类型均包括了主合同和分包合同标准文本，以及其他能够跨越不同合同版本的标准文件。

3. 美国知名施工合同版本

美国建筑业编制合同范本的机构主要有美国建筑师协会（AIA）、美国施工承包商总会（AGC）、工程师联席合同文件委员会（EJCDC）、美国设计建造协会（DBIA）。1911 年 AIA 首次出版了《建筑施工通用条件》，经过多年发展，形成了一个包括 90 多个独立文件在内的复杂体系。AIA合同范本的主要特点是为各种项目管理模式制定了不同的协议书，而同时，把通用条件单独出版成为独立文件。AGC的标准合同范本与AIA文件功能用途基本相近。AGC更照顾到了承包商的利益，2008年AGC修订出版了《合议文件》(Consensus DOCS)，合议文件包括了90多个合同范本文件，得到了28个与工程建筑业相关的主要协会的认可。

国际知名合同范本相对较多，单就目前我国企业参与的国际工程合同来说，FIDIC合同范本是最为广泛应用的范本，中国工程咨询协会在1996年正式加入FIDIC。

二、国际工程合同的订立

(一) 国际工程施工合同类型

国际工程合同类型与普通工程合同类型基本相似，按照工程不同的性质、阶段、内容通常可做如下分类。

1. 按承包方式分类

(1) 工程总承包合同。D+B合同、EPC交钥匙合同都属于工程总承包合同范畴，即发包人将建设工程的勘察、设计、施工等工程建设的全部任务一并发包给一个具备相应的总承包资质条件的承包人。

(2) 承包合同。是指总承包人就工程的勘察、设计、建筑安装任务分别与勘察人、设计人、施工人订立的勘察、设计、施工承包合同。此种情况在我国通常遇到的是总承包商得到项目后，再按照国内的承包模式，将其中部分工作分包给国内施工建设单位，这种合同大多变相成为国外执行的国内合同模式。

(3) 专业分包合同。是指施工总承包企业将其所承包工程中的专业工程发包给具有相应资质的其他建筑企业完成的合同。如单位工程中的地基、装饰、幕墙工程。

(4) 劳务分包合同。是指施工总承包企业或者专业承包企业将其承包工程中的劳务作业发包给劳务分包企业完成的合同。

2. 按工程实施的不同阶段和职能分类

勘察合同、设计合同、施工合同、招投标代理合同、监理合同、工程咨询合同、物资采购合同、工程保险合同、工程担保合同等。

3. 按照合同的计价方式分类

(1) 综合单价合同。如果承建项目规模巨大、施工复杂，招标人对工程内容、范围或经济技术指标尚不能做出明确具体的规定，可以采取单价合同的形式。

(2) 固定总价合同。固定总价合同的合同价格是根据工程设计图纸、技术规范和工程量表计算，工程造价一旦确定，不因工程量变化等因素而做调整。固定总价合同对招标人较为有利。招标人可在投标人充分竞争的条件下降低工程成本，但这种合同使承包商承担了较大的风险，故承包商索价较高。

(3) 成本加酬金合同。成本加酬金合同有下列几种形式。

1) 成本加百分比酬金合同。酬金按可接受的工程成本的一定百分比计算。

2) 成本加固定酬金合同。酬金通常是由双方协议的估算成本为依据计算出来的固定金额。

3）成本加滑动酬金合同。酬金以可接受的工程成本为基础，参照某些滑动率进行调整。

4. 按施工内容（单位工程、分部分项工程）分类

主体结构合同、地基与基础合同、设备安装合同、水电合同、装修合同、电梯合同、幕墙合同、弱电工程合同、锅炉合同、垃圾处理合同、室外道路合同、园林绿化合同等。

5. 按行业的不同分类

建筑工程合同、市政工程合同、水利工程合同、公路工程合同、铁路工程合同、通信工程合同、航空工程合同、港口工程合同等。

在近几年的国际工程实践中，随着我国工程承包企业的日益壮大和国际工程规模的逐渐变大，业主与承包商之间极少采用专业分包和劳务分包的类型，这两种类型多出现在我国总承包商进行工程主体以外的其他工作分包，也多以国内模式来做专业分包和劳务分包。近年来，人们对国际工程合同的分类也逐渐习惯以 FIDIC 合同样本为基础来分类，如施工总承包合同，D＋B 合同、EPC 合同、BOT 合同等。同时也常按照计价方式进行分类，如总价承包合同，综合单价合同、成本加酬金合同等，另外，还有一种单价结算总价控制的合同模式也比较常用，在一些世界银行贷款类的项目中，一旦合同签订，合同额将作为总价控制的上限，施工中按照实际工程量计价，若出现实际工程量小于投标工程量的情况，则按照实际工程量结算，若实际工程量超出设计工程量则按设计工程量结算。这种合同模式对承包商极为不利，在这种合同模式下，承包商一般一并承担设计任务，可从设计优化上规避风险。

（二）合同的订立

合同当事人形成协议是一个动态的过程，当事人之间通过接触和协商，相互讨价还价，最终形成共同意向，合同成立，这个动态的协商过程即为合同的订立。需要注意的是，合同的订立、成立和生效具有不同的法律含义，在合同中的理论作用各不相同。合同的订立是一个动态与静态的统一体，它包括合同双方的接触、协商、谈判的过程，和最终达成的静态的协议。合同成立，是指合同各方当事人享有的权利和承担的义务得以固定，如果合同成立后被法律认定为无效或被撤销，则可产生缔约过失责任。合同的成立并不意味着合同生效。合同的生效是法律评价合同的表现，是法律认可当事人协议的结果，成立的合同只有符合法律规定才生效，合同生效后，当事人必须承担合同规定的责任和义务，并可能承担违约责任。

合同的订立必须经过“要约”和“承诺”两个步骤，要约是当事人一方以缔结合同为目的，向对方当事人发出的意思表示。一项要约必须要以缔结合同为目的，内容要明确具体，还必须对要约人具有约束力，否则，不构成要约。要约的生效是要约产生法律约束力，这种约束力通常是对要约人而言的，受要约人一般不受要约约束。一般情况下，要约是可以被撤销的，但在下列情况下，要约不能被撤销：①要约写明有效期或者以其他方式表明要约是不可以被撤销的；②受要约人有理由信赖该要约是不可撤销的，且已经按照该要约行事。

承诺是受要约人作出同意要约以成立合同的意思表示或行为。承诺必须以一定的方式向要约人做出，缄默或不行为不构成承诺；必须在要约存续期间无条件作出，承诺必须在

要约有效期内及时做出，承诺不能改变要约的内容，若对要约的内容修改则构成新的要约。英美法系对承诺的生效采取投邮主义，不存在承诺撤回的问题；大陆法系承诺可以撤回，但撤回通知必须在承诺生效之前或与承诺同时到达要约人。一般来讲，承诺生效，合同成立。

（三）合同的效力

1. 合同的生效

合同的成立只有符合法律的规定才会生效，所以，合同的生效须具备以下法律要件。

（1）合同当事人需要具备相应的民事行为能力，活动主体应在法律许可的经营范围内订立合同。

（2）当事人的意思表示真实。

（3）合同的订立要符合法律规定，或者社会公共利益的原则，不得损害国家、社会和他人利益。

（4）在一般法系中，还将“对价”（Consideration，指当事人一方在获得某种利益时，必须给付对方相应的代价）视为合同生效的条件。

2. 合同的无效

合同的无效是指合同严重欠缺有效文件，不能按照当事人协商的结果赋予法律效力的情况。有下列情形时，合同无效。

（1）一方以欺诈、胁迫手段订立合同，损害国家利益的。

（2）恶意串通损害国家、集体、他人利益的。

（3）以合法形式掩盖非法目的的。

（4）损害社会公共利益的，或违反法律、行政法规的强制性规定的。

3. 合同的撤销

合同的撤销是指因意思表示不真实而撤销合同，使已生效的合同归于无效。合同可因以下原因被撤销。

（1）因重大误解而撤销。《国际商事合同通则 2004》规定，在订立合同时存在误解，且误解严重到足以影响到当事人是否订立合同，存在误解一方当事人有权宣告合同无效。如果误解方存在重大过失，则无权宣告合同无效。

（2）订立合同时显失公平的，当事人一方利用另一方的缺点，使合同明显有利于一方当事人的，或可判断合同的个别条款对一方当事人过分有利，或存在其他使合同出现重大利益失衡的情形的，另一方当事人有权要求撤销合同或相关条款。

（3）一方以欺诈、胁迫等手段使对方违背实际意思而订立的合同。

我国撤销权的行使由人民法院或仲裁机构依据撤销权人的申请而做出。许多其他国家或国际公约则规定，撤销权的行使以撤销权人向对方当事人的意思表达而做出，宣告合同无效的通知到达对方当事人时生效。若具有宣告合同无效权的当事人明示或默认了合同有效，则不得再宣告合同无效。

（四）合同的内容

合同内容（Contract Terms/Contractual Conditions）是合同条件的表现和固定化，

是当事人通过文字将订立合同的合意条理化、体系化、固定化，是确定合同当事人权利和义务的根据。我国《合同法》将合同内容分为主要条款和普通条款。

1. 合同的主要条款

合同的主要条款，是合同必须具备的条款，若欠缺即合同不成立。合同的主要条款主要由合同的类型和性质决定。按照合同的类型和性质的要求，应当具备的条款就是合同的主要条款。例如，价格条款是买卖合同的主要条款，却不是赠与合同的主要条款。一般条件下，下列条款可成为合同的主要条款。

（1）当事人的名称、姓名、国籍和住所。

（2）合同的标的物条款，包括价格、币种、质量、数量、范围等。

（3）合同的支付条款，包括支付方式、支付金额、保函、预付款、质保金、违约罚款等。

（4）履行期限、地点和方式。

（5）违约责任及索赔条款，采用仲裁还是诉讼的方式。

（6）解决争议的方法。

（7）法律适用条款，这牵涉到诉讼发生时将向哪里的法院起诉的问题，在国际工程合同中尤为重要。

2. 合同的普通条款

合同的普通条款，是指合同主要条款以外的条款，法律未直接规定，甚至，当事人未写入合同中，但基于当事人的行为，或者基于合同的明示条款，理应存在的合同条款。英美合同法称之为默示条款。它包括以下内容。

（1）该条款是实现合同目的及作用必不可少的，只有推定其存在，合同才能达到目的及实现其功能。

（2）该条款对于经营习惯来说是不言而喻的，即它的内容实际上是公认的商业习惯或者经营习惯。

（3）该条款是当事人系列交易的惯有规则。

（4）该条款实际上是某种特定的行业规则，即明示或者约定俗成的交易习惯，在行业内具有不言自明的默示效力。

（5）直接根据法律规定而成为合同条款。

（五）合同的解释

合同的解释是指对合同及其相关资料和含义所做的分析和说明。广义的合同解释是指任何人都可以对合同进行解释和分析；狭义的解释是指当事人之间对合同发生争议时，有权解释的法院或仲裁机构对合同及其相关资料的含义做出具有法律效力的分析和说明，经过解释的合同内容可以成为对合同和解、仲裁或裁决的依据，具有法律约束力。合同的解释一般需要遵循以下原则：

（1）以合同文义为出发点，客观结合合同双方共同意图的原则。要求解释格式条款不考虑订立合同的单个因素和具体因素，即不采取主观解释。所谓合同双方共同意图，是指当事人表示出来的意思，不仅依据合同用语来确定，还要考虑谈判过程、履约过程、交易惯例等正常情况下所应有的理解来解释。

（2）体系解释原则。又称整体解释，是指把全部合同条款和构成部分看作一个统一的整体，从各个合同条款及构成部分的相互关联、所处的地位和总体联系上阐明当事人有争议的合同用语的含义。

（3）符合合同目的原则。当事人订立合同均为达到一定目的，合同的各项条款及其用语均是达到该目的的手段。合同解释必须依照当事人所欲达到的经济或社会效果而对合同进行解释。

（4）参照习惯或惯例原则。是指在合同文字或条款的含义发生歧义时，按照习惯或惯例的含义予以明确或补充。

（5）如果合同当事人赋予合同某些词语特别含义时，则要根据含义解释的内容来解释，而不能利用词语的通常含义来解释。

（6）如果某条款出现歧义时，在合同解释中，一般该按照对提出该条款的当事人不利的方向解释。

（7）如果合同由两种以上语言起草，且两种语言具有相同效力，但不同合同语言之间存在差异的，则优先根据合同最初起草的文字予以解释。

（六）合同订立时应注意的问题

1. 充分掌握和熟悉各种资料

签订一份国际工程合同，涉及的面很广，既有技术问题，也有经济和法律方面的问题，为获得理想的效果，承包商应从招投标阶段开始，收集和掌握各方面的资料并认真研究，才能使订立的合同内容更合理。

2. 进行合同风险分析

承担任何一项工程，风险和利润都是共同存在的，为了避免或减少风险带来的损失，承包应在投标报价前和投标过程中，全面地对各种风险因素进行分析，从而力争在制订和签订合同时避免和减少风险。

3. 争取合理的合同条款

争取合理的合同条款是减少风险和获得利润的重要方式。

（1）应按照双方权利义务对等原则，对风险性条款要求规定合理，如要求对物价汇率变化进行调差等。

（2）一些有经验的承包商在签订合同时，特别关注关键性条款，如合同计息方式、付款时间、工程量计算方式等，在这些影响全局性的条款上做文章，防止潜伏性损失。如总承包商在签订劳务用工合同时常常把劳动合同期定为一年，这主要是因为国际惯例和大多数国家劳动法规定：①凡被雇佣者工作期满一年，应增加工资；②凡雇佣人员工作期满一年，均可享受一个月带薪回国探亲假并由雇主承担往返费用。

（3）应避免限制自己权利的条款，不能用商量的口气来选用合同用语，合同条款用词必须明确具体，特别是“有权”“无权”一类的词语，该用的时候一定要用，否则就会限制或丧失自己一方的权利。

（4）防止关键性条款的失误，工程承包合同的关键性条款包括工程范围、合同价格、付款方式和时间、工期、材料进口和价格、工程验收、工程变更、违约责任、税收等，在合同签订时对这些条款内容一定要认真研究，避免因文字上的疏忽大意，或遣词造句不严密，造成漏洞，招致损失。另外对一些影响大局的细小问题也不能忽视，要注意一些细小问题上能算大账。

三、国际工程合同的履行

（一）合同履行的原则和规则

1. 合同履行的原则

合同的履行是指双方当事人全面地、适当地完成各自的义务，使合同目的得以实现。合同的履行要遵守合同的基本原则，如诚实信用原则、公平平等原则等，在此基础上，还要遵循合同履行的特有原则，主要包括：

（1）适当履行原则。是指合同主体在适当的履行期限、履行地点，以适当的履行方式按照合同规定的标的及其质量、数量等实际履行合同。适当履行合同是实际履行，不会产生违约责任，但实际履行并不都是适当履行，实际履行不当，可能产生违约责任。如当事人虽履行了义务，但其履行方式或时间、地点不符合合同的约定和法律的规定或构成不当履约。

（2）协作履行原则。是指当事人不仅适当履行自己的义务，而且应基于诚实信用原则要求对方当事人协助其履行债务的履行原则。在一些合同中，如建设工程承包合同、技术开发合同等，债务人实施给付行为需要债权人的配合。协作履行原则要求：债务人履行合同债务，债权人应当适当提供方便，创造条件；因故不能履行或不能完全履行时，应采取措施避免或减少损失；发生合同纠纷时，各自应主动承担责任，不得推诿。

（3）经济合理原则。经济合理原则就是要求履行合同时追求经济效益，以最小的成本取得最大的合同利益。

（4）情势变更原则。情势变更原则是指合同依法成立后，因不可归责于双方当事人的原因，发生了不可预见的情势变更，致使合同的基础丧失或动摇，若继续维持合同原有效力则显失公平，而允许变更或解除合同的原则。

2. 合同履行的规则

对于依法生效的合同而言，债务人应当根据合同的具体内容和合同履行的基本原则实施履行行为。债务人在履行的过程中，应当遵守一些合同履行的基本规则。

（1）履行主体：合同履行主体不仅包括债务人，也包括债权人。除法律规定、当事人约定、性质上必须由债务人本人履行的债务以外，履行也可以由债务人的代理人进行。同样，债权人的代理人也可以代为受领。在某些情况下，合同也可以由第三人代替履行，只要不违反法律的规定或者当事人的约定，第三人也是正确的履行主体。

（2）履行标的：必须严格按照合同的标的履行合同。合同标的的质量和数量是衡量合同标的的基本指标。如果合同对标的的质量没有约定或者约定不明确，当事人可以补充协议，协议不成的，按照合同的条款、适用法律和交易习惯来确定。

（3）履行时间：是指债务人履行合同义务和债权人接受履行行为的时间。如果当事人不在该履行期限内履行，则可能构成迟延履行而应当承担违约责任。履行期限不明确的，债务人可以随时履行，债权人也可以随时要求履行，但应当给对方必要的准备时间。这也是合同履行原则中诚实信用原则的体现。

（4）履行地点：是债务人履行债务、债权人受领给付的地点，履行地点直接关系到履行的费用和时间。在国际经济交往中，履行地点往往是纠纷发生以后用来确定适用的法律的根据。如果合同中明确约定了履行地点，债务人就应当在该地点向债权人履行债务，债权人应当在该履行地点接受债务人的履行行为。

（5）履行方式：是合同双方当事人约定以何种形式来履行义务。合同的履行方式主要包括运输方式、交货方式、结算方式等。履行方式由法律或者合同约定或者是合同性质来确定，不同性质、内容的合同有不同的履行方式，履行义务人必须首先按照合同约定的方式进行履行。

（6）履行费用：是指债务人履行合同所支出的费用。如果合同中约定了履行费用，则当事人应当按照合同的约定负担费用。如果合同没有约定履行费用或者约定不明确，则按照合同的有关条款或者交易习惯确定；如果仍然无法确定，则由履行义务一方负担。因债权人变更住所或者其他行为而导致履行费用增加时，增加的费用由债权人承担。

（二）承包商履约过程中的合法权利

根据国际经济法，工程承包合同的双方权利和义务应该是平等的，业主的权利表现在对承包商发出工作命令、提出各种要求及在承包商违约的情况下对其进行处罚；而承包商的权利则表现在领取提前竣工奖、要求价格贴现和调差、索取补偿或赔偿、废除合同以及收取各种筹款等。

1. 提前竣工奖

提前竣工奖只在少数国家实行，大多数国家不设此奖或已取消。实际上，合同条款大多是倾向业主利益的，近几年来，由于国际工程承包市场出现供大于求，承包商竞争激烈，在价格无法下压的条件下，只好靠工期短赢得竞争，这就为业主提供了极为有利的条件。因此，在工程承包合同中，误期罚款是必备条款，而提前竣工奖则不多见。

2. 贴现和调差

鉴于物价和工资的不断上涨，为保障承包商的利益，国际工程承包合同通常规定承包商在一定条件下有权要求业主给予价格贴现或调差，这是承包商的合法权利。价格贴现的前提条件是合同是未固定总价合同，合同中必须写有价格贴现条款，并规定了价格贴现计算公式。价格贴现的关键依据是合同基准日期（一般为承包商的报价日期）和合同批准日期（或开工令下达日期），这两个日期必须明确，不能模棱两可。价格调差必须具备两个条件：一是合同必须是可调差固定总价合同，二是合同工期必须在6个月以上，少数情况例外。调差时一般不考虑非发包国的调差，合同另有规定除外。

3. 不可抗力和不可预见事件

不可抗力通常是指一切不可遏制或不可预料，且不以承包商和业主意志为转移的事件，如特大自然灾害、全面罢工、战争等。不可抗力必须经过双方一致确认，方可作为援引条件，如若双方有分歧，一般交由主管法庭裁决。一旦双方同时确认为不可抗力，承包商经受严重损失的，可以向业主提出索赔；导致合同无法履约的，承包商有权提出解除合同，无需承担赔偿责任。下述条件一般不视为不可抗力：①局部的非突发性罢工，或在承包商的队伍中出现了罢工，但承包商拒绝采取缓解措施的；②承包商破产或处于接受法律清算阶段；③两国已产生敌对情绪后签订的合同，在履约期间发生战争。

不可预见事件是指在履约过程中发生的不取决于双方意志的，导致合同条件发生重大变化的重要事件。如经济危机、动乱等。发生这类事件后，履行合同必须付出更高代价，承包商一方面必须保证继续履约，另一方面有权向业主提出索赔。不可预见事件和不可抗力不同，前者是在经济范畴出现的不取决于缔约双方的意志的，缔约时无法预料的，导致承包商发生重大损失的事件；后者是指人力无法阻止的自然和人为事件。

4. 合同的抗辩与履约困难

(1) 合同的抗辩。

在合同履行中，当事人可享有同时履行抗辩权、先履行抗辩权、不安抗辩权。这些抗辩权利的设置，使当事人在法定情况下可以对抗对方的请求权，使当事人的拒绝履行不构成违约，可以更好地维护当事人的利益。

1) 同时履行抗辩权。当事人互负到期债务，没有先后履行顺序的，应当同时履行。一方在对方履行之前有权拒绝其履行要求，一方在对方履行债务不符合约定时，有权拒绝其相应的履行要求。

2) 先履行抗辩权。当事人互负债务，有先后履行顺序，先履行一方未履行的，后履行一方有权拒绝其履行要求。先履行一方履行债务不符合约定时，后履行一方有权拒绝其相应的履行要求。

3) 不安抗辩权。不安抗辩权的行使分为两个阶段：第一阶段为中止履行。应当先履行债务的当事人，有确切证据证明对方有下列情况之一的，可以中止履行：①经营状况部分严重恶化；②转移财产、抽逃资金，以逃避债务；③丧失商业信用；④有丧失或者可能丧失履行债务能力的其他情形。第二阶段为解除合同。当事人依照上述规定中止履行的，应当及时通知对方。对方提供适当担保时，应当恢复履行。中止履行后，对方在合理期限内未恢复履行能力并且未提供适当担保的，中止履行的一方可以解除合同。

(2) 履约困难。

履约困难是指由于一方当事人履约成本增加或由于一方当事人所获履约价值减少而发生的根本改变合同双方均衡的事件。构成合同履约困难的情形需要符合以下条件：

1) 处于不利地位的当事人在合同订立前不能合理预见事件的发生。

2) 该事件的发生不能为处于不利地位的当事人所控制。

3) 事件的风险由处于不利地位的人来承担。

若出现合同履行困难的情况，处于不利地位的当事人有权要求重新进行合同谈判，应立即将此要求通知对方当事人，并说明理由。处于不利地位的当事人在要求重新谈判的同时，并不意味着其有权利停止履约。如果双方在合理时间内不能达成新的协议，任何一方当事人均可提起诉讼，如果法院认定存在履行困难的情况，法庭可以判决终止合同或修改合同内容。从合同的困难情形的构成条件上看，履行困难与不可抗力有许多相似之处。

(三) 合同的终止

合同终止指合同当事人双方在合同关系建立以后，因一定的法律事实的出现，使合同确立的权利义务关系消灭。除债务已经按照约定履行完成等的正常终止以外，如果合同一方当时人未履行合同义务已构成对合同的根本不履行，则另一方当事人可以要求终止合同，判断不履行合同义务是否构成根本不履行时，需要考虑以下因素：

（1）不履行是否剥夺了受害方当事人根据合同应该获得的利益，除非此结果是不履行一方当事人没有预见或不可能预见的。

（2）不履行义务是否是合同的实质性内容，如果该义务是合同项下的实质性内容而被要求严格遵守的，不履行该义务则被认为是根本不履行。

（3）当事人是否有意不履行合同义务，且该义务是合同重要内容。

（4）受害一方当事人是否能够根据该不履行判断另一方当事人将来也不会履行合同。

有明显事实或迹象表明一方当事人将不履行合同时，另一方当事人可以终止合同。当一方当事人有理由相信另一方当事人根本不会履行合同时，可以要求对方提供如期履约保证，并可以拒绝履行自己的合同义务；对方当事人在合理时间内不能提供这种保证时，则要求提供保证的当事人可以终止合同。

合同的终止不影响当事人对不履行义务造成的影响进行赔偿的责任，不影响合同中关于争议解决的条款和其他解除合同后仍应执行的合同条款的效力，如承担保密义务、返还财物、恢复原状、赔偿损失等条款的法律效果。

【案例2-5-1】 某项目合同的订立

1. 工程概况及事件背景

某水电站工程由拦河引水枢纽、输水建筑物、前池、压力管道及电站厂房等主要建筑物组成。Ⅰ标包括引水枢纽和5.7km引水渠道。引水枢纽主要建筑物包括拦河坝、泄水建筑物、进水闸、连接段、右岸挡水坝段及上游防护段等。引水渠道长5.7km，梯形断面，底宽2.5m，边坡1∶2，渠深5.2m，纵坡1/2100。2010年1月项目招标，招标文件中一些条款对承包商单方面约束过多，中标后实施期间会出现不利于施工单位的情况，造成施工单位的施工风险。

2. 案例事件分析

投标过程遵照招标文件条款进行了施工组织设计。接到中标函后，进入项目谈判阶段，承包商通过有效的谈判手段将部分条款进行修改，降低承包商履约风险。

（1）关于应由业主负责的“三通一平”及其他业主设施的提供时间可能引起履约风险。合同条件中，业主为现场提供电力，供电时间是2010年5月30日。在合同谈判过程中，获知业主供电时间可能会推迟至2010年7月30日，这就无形中提高了承包商两个月无供电情况下的生产成本。谈判中，承包商坚持要求将具体的供电时间写入合同，不管实际情况如何，都为后期的索赔工作提供了重要的依据，减少了有可能引起的成本风险。

（2）工程所处位置交通不便，业主承担进场道路修筑。承包商前期采购砂石骨料的运输可能受到业主道路状况的影响。合同谈判过程中，承包商对业主提供道路的时间要求在合同中明确规定，以避免现场道路对砂石料运输的影响。

（3）对于特殊的地理位置要考虑到额外产生的工程量与成本风险。工程处于某风景区，又是国家级草场，因此对于环境保护要求相对比较高。但是，具体的环保措施应该做到什么程度，这在合同中均没有明确的规定，只是根据以往的施工经验，列出一个粗线条，这样在实际实施过程中会给项目部增加很多额外的工程量和费用。

（4）关于招标文件中规定渠道衬砌要采用衬砌机。响应招标文件要求投标时采用的是渠道衬砌机，而现场实际情况是渠道设计断面较小、曲线较多，根本无法使用渠道衬砌机，在合同谈判过程中针对此项条款承包商专门提出，与业主达成一致，在保证质量的前提下不强求采用衬砌机。

(5) 关于不可抗力的条款要量化。一般的合同中，对于不可抗力的条款均无明确具体的规定。较常见的是风、雨、雪、洪、地震等自然灾害。达到什么程度的自然灾害才能被认定为不可抗力，《通用条款》未明确，实践中双方难以达成共识，双方当事人在合同中对可能发生的风、雨、雪、洪、地震等自然灾害程度应予以量化。如几级以上的大风、几级以上的地震、持续多少天达到多少毫米的降水等，才可能认定为不可抗力，以免引起不必要的纠纷。一般合同条款对不可抗力的规定局限于自然灾害，而忽略了不可预见因素及不可抗力的其他因素，在业主承担责任部分也只是对于工期的推迟进行了明确，对于人员伤亡、工程本身及施工辅助设施受损等所造成的损失未明确，采取了规避责任的做法。这些情况承包商在合同订立过程中，或者在项目实施过程中都应该高度重视。

四、国际工程合同变更管理

（一）变更基本概念

1. 计划与变化

在国际工程中有一句名言“在国际工程承包中，唯一不变的情况就是变”，这句话充分说明了国际工程是一个充满变数的行业。一方面，工程属于“未来产品”，对未来产品的交易需要周密地计划。双方在签订合同前，要对该交易要求以及过程做详细描述，需要规范未来工程实施的大量文件，包括技术、商务等文件，如设计图纸、规范、计划、方案、商务条件、管理程序等，作为实现未来产品的操作要求和实施框架。另一方面，随着工程的进行，不确定性因素发生变化，双发在签约中确定的某些工作随之出现变化。按照国际惯例，一般在工程合同中都会包括一个变更条款作为应对机制。

2. 工程变更与合同变更

在国际工程中，虽然“变化”“工程变更”“合同变更”这些概念有一定的关联性，并在相互的沟通中，各方都会出现将其视为同类概念混同使用的情况，但在国际工程合同解释中，这些概念有着本质的区别。变化是一般的泛称，仅仅表示某些内容变动，并不表示合同某一方要对该变动承担责任；而“工程变更”则是指业主方根据合同赋予的权利，对合同中原则规定的工程要求提出变动，为此承担工期和费用的责任。合同变更是指合同依法成立后，在尚未履行或尚未完全履行时，当事人双方依法对合同相关内容进行修改或调整所达成的协议。

合同变更一般不涉及已经履行的部分，所以合同变更不能在合同履行之后进行，而工程变更则可以涉及已经完成的工作。AIA 合同条件规定，即使工程已经基本竣工，只要合同还处在有效期内，仍可以进行工程变更；FIDIC 合同条件规定，只要竣工验收证书还没有颁发，业主就有权进行工程变更。合同的变更必须经过双方的重新谈判，达成新的意向，并由原合同签字人或授权人签订补充协议，才能进行合同变更。合同变更更复杂，要求更严格。

3. 变更指令与纠偏指令

业主根据合同要求，通过发出指令来实现对承包商的监督管理。指令可以分为变更指令和纠偏指令，变更指令是业主根据合同的授权，向承包商发出的要求变更原工作、按照新指令实施工作的文件。发生变更后，业主需要按照合同对承包商进行相应的补偿。也就是说，变更工作不是由承包商的过错而产生的，这是将工程变更指令和工程纠偏指令区别的重要因素。纠偏指令是业主在监督承包商工作过程中，对发现的质量缺陷、延期风险等承包商履约不力行为，按照合同规定，向承包商发出指令，要求承包商返工、修复缺陷以及赶工等。因此发生的费用及工期损失，业主不承担责任。因此，在履约过程中，关键要做好识别业主指令的性质，变更指令应具备以下特征：

（1）工程变更不在合同项下、原工程范围之内，但变更工程所涉及的合同权利和义务遵守原合同的规定。

（2）工程变更是由业主/工程师发出指令，由承包商实施完成的工作。

（3）工程变更所涉及的工作不是由于承包商的过错产生的，业主对实施的工程变更应给予相应的补偿。

4. 变更与索赔的关系

变更与索赔是既有联系又有区别的两个概念。在国际工程中，若发生变更，则合同双方可按照合同对变更的规定，来确定变更带来的工期和费用的影响。若双方对变更的工期和费用达不成一致意见，业主可暂时按照自己认为合理的情况支付费用或延长工期，而承包商则可能对业主未同意的部分再提出索赔要求。在此情况下，变更问题就转化成了一个索赔问题。因此，变更是索赔的一个前提原因，而索赔则是变更的一个后续手段。所以，多数情况下，变更会被列为索赔的一个原因。若业主对承包商的索赔不同意，形成了争议，可按照合同规定的争议解决程序进行协商、仲裁及诉讼解决。

（二）国际工程合同变更的范围

国际工程实施过程中，工程变更大量存在，合同中的变更条款是我们签订国际工程合同需要注意的关键条款之一。合同中规定的变更范围涉及工程量、质量、特性等诸多方面的改变。国际工程合同范本中对此均有规定。如 FIDIC 红皮书第四版 51.1 款关于变更的范围规定如下：

- 增加或减少合同中所包含的任何工作。
- 省略任何类似工作。
- 改变任何这类工作的性质、质量或位置。
- 改变工程任何部分的标高、基线、位置和尺寸。
- 实施工程竣工所必需的任何种类的附加工作。
- 改变实施工程顺序或时间安排。

任何此类变更都不应以任何形式使合同作废或失效，但所有这类变更的影响，如果有的话，应按第 52 款进行估价。

从规定上可以看出，工程师被允许做几乎任何类型的变更，但是这种变更必须是以最终完成该工程为目的。换句话说，变更不应超越合同的范围。例如：对于一座水电站的土建施工合同来讲，工程师不能以变更的形式要求承包商去进行与该水电站毫无关系的某一铁路或飞机场的施工。但是，虽然不能以变更的形式要求承包商实施合同外的工程，如果必要的话，也可以签订补充合同。

工程变更工作范围的界定，合同范本也有一个逐渐完善的演化过程，上面最后一条就是在第三版的基础上增加的新规定，1999 年版新红皮书又改进了两点：一是对“工程数量”的改变作为变更范围的规定进行了补充，即“合同中包含的任何工作内容的、数量的改变，但此类改变不一定构成变更”。这一改变针对单价合同的红皮书来说更加吻合。二是授权业主可以进行“任何工作的删减”，并按变更对待，同时又补充规定“此类删减不得由他人实施”。这样修订的原因是，承包商中标是基于其总体报价和资格，其价格因素分布不一定是均衡的，授予业主无条件删减任何工作的权利，可能损害承包商的利益，增大业主的投机机会。

在工程总承包合同中，如 B+D 合同或 EPC 合同中，由于承包商主要负责设计工作，出现变更的情况要比施工合同条件下少得多。因此，在工程总承包合同中，对工程变更范围的表述也比较简单。FIDIC 1999 年版黄皮书和银皮书中对变更并没有详细论述，而是仅仅规定：“在颁发工程接收证书前的任何时间，工程师可通过发布指示或以要求承包商提交建议书的方式提出变更。”因此，在此类总承包合同中，变更范围的界定，主要是看业主下达的指令是否改变了合同对工程的要求，若改变了才构成变更的范畴。

在工程实践中，业主下达的指令或对承包商的某些建议给予了批准，在多数情况下，并不以明示变更的形式发出，这可能构成“可推定的变更”，所谓“可推定的变更”就是指“实际上已经形成的”，而且合同双方都“已知道的”，合同中虽然没有明示变更条款对此类事项作出规定，但可以通过其他条款或事实合理推定出来。

【案例 2-5-2】 某房建项目的可推定变更

某公司在阿尔及利亚中标 2900 套公益住宅项目，业主同意承包商从中国输入管理人员、技术人员等约 150 人，业主发出开工通知后，承包商开始办理邀请函、工作签证等，由于该国对签证的管理比较严格，甚至是繁琐，每份签证从办理邀请函开始到拿到签证最少需要 4 个月时间，且每次仅能签发十多张签证，大大地影响了项目计划的落实。

在这种情况下，承包商可以在得知不能及时获得签证时就及时通知业主，积极协调，同时要求业主出面协调。同时，根据预期延误的开工天数，建议业主推迟开工。很显然，无论是承包商还是业主都无法解决大使馆签证这一问题。因此，业主一般会接受延迟开工日期（若业主万一不接受延迟开工，可按照不可抗力因素走另外的合同路线），这样双方就对开工的“时间安排”进行了修改，也就构成了“可推定的变更”。

另外，FIDIC 红皮书规定：承包商提出优化方案，业主批准，这作为一种特殊的变更，一方面执行变更，另一方面，对此类变更因为优化带来的利益，承包商有权与业主分享，并详细地规定了分享的比例为净值的 50%。在 FIDIC 黄皮书和银皮书中，未对设计方案优化后的利益分享进行规定，而是规定按变更处理：费用增加，补偿承包商；费用减少，从合同价格中扣除。

（三）工程变更程序

合同赋予业主在履约过程中变更的权利，但这一权利的实施，需要遵守相应的程序，本书以 FIDIC 合同中的相关规定来讲述这一程序。

根据工程变更的基本概念，变更是业主/工程师单方面的权利，由其发出变更指示。根据 FIDIC 1999 年版施工合同条件的规定，变更令的下发可以由工程师直接下达变更指示，或由工程师要求承包商提交建议书。若变更指令由工程师直接下发，具体变更程序如图2-5-6所示。

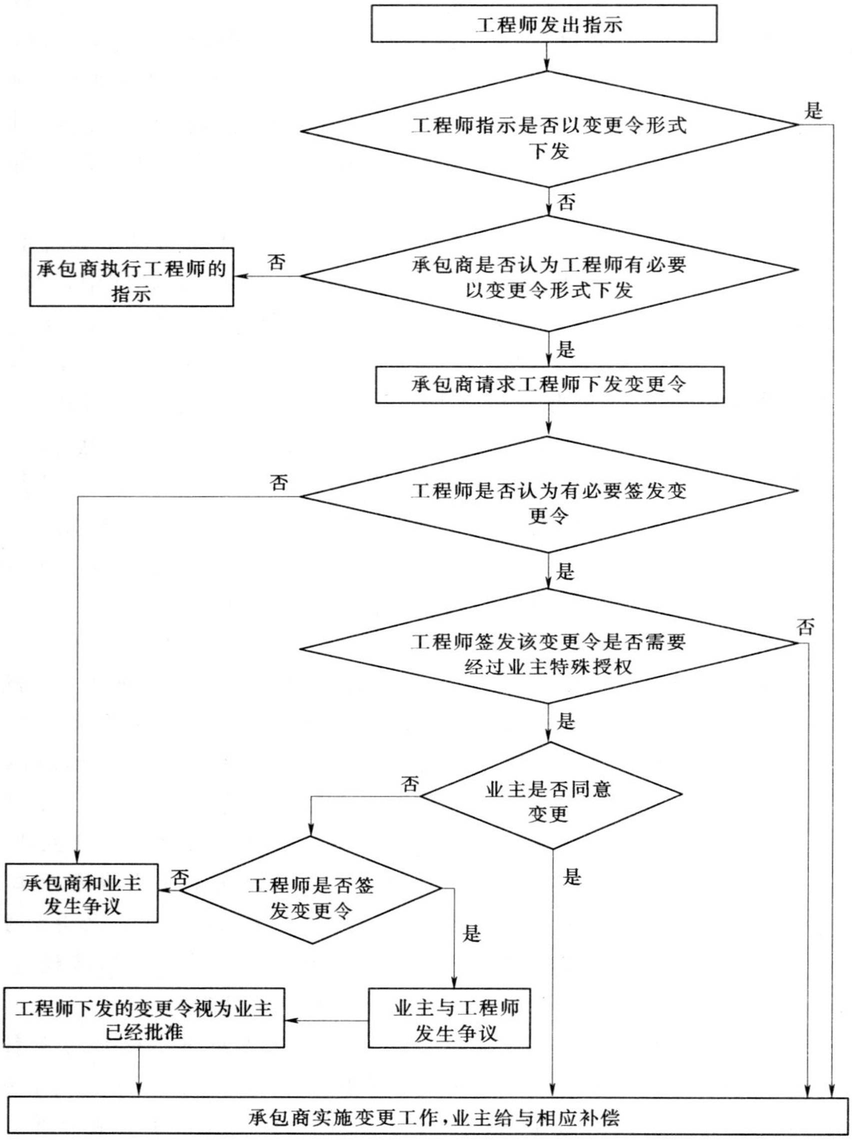

图2-5-6　工程师直接下达工程变更指令的工程变更程序

但在工程实践中，由于业主或工程师有时对变更的后果不能确定，因此，在正式下达变更指令前，往往要求承包商针对工程师的变更意图提出变更建议书，核心内容就是变更对工程的影响，尤其是费用和工期的影响。此类变更的程序如图2-5-7所示。

工程师要求承包商提供变更建议书后，工程师有可能放弃变更，在此类情况下，若承包商为编制变更建议书投入较大，则有权就编制变更建议书这项工作要求业主方予以补偿。若为承包商主动提出的项目实施方案优化建议，工程师未采纳时，承包商则无权就编

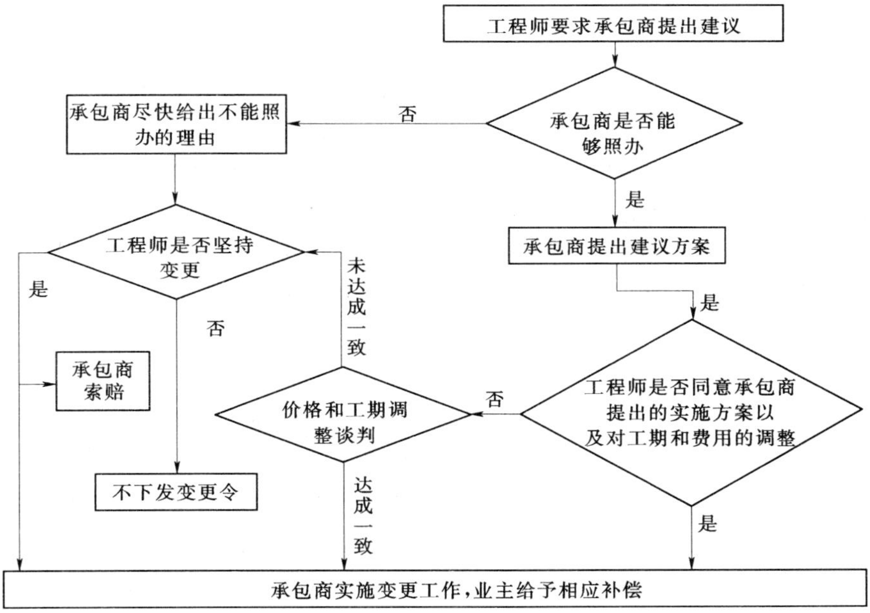

图 2-5-7　工程师要求承包商提交建议书的工程变更程序

制建议书费用向业主提出索赔要求。

(四) 变更补偿

工程师的变更令下发后，承包商遵从指示执行工程变更，会影响到原定的工作范围，打乱原有的施工组织或被迫改变原定的施工顺序，造成某种程度的混乱，降低工效，承包商有权获得补偿。变更补偿工作主要涉及变更价格的确定和变更补偿的实施。

1. 变更价格的确定

变更工作的定价比较复杂，在国际工程合同中，变更价格的确定方法与国内标准合同中的变更价格确定方法较为相似。主要有原始价格法、价格调整法和重新拟定价格法。

(1) 原始价格法。原始价格法是根据投标文件中的工程量清单、计日工价格表、包干项目分解表等合同文件中已有的价格对变更工作进行估价。这是一种最简单的，也是最常用的变更项目定价法，主要适用于变更工作与原合同中工作相同的情况。由于投标文件需要具有竞争性，这种定价方式相对价格较低，一般情况下对业主较为有利。但在投标中若出现不平衡报价情况，则会出现很多不确定情况。因此，从合同管理的角度出发，投标前承包商应对项目进行谨慎评估，谨慎地处理投标报价的均衡性。在总价合同中，业主应在招标询价中要求承包商提供较为细致的总价项目的价格分解表，以便变更发生时双方就合同价格的调整有据可依。

(2) 价格调整法。价格调整法是指工程量清单等合同文件虽然有同类工作的价格，但是针对某项变更，原有单价已明显不合理，需要在其基础上对原有价格进行调整，拟定新的合理价格。这类变更定价法适用于工作内容基本相同，但工作的实施条件不同，或变更使工程量大幅增加或删减的情况，应根据工作环境的变换或工作间接费的变化调整原有价格。

（3）拟定新价格法。拟定新价格法是指针对变更工作，合同文件中没有同类工作的价格，需要合同双方商议拟定新的价格。新的价格协商拟定可以采用单价模式、总价包干或者成本加酬金等多种方式。AIA 2007 年版施工合同条件对新价格的拟定基础进行了详细规定，新价格应包含的费用范围包括：人工费（包括工人的社会安全、老龄及失业保险，按照协议或惯例提供的救济金、劳动保险）；材料费、供应费与设备费（包括运输费及各种消耗）；办理各种担保、保险、许可的费用（包括与工程相关的各种税费），施工监理人员，现场人员间接费的摊销。这种定价方式，合同中往往没有现成的费率可供参考，需要双方通过谈判来确定。

2. 变更的实施

变更补偿一般发生在工程变更实施之后，但相应的准备工作在工程变更令下发之前已经开始。在工程师要求承包商提交变更建议书的情况下，承包商应根据变更工作的性质，判断变更工作适用的估价方法，在建议书中写明合同变更价格调整的方法及依据；在工程师直接下达变更指示的情况下，工程师也应该选择合理的变更估价方法，并在变更指示中明确对合同价格和工期的调整。变更价格的确定是合同双方重新谈判确定的过程，所以难免出现分歧，为保证工程的顺利实施，确定变更价格应遵循一定的程序。FIDIC 推荐了如图 2－5－8 所示的变更价格确定程序。

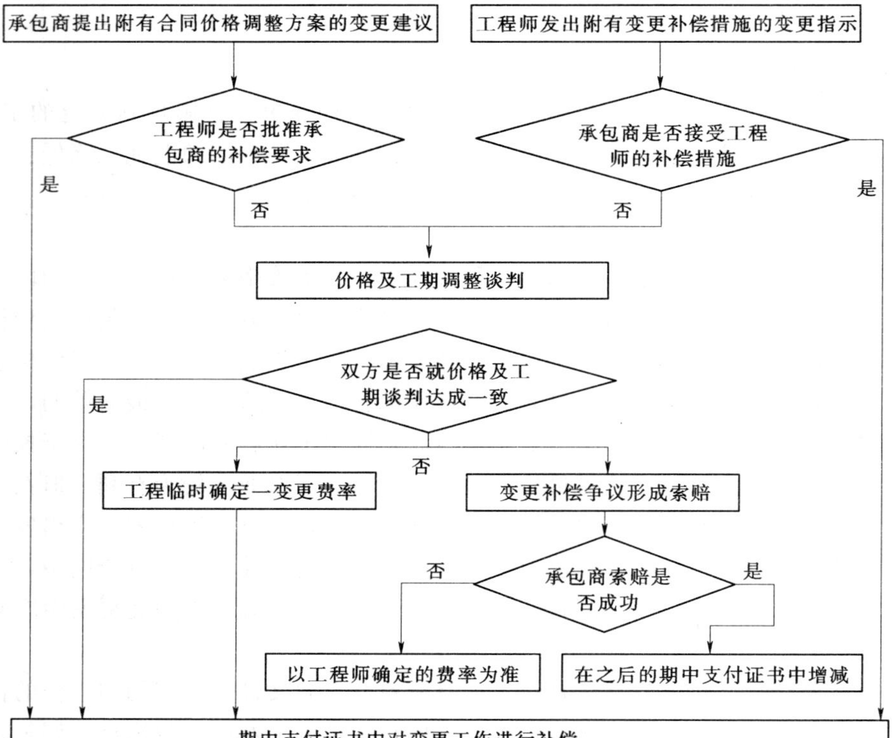

图 2－5－8 FIDIC 合同条件下的变更补偿程序

【案例 2-5-3】 某电站前期对外交通工程合同变更

1. 工程概况及案例事件背景

(1) 工程概况。

某电站前期对外交通工程路线总长 4989m，由道路、一座跨河桥和一条交通洞组成。道路长 3487m、交通隧道长 1631m、跨河桥跨度为 13m。S 公司于 2007 年 6 月中标 A 标段工程。其中道路长 2300m；交通隧洞长 820m，采用城门洞型，净尺寸 8.0m×6.650m，纵向坡度－5.8%。

(2) 事件的背景。

交通洞地质描述及施工方案按照招标文件对交通隧洞 A 标段的地质描述，其中 K1＋855.610～K1＋985.610、K2＋095.610～K2＋175.610 两段共 210m，采用 ϕ80 管棚注浆＋16 工字钢支撑处理＋ϕ25 系统锚杆＋C25 混凝土喷护 22cm。承包商在劳务谈判过程中，先后邀请了 7 家隧洞作业劳务队进行谈判，劳务队最初报价均高于该项目投标价，最终，劳务作业单价高出投标单价很多。项目直接亏损 51.19 万美元。

2. 变更事件

由于本项目在招标文件中已经明确了管棚施工方案，2007 年 11 月交通洞开挖至桩号 K1＋922.610 时，岩石变成岩质较差的 F9 断层挤压破碎带。设计要求承包商采用 ϕ89 大管棚注浆进行超前加固。

此变更事件是承包商降低或避免该项施工损失的较好的事实依据，承包商分析认为，避免经济损失只有两条途径：第一条途径是调整合同单价；第二条途径是变更支护方案。虽然管棚直径由 80mm 变为 89mm，但是由于合同其他条件未发生较大变化，要求调整单价的途径很难行得通，或者可获得的调整幅度不会很大。经过讨论分析，通过变更施工方案，减少或取消管棚施工工程量才能真正减少承包商的损失。

3. 变更事件准备和变更报告的提出

承包商对管棚施工方案进行了细致的研究和多方咨询，“自进式中空注浆锚杆”是对破碎岩石进行支护的一个比较好的施工方法，合同内也没有该项目，可以重新申报单价。承包商对该方案进行了经济分析，对管棚施工和自进式中空注浆锚杆施工方案进行了对比，并将管棚支护的缺点和自进式中空注浆锚杆支护优点向业主工程师进行了汇报。这种汇报除了向现场管理人员进行说明外，更重要的是向管理决策层进行说明和宣传。

4. 变更报告协调处理经过和结果

(1) 变更过程。

当时交通洞的施工进度非常缓慢，且在进入不良地质断层时发生了塌方冒顶，对整个工程的进度影响比较大。项目部在与业主各层面的人员进行沟通时，尽量站在业主的角度，将自进式中空注浆锚杆支护的优点进行了说明。特别是向业主的项目经理进行了分别单独汇报，将两种方案的利害进行了细致的引导性说明，业主最终同意采用自进式中空注浆锚杆方案进行一定的试验。2007 年 10 月，承包商正式上报了“F9 断层挤压破碎带开挖支护方案”，采用自进式中空注浆锚杆进行超前支护。经过锚杆采购准备，2007 年 11 月，承包商开始采用自进式中空注浆锚杆进行超前支护。从 2007 年 11—12 月，采用该方案 25 天交通洞安全进洞 43m，实施效果良好，业主、工程师也对该方案进行了认可同意。

(2) 变更结果。

本项目采用自进式中空注浆锚杆支护的实际经济分析，变更前该项目直接亏损51.19万美元，而采用自进式中空注浆锚杆支护方案产生利润15.26万美元，这样通过项目部多方努力进行变更后直接取得的经济效益为66.45万美元。同时，由于自进式中空注浆锚杆支护在实际施工过程中投入低、施工简易，加快了施工进度，相对比管棚施工的间接成本也要节约很多。

承包商对项目主动建议变更的目的不是合同额的增加，而是利润的增加。本案例的变更虽然导致了合同额减少，但利润却得到了大大地增加。此类变更可以达到双赢的目的，业主也因合同额的减少而节约了成本。对于承包商主动寻求方案变更的情况有以下几点：①对于利润空间比较大的项目，通过变更尽量增加其工程量；②对于亏损项目，通过争取变更使其取消或减少工程量；③对于工艺比较复杂的项目，通过争取变更简化施工工序，尽可能节约间接成本。

五、承包商的合同管理与履约

合同管理是以法律和合同为依据，无条件执行合同为原则，管理的主要内容体现在对合同条款的执行上。承包商需要全面恰当地履行自己的合同责任，就需要从前期准备的招投标、谈判、签订到实施，重视每个环节，不得有任何粗心大意。从投标、订立好的合同开始着手，为项目执行中履行合同铺平道路。

（一）国际工程合同投标阶段的准备工作

承包商一方的合同管理，主要分为合同签订前的准备工作和合同实施过程的管理工作。合同签订前的管理工作主要有两项：争取中标和签订一份比较满意的合同。争取中标需要做好的工作主要是资格预审和投标报价。

1. 资格预审阶段应做好的几项工作

(1) 资料的累积。资格预审的内容主要是公司实际状况的展现，特别是财务能力和工程经营状况的展现。投标人员平时应注重此类信息的收集，建立相应的信息库，可随时调用，按照标书格式要求稍作修改即可。

(2) 在投标决策阶段，做好市场调研工作。发现合适的项目，按照某类项目的一般资格预审要求和资格预审评分办法，给自己公司评分，这样可以提前发现问题，研究对策，可提前寻找联营合作伙伴或专业的分包商进行联营合作。

(3) 做好资格预审资料递交后的跟踪工作。可通过当地代理或合作伙伴及时跟踪预审信息，特大型项目也可通过大使馆来跟踪项目进展，及时发现问题，根据需要及时补充相关信息。

(4) 资格预审时，如果需要对中标后的一些工作提出措施或作出承诺，如计划投入的施工设备，派往现场的管理人员等，这些措施或承诺满足工程需要即可，不宜做出过高、过多或不切实际的承诺。

2. 投标报价阶段应做好的几点工作

(1) 写一份备忘录，在投标过程中，投标小组必须对招标文件进行细致深入的研究，这时应将每位人员发现的问题总结归纳为三大类：

第一类问题是在投标过程中必须要求业主澄清的，如总价包干项目中的工程量漏项，某些工程量明显偏少，或一些含糊不清的问题。这些问题可能导致开工后的风险，对投标人明显不利，必须在投标过程中及时质询，要求书面澄清。

第二类问题是某些合同条件或规范要求过于苛刻或不合理，投标人希望能够修改这些不合理规定，以便使自己在实施过程中处于比较有利的地位。

第三类问题是可以在投标时加以利用的或者在合同实施阶段有可能用来索赔的，这类问题一般在投标过程中不提。

投标组长应将各小组发现的问题归纳后写成一份备忘录，第一类问题及时向业主书面质询，第二类问题留到合同谈判过程中使用，第三类问题留给负责工程实施的项目部班子在有索赔机会时参考。

(2) 如果采用联营体投标，订好联营体协议。如果需要与外国公司或本国公司组成联营体投标时，一定要事先认真订好联营体协议，包括各方的权限、权利、职责、义务等。要注意己方公司人员一定要担任最高领导层和各执行部门的领导职务，无论是正职或副职，且要有职有权。订好联营体协议对主合同的谈判和签订以及主合同执行十分重要。

(3) 设立专家小组仔细研究招标文件，包括业主提供的原始技术资料、数据是否正确，是否满足工程需要，技术指标或要求是否合理，有哪些技术风险或商务风险等。也可以聘请有设计经验的工程师参加投标，以便准备备选方案。备选方案要有特色，要能做到为业主节约投资，或提前投产或改善使用条件等。

(4) 对于新国别市场的投标工作，须聘请专人或当地律师，对项目所在国的法律进行研究，如合同法、劳动法、税法、海关法、外汇管理法、仲裁法等，这不但对确定合理的投标报价很重要，对项目的实施和索赔等工作也意义重大。

(5) 不能将国内常用的“低价中标，高价索赔”的概念带入到国际投标中，靠索赔赚钱不是一件容易的事。

(6) 投标时一定要有物资管理专家参与，工程项目中物资采购占比较大，需要在投标过程中对物资供应有较为可靠的策划，也可保证在中标后的物资采购顺畅，降本增效。

（二）合同谈判阶段

国际工程谈判阶段，实际是在相关法律体系下，以遵守合同为前提，业主和承包商争取各自利益的讨价还价过程。虽然国际工程招标过程中业主已明确颁布了合同的大部分条款，承包商只有在认可和遵守这些条款的基础上，才能参加投标，也意味着承包商对业主合同条款的认可。在这种思维的影响下，国际工程谈判中形成了几个误区：一是认为承包商如果不遵守这些条款，就拿不到合同，因此就没有必要在这方面多做工作；二是以为合同谈判是投标过程的延续，即对甲方要约进行承诺的延续，所以在谈判过程中只对业主提出的问题进行答复，或者只按照招标时合同条款的要求准备施工方案、现金流量表、设备材料进场、施工计划等。而事实上，国际工程合同谈判阶段正是承包商弥补投标时由于时间有限，所掌握的资料有限而可能出现的差错的良好机会，是承包商通过合同取得良好效益的关键一环。

1. 谈判准备阶段

做好谈判准备工作，是谈判中争取主动权和获得谈判成功的重点工作，谈判准备工作可以包括以下几个方面的内容：

（1）谈判的组织准备。

成立谈判小组并选定谈判组长，谈判组成员应包括有一定法律知识、熟悉合同的商务人员，经验丰富的技术人员，熟悉当地情况的翻译，以及经验丰富、能驾驭谈判过程的组长。谈判组要充分发挥每一个组员的作用，并进行内部分工，派定角色，以便在谈判桌上角色分明、相互配合、各有重点、进退自如。一般来说人员大致分工如下：

商务人员：负责一般条款、专用条款、招标资料的研究；

技术人员：负责研究招标文件的特殊技术条款和工程适用的技术规范；

翻译：负责当地有关信息的收集，了解当地市场，项目的特殊情况等；

组长：负责对业主要求的资料的响应和反对，并作为谈判发言人。

（2）谈判方案的准备。

开始谈判前，谈判小组需要认真研究所有的招标资料，列出需要解决的问题清单（如在上述投标阶段，备忘录中列出的第二类问题），并根据具体问题要有明确的解决方案和回复对方问题的办法，写出谈判大纲，确定谈判目标、任务要求，作为谈判工作的指导文件。

了解对方谈判人员以及他们的身份、地位、性格、爱好、办事风格等，分析各自的优势和劣势。设计和确定最优方案、次优方案和备选方案，准备好上、中、下三策，做到临场不乱。开始谈什么，接着谈什么，最后谈什么，事先有个大致安排，同时预测哪些环节可能会出现分歧，出现分歧后应采取什么对策等。

（3）谈判的内容准备。

国际工程合同的内容按照优先顺序一般包括：合同协议书，中标通知书，投标书和投标书附件，专用合同条款，通用合同条款，特殊技术规范，国家规范，图纸，清单以及其他文件。从谈判的内容准备来说，应注意以下几个方面：

1）招标文件中的投标人须知部分。在投标人须知中，业主会对合同范围、资金来源、对承包商的要求、投标文件的组成、评标办法等进行规定，很多人认为这些内容只是对投标的指示，由于很少涉及合同具体内容而被人忽视，但实际上，有时投标人须知中会隐藏对合同实施很重要的条款。

2）合同条件部分。对于世界银行、非洲发展银行、亚洲发展银行等国际金融资金的合同通常使用 FIDIC 合同条件或其他国际组织合同条件。这些条件对所有承包人是一样的，是承包商不能改变的。因此，此类合同的重点是业主为此编制的专用条款，如付款方式、付款时间、质保金、业主风险等都需要认真地研究，要仔细审查每一条条款。

3）技术规范部分。对于合同实施地的国家规范我们不能改变，但可尽量争取同等条件下使用中国的规范和标准。技术规范部分主要看业主针对项目编制的特殊规范，寻找其特殊要求，对承包商不利或有利的地方。也可在谈判中说服业主接受较好的变更建议。如某公司在老挝投标一个 EPC 模式的水电站项目，该水电站为碾压混凝土大坝，业主在谈判过程中要求承包商降价，承包商随即向业主提出方案优化，将碾压混凝土大坝修改成面板堆石坝，并对方案进行了对比说明，最终业主接受，既达到了业主的降价需求，又保证了承包商的利润空间。

2. 谈判进行阶段

谈判开始阶段主要是了解业主的基本情况，包括业主的谈判人员有多大的决策权，是否幕后有决策人，主谈人员的谈判风格和谈判策略，以及谈判团队的分工情况等。

谈判中间应该向对方清楚表达自己的立场，不能因为害怕谈判失败而回避自己的观点。谈判中双方都希望讨论自己关心的问题，谈判中出现僵局是常有的事，这时应控制情绪，冷静分析，力争主导谈判主动性和控制谈判场上的气氛。

表达己方的意见，反驳对方的观点。一旦提出不同的看法，就要论证自己立场的正确性和科学性，说明己方立场符合事实和国际惯例，讲明接受己方观点后的利弊得失。如果对方觉得有利可图，或者不会失去太大利益，就容易接受建议。反驳对方观点时，可指出对方观点不正确、不符合惯例等，态度要客观公正，措辞要准确锋利，但不要伤害对方，特别不能刻薄讽刺、断章取义。要做到原则问题不妥协，枝节问题不纠缠，抓重点，切要害。

3. 合同签订阶段

谈判的结果是双方协商一致而形成合同。合同条款的严密性和准确性是保障谈判获得各种利益的重要条件，因此，在达成一致意见后，形成合同条款时一定要注意合同条款的严密、完整、准确、合理、合法，不要掉以轻心，防止已经取得的结果被谈判对手在条款措辞或表述技巧上引进一个陷阱，把争取到的利益丧失殆尽。

（三）承包商在项目实施阶段的合同管理

在合同实施阶段，承包商的中心任务就是按照合同要求，认真负责地、保质保量地完成工程任务。具体到承包商一方的施工管理，又大体上分为两个方面：一方面是承包商施工现场机构内部的各项管理，另一方面是按照合同要求组织项目实施的各项管理。当然，这两方面的管理是不能截然分开的。

承包商现场机构的各项管理是指承包商的施工现场经理可以自己作出决定并进行管理的事宜，如现场组织机构的设置和管理；工程施工质量保证体系的确定和管理等，除非涉及执行合同事宜，业主和工程师不应也不宜干预这些内部管理，有些工作虽然可以向承包商提出建议，但需要承包商自己作出决策。

按照合同要求组织项目实施有关的管理，叫作承包商的合同管理，从合同管理角度看，承包商工作项目实施阶段的职责主要有以下几点：

(1) 按时提交各类保证，如履约保证（或保函）、预付款保函等。

(2) 按时开工，根据工程师的开工令或合同规定的日期按时开工，否则会构成违约。

(3) 提交施工总进度计划和施工组织设计，按照合同工作范围、技术规范、图纸要求等，在开工后规定时间内向工程师递交施工总进度计划和施工组织设计，根据计划负责组织施工，每周或每月在工程师召开的会议上汇报工程进展情况及存在的问题，并提出解决方案。如果工程师据此进度计划进行检验后，认为承包商的进度太慢，不符合工程主要里程碑要求，工程师有权要求承包商赶工，由此引起的费用由承包商承担，如果承包商无视工程师的书面警告，或不采取相应措施，业主可认为承包商违约。同时，如果承包商进度符合工程师批准的总进度计划要求，业主或工程师因其他原因要求承包商赶工的，承包商应按要求执行，但可向业主索赔相关费用。

（4）保证工程质量。检验工程质量的标准是合同中的规范和图纸的规定，成本上应制定各种有效措施保证工程质量，并在需要时，根据工程师的指示，提出有关质量检查办法的建议，经工程师批准执行。承包商应负责按工程进度及工艺要求进行各项有关现场及实验室的检验试验工作。所有试验成果均应报工程师审核批准，但承包商应对试验成果的正确性负责。

测量方面，承包商应负责施工放样及测量，所有的测量原始数据、图纸须经工程师检查并签字批准，但承包商应对测量数据和图纸的正确性负责。

在订购材料之前，如工程师认为需要，应将材料样品送工程师审核，或将材料送至工程师指定的实验室进行检验，检验成果报请工程师审核批准，对进场的材料，承包商应按照工程师的要求随机抽样检验质量。

承包商应按照合同要求，负责工程设备的采购、运输、检验、验收、安装、调试以及试运行。

工程师认为材料或工程设备有缺陷或不符合合同规定时，可拒收并要求承包商采取纠正措施，工程师也有权要求将不合格的材料或设备运走并用合格产品替换，或要求将其拆除并适当地重新施工。如果承包商拒不执行这些要求将可能构成违约。

（5）设计。承包商应根据合同规定或工程师要求进行全部或部分永久工程的设计并绘制施工详图，报工程师批准后实施，但承包商应对设计的所有永久工程负责。如果工程按批准的设计图纸施工后暴露出设计中的问题，在工程师要求时，承包商应拆除并重新施工，否则会构成违约。

（6）协调、分包与联营体。

协调：如果承包商是项目中的主要承包商，则应按照合同规定或工程师要求为其他承包商或分包商提供方便和服务，但可以收取费用。

分包：按照合同规定不得将整个工程分包出去，在开工后进行工程分包之前一定要取得业主或工程师的同意，否则可能构成违约；在签订分包合同时，承包商应将合同条件中规定的，要求在签订分包合同时写入的保护业主权益的条款包括在分包合同中，否则，所有造成对业主权益的损害均应由承包商负责补偿。

联营体：采用联营体形式承包工程时，要写明联营体中的牵头单位，各成员承担各自的责任和共同责任，如联营体未登记注册为正式法人单位，一定要在联营体协议的补充条款中，由各成员正式授权给牵头单位，其公章及其代表签字即代表联营体。

（7）保险。承包商应按照合同条件中的要求及时办理保险，包括对自己的工作人员和施工设备的保险，在工程条件发生变化时，也应及时去补办保险。

（8）安全。承包商应按照合同要求和制订的安全计划，全面负责工地的安全工作，包括安装各种安全设施，采取相应的施工安全措施、安全教育等，同时要在接受证书颁发前保护工程、材料和未安装的工程设备。

（9）其他。按照合同要求，每月按时提交进度报告，根据工程师的要求每月报送进出场机械设备的数量和型号，报送材料进场数量和耗用量以及及时报送进出场人员数量。按照工程所在国主管单位（如海关、建管部门、政府机关等）、业主或工程师的要求，按时报送各类报表，办理各类手续。

自测练习题

一、单选题

1. 合同管理的核心是（　　）。

A. 计划　　B. 组织　　C. 控制　　D. 协调

2. 从国际工程项目业主编制招标文件，到投标人取得招标文件并提交投标书止，是合同形成的（　　）。

A. 准备阶段　　B. 签订阶段　　C. 履行阶段　　D. 收尾阶段

3. 以下属于合同履行阶段的是（　　）。

A. 合同策划　　B. 合同谈判　　C. 合同签订　　D. 合同交底

4. 以下不属于合同策划依据的是（　　）。

A. 项目要求　　B. 业主要求　　C. 资源情况　　D. 市场情况

二、辨析题

1. 合同管理的核心是协调，协调的对象是组织外各种资源的关系。

2. 国际工程项目合同法律体系就是指国际工程项目所在国的法律体系。

三、简答题

1. 国际工程合同有哪些类型？每种合同类型的特征有哪些？

2. 工程变更的程序是什么？如何做好工程变更的费用补偿？

3. 合同签订需要注意哪些事项？

4. 合同管理的焦点是什么？

第六节　国际工程索赔管理

学习指导

通过学习本节内容，掌握什么是工程索赔，包括哪些分类；在 FIDIC 合同条件下，承包商怎样进行索赔工作；索赔的计算方法、工作程序、合同解释和索赔文件的编写。

一、国际工程索赔概述

（一）索赔的概念

1. 索赔（Claim Damage）

索赔是指在国际工程承包活动中，签订合同的一方，依据合同的有关规定，向另一方提出经济补偿（调整合同价）和时间补偿（合同工期）或其他方面的合理要求，以弥补自己的损失，维护自身的合法权益。一般将承包方向发包方提出的补偿要求称为索赔，而将发包方向承包方进行的索赔称反索赔。

索赔的本质是要求给予赔偿的权利主张，以合同文件及适用法律的规定为依据。索赔的前提是承包商自己没有过错，这种情况的责任应由业主（包括其代理人或监理工程师）承担；与合同标准相比较已经发生实际损失（包括工期和经济损失），必须有切实的证据。

2. 索赔和工程变更（Engineering Changes）的区别

变更引起的费用增加，也属于索赔范畴，工程变更所增加的费用都应索赔。索赔是经济行为，而变更是技术行为，当然变更就会造成工程量的增减，进而引起工程造价的变化，有增也有减。工程变更是前提，而索赔是结果。但工程变更不一定会产生索赔 ，索赔也不一定因为工程变更。工程变更和工程索赔是完全不同的两个概念。在 FIDIC 条款中，这个区别是很明显的。

工程变更一般就是指设计变更，在 FIDIC 条款中工程变更还包括工程师变更，即监理也有一定的变更权。总之，属于甲方方面的工程性状的变更，都可以称为工程变更。工程性状既然变更了，相关的施工费用自然也随之变更，施工单位据此提出相关的费用要求，这个应该是工程的正常价款结算，不能算索赔。

3. 国际工程索赔的特点

（1）索赔的双向性。承包商可以向业主申请索赔，业主也可以向承包商申请索赔。在现实项目治理中业主向承包商索赔发生的频率相对较低，而且在索赔过程中，业主始终处于主动和有利地位，对承包商的违约行为他可以直接从应付工程款中扣抵，或通过扣留保留金或者履约保函等方式向银行索赔来实现自己的索赔要求。因此在工程管理实践中大量发生的、处理比较困难的是承包商向业主的索赔。

（2）索赔的前提性。只有实际发生了经济损失或者权利损害，一方才能向对方索赔。经济损失是指非自身原因造成的合同外额外支出（如人工费、材料费、机械费、施工治理费等额外开支）；权利损害是指虽然没有经济上的损害，但造成了一方权利上的损害，如由于恶劣气候条件对工程进度的不利影响，承包商有权要求工期延长等。因此发生了实际损失或者权利损害，应是一方提出索赔的基本前提条件。有时上述两者同时存在，如业主未及时交付合格的施工现场，既造成了承包商的经济损失，又侵犯了承包商的工期权利，因此，承包商既要求经济补偿，又要求工期延长；有时两者则可单独存在，如发生恶劣气候条件影响、不可抗力事件等，承包商根据合同规定或者惯例则只能要求工期延长，不应要求经济赔偿。

（3）索赔的不确定性。索赔是一种未经对方确认的单方行为，对被索赔方尚未形成约束力。这种索赔要求要想得到最终实现，必须通过确认（如双方协商、谈判、调解或仲裁、诉讼）后才行，而索赔的一方则应该积极预备材料，以确保能提供足够的证据来支持自己的索赔。

4. 引起国际工程索赔的原因

（1）工程量大，工期长，技术和质量要求高，工程环境有许多不确定性，如地质条件变化，建筑市场、货币贬值、自然条件变化等。

（2）承包合同是基于对未来的预测，对于复杂的工程和环境，不可能全面准确考虑。

（3）业主对工程的要求总有变化，导致工程变更；业主管理的疏忽，未履行合同责任。

（4）大型工程有多方参与，互相影响，各方技术和经济关系复杂，一方失误，殃及他方。

（5）对合同理解上的差异，造成管理或实施中的行为失调等。不同的法律、语言理解、工程习惯都可能引起差异。

（二）索赔的分类

1. 按索赔的原因分

承包商向业主索赔的原因包括不可预见的施工现场条件的变化、业主的原因、工程变更、价格波动及国家法令变更等；业主向承包商索赔的原因包括未能按合同规定的时间竣工、未能按合同的工作范围组织施工、工程的永久缺陷、缺陷通知期内未能履行保修义务。

2. 按索赔的目的分

工期索赔（Claim for Extension of Time）是承包商向业主要求延长施工的时间，是原定的工程竣工日期顺延一段合理时间。费用索赔（Cost Claim）是承包商向业主要求补偿不应该由承包商自己承担的经济损失或额外开支，也就是取得合理的经济补偿。

3. 按索赔的依据分

明示条款（Express Terms）是指承包商所提出的索赔要求，在该工程项目的合同文件中有文字依据，承包商可以据此提出索赔要求，并取得经济补偿。这些在合同文件中有文字规定的合同条款，在合同解释上被称为明示条款，或称为明文条款。

默示条款（Implied Terms）是指承包商的该项索赔要求，虽然在工程项目的合同条件中没有专门的文字叙述，但可以根据该合同条件的某些条款的含义，推论出承包商有索赔权。这一种索赔要求，同样有法律效力，有权得到相应的经济补偿。这种有经济补偿含义的合同条款，在合同管理工作中被称为“默示条款”，或称为“隐含条款”。

道义索赔（Moral Claim）是一种罕见的索赔形式，是指通情达理的业主目睹承包商为完成某项困难的施工，承受了额外的费用损失，因而出于善良意愿，同意给承包商以适当的经济补偿。因在合同条款中找不到此项索赔的规定，这种经济补偿称为道义上的支付，或称优惠支付。道义索赔俗称为“通融的索赔”或“优惠索赔”。这是施工合同双方友好信任的表现。

4. 按处理方式分

单一事件索赔（Individual Claim）是指针对某一干扰事件提出的索赔。索赔的处理是在合同实施过程中，干扰事件发生时或发生后立即进行。它由合同管理人员处理，并在合同规定的索赔有效期内向发包方提交索赔报告。单项索赔通常原因单一，责任简单，分析起来比较容易，处理起来比较简单。

综合索赔（Comprehensive Claim）又称为一揽子索赔。一般在工程竣工前，承包方将施工过程中未解决的单项索赔集中起来进行综合考虑，提出一份总索赔报告。合同双方在工程交付前后进行最终谈判，以一揽子方案解决索赔问题。由于在一揽子索赔中，许多干扰事件交织在一起，影响因素比较复杂，责任分析和索赔值的计算很困难，使索赔处理和谈判都很困难。

（三）索赔的主要依据

国际工程索赔使用的法律依据是：海外工程项目和国内的外资工程项目中使用的国际公认及所在国的相关法律与法规，如“FIDIC 合同条款”或“JCT 合同条款”等国际上通用的合同条款。

1. 常用证据资料和依据

（1）构成合同的原始文件：双方共认的合同条件，此为索赔最重要、最根本的依据，有通用合同条件和专用合同条件；合同中列明的业主要求的工程目标、范围和设计及其他技术标准的文件。

（2）监理工程师的指示：施工中监理工程师发布的必须执行的书面或口头指示（业主的工程变更令、加速施工令、工程单价变更通知、口头变更确认函、对承包商问题的书面回答等），为此要多发生的费用。特别是口头指示，先执行，而后在规定时间必须补充书面确认文件。

（3）来往的函件：涉及索赔事项的各方来往函件，特别是工程技术问题、费用结算等。

（4）会议记录：工程项目建设过程中的相关会议，商讨解决合同实施中的问题，形成参会各方核签的会议纪要。

（5）施工现场记录：包括施工日志、施工检查记录、工时记录、施工机械使用记录、材料使用记录、材料进场验收记录、质量检查记录、施工进度记录等；不利自然条件或障碍引起索赔的现场气象记录；工程师审批的工程进度计划；施工日志、质量检查验收、设备、人员、进料、施工进度等；有效签字。

2. 合同文件的优先解释顺序

（1）本合同协议书。

（2）中标通知书。

（3）投标书及其附件。

（4）本合同专用条款。

（5）本合同通用条款。

（6）标准、规范及有关技术文件。

（7）图纸。

（8）工程量清单。

（9）工程报价单或预算书。

3. 与承包商索赔相关的合同条件

与承包商索赔相关合同条件见表 2-6-1 和表 2-6-2。

表 2-6-1　　1999 年版《施工合同条件》中可引用的明示条款

序号	条款号	条款标题	有可能调整的内容
1	1.9	延误的图纸或指令	C+P+T
2	2.1	进入现场的权利	C+P+T
3	3.3	工程师的指令	C+P+T
4	4.6	合作	C+P+T
5	4.7	放线	C+P+T
6	4.12	不可预见的外界条件	C+T

续表

序号	条款号	条　款　标　题	有可能调整的内容
7	4.24	化石	C+T
8	7.2	样本	C+P
9	7.4	检验	C+P+T
10	8.3	进度计划	C+P+T
11	8.4	竣工时间的延长	T
12	8.5	当局引起的延误	T
13	8.8、8.9、8.11	工程暂停；暂停的后果；持续的暂停	C+T
14	9.2	延误的检验	C+P+T
15	10.2	对部分工程的接收	C+P
16	10.3	对竣工检验的干扰	C+P+T
17	11.2	修补缺陷的费用	C+P
18	11.6	进一步的检验	C+P
19	11.8	承包商调查	C+P
20	12.4	删减	C
21	13.1	有权变更	C+P+T
22	13.2	价值工程	C
23	13.5	暂定金额	C+P
24	13.7	法规变化引起的调整	C+T
25	13.8	费用变化引起的调整	C
26	15.5	业主终止合同的权利	C+P
27	16.1	承包商暂停工作的权利	C+P+T
28	16.2、16.4	承包商终止合同；终止时的支付	C+P
29	17.3、17.4	业主的风险；业主的风险造成的后果	C+（P）+T
30	17.5	知识产权与工业产权	C
31	18.1	保险的总体要求	C
32	19.4	不可抗力的后果	C+T
33	19.6	可选择的终止、支付和解除履约	C
34	19.7	根据法律解除履约	C

注　T—工期；C—成本；P—利润。

表 2-6-2　　1999 年版《施工合同条件》中可引用的默示条款

序号	条款号	条款标题	有可能调整的内容
1	1.3	通信联络	T+C+P
2	1.5	文件的优先次序	T+C
3	1.8	文件的照管和提供	T+C+P
4	1.10	业主使用承包商的文件	C+P
5	1.13	遵守法律	T+C
6	2.3	业主的人员	T+C
7	2.5	业主的索赔	C
8	3.2	工程师的授权	T+C+P

续表

序号	条款号	条款标题	有可能调整的内容
9	4.1	承包商的一般义务	T+C+P
10	4.2	履约保证	C
11	4.10	现场数据	T+C
12	4.20	业主的设备和免费供应的材料	T+C+P
13	5.2	对指定的反对	T+C
14	7.3	检查	T+C+P
15	8.1	开工	T+C
16	8.12	复工	T+C+P
17	12.1	工程计量	C+P
18	12.3	估价	C+P
19	16.4	终止时的付款	T+C+P
20	17.1	保障	C
21	17.5	知识产权和工业产权	C

注 T—工期；C—成本；P—利润。

4．承包商索赔的一般原则

业主违约索赔，可同时得到工期延长、费用和利润补偿的索赔；对于客观原因造成的索赔，可得到工期延长，有时也可以要求费用补偿，但不会再得到利润补偿；可索赔利润的条款，一定可以同时索赔费用。

（四）国际工程索赔的程序

按照合同规定及国际惯例，工程索赔需要遵循一定的程序。在合同实施阶段所出现的每一项施工索赔，都应按照国际工程施工索赔的惯例和工程项目合同条件的具体规定，抓紧协商解决，并与工程进度款的月结算制度同时进行支付，争取做到按月清理。

关于施工索赔的处理程序，一般按照以下步骤，如图2-6-1所示。

（1）提出索赔要求。按照国际通用合同条件的规定，凡是由于业主或工程师方面的原因，出现工程范围或工程量变化导致工程延期或成本增加时，承包商有权提出索赔。出现索赔事项时，承包商在保证继续施工、不影响工程正常进展的同时，可以用书面信件正式发出索赔通知书，声明索赔权力。索赔通知书的发出应该符合合同条件中的具体规定，如FIDIC合同条件中规定的是须在索赔事项发生后的28天内，否则视为承包商自动放弃索赔权利。

（2）报送索赔资料。在正式提交索赔要求以后，承包商应抓紧准备索赔资料，计算索赔款额或工期延长天数，编写索赔报告书，并在下一个28天以内正式报出。如果索赔事项的影响还在发展，则每28天向工程师报送1次补充资料，说明事态发展情况。最后，当索赔事项影响结束后，在28天内报送此项索赔的最终报告，附上最终账单和全部证据材料，提出具体的索赔款额或工期延长天数，要求工程师和业主审定。

（3）会议协商解决。如果某项施工索赔要求不能在每月的结算付款过程中得到解决，则需要举行正式会议面对面地讨论决定。会议一般由工程师主持，双方交换意见，就论据及有关材料进行讨论，以争取达到一致的见解，解决索赔问题。

（4）邀请“中间人”调解。在双方谈判未取得一致意见时，为争取通过友好协商解决

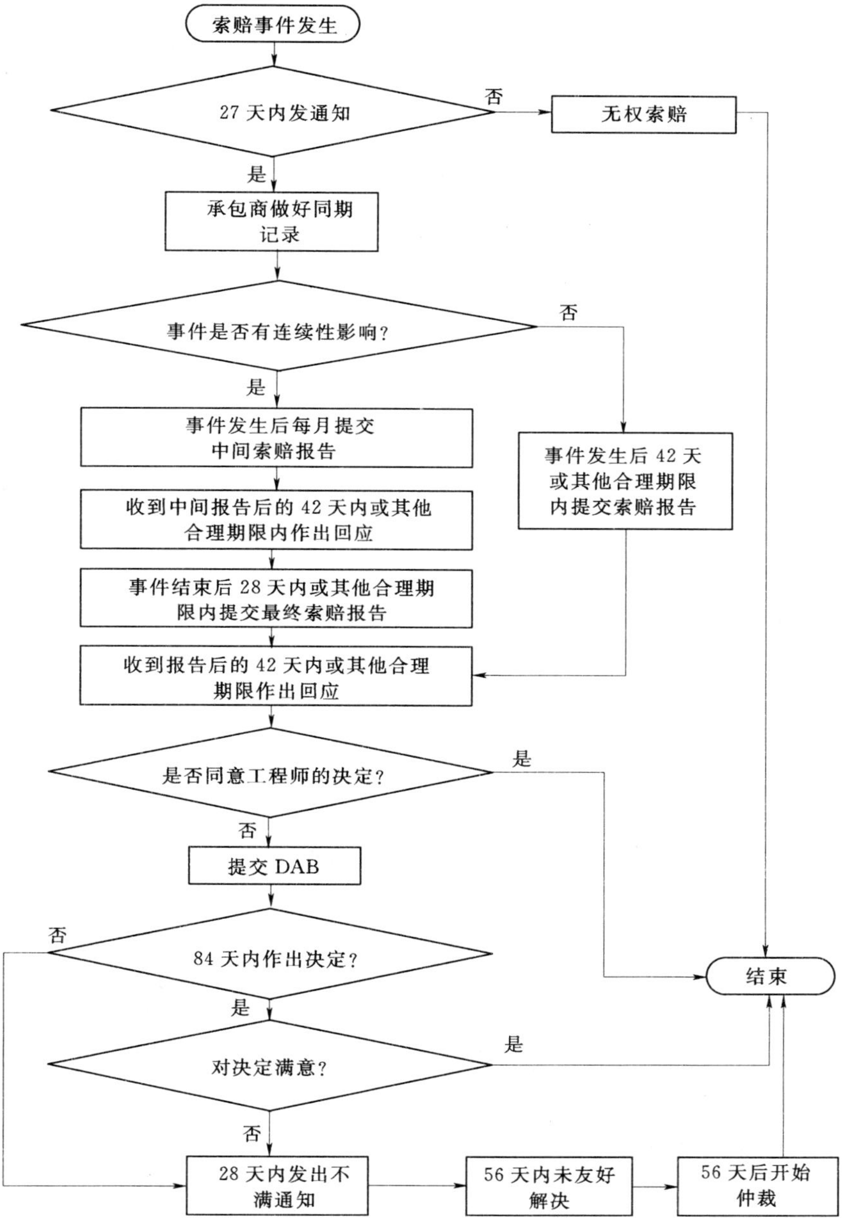

图2-6-1　国际工程索赔流程图

索赔争端，可以首先邀请工程师予以调解。工程师因其特殊的地位及作用，可以说他是工程争端的第一调解人；如若工程师的调节仍不能使双方达成一致，则双方可提交争端评审委员会（Dispute Review Board，DRB）或争端裁决委员会（Dispute Adjudication Board，DAB）予以判决。DAB/DRB是合同双方聘请的裁决人，其职责仅限于争端发生时的争议处理，并且他们所做出的裁决属于调解性质，该裁决没有最终的法律约束力。但是引入裁决人，使之按照裁决程序解决工程实施过程中出现的纠纷或争端必将有利于工程的良好管理和顺利进行。

（5）提交仲裁和诉讼。如果合同的争端经过上述途径仍然不能得以解决，最终的途径只有通过国际仲裁或法院诉讼。国际仲裁或法院诉讼是工程争端的最终解决途径，具有法律权威性，对争议双方都有最终约束力。

二、国际工程工期费用索赔

（一）国际工程费用索赔

费用索赔都是以补偿实际损失为原则，实际损失包括直接损失和间接损失两个方面，其中要注意的一点是索赔对建设单位不具有任何惩罚性质。因此，所有干扰事件引起的损失以及这些损失的计算，都应有详细的具体证明，并在索赔报告中出具这些证据。没有证据，索赔要求不能成立。

1. 索赔费用的项目

（1）人工费是指完成合同之外的额外工作所花费的人工费用，由于非施工单位责任导致的工效降低所增加的人工费用，法定的人工费增长以及非施工单位责任工程延误导致的人员窝工费和工资上涨费等。

人员闲置费费率＝工程量表中的人工单价适当折减后确定的价格

加班费率＝人工单价×法定加班系数

额外工程所需人工费率＝合同中的人工单价或计日工单价

劳动效率降低索赔额＝（该项工作实际支出工时－该项工作计划工时）×人工单价

注意：停工、窝工时间中应根据工程的不同性质扣除雨水天气所占用的时间。

（2）设备费指由于完成额外工作增加的机械使用费，非施工单位责任的工效降低增加的机械使用费，由于建设单位或监理工程师原因导致机械停工的窝工费。

机械闲置费＝合同中或计日工表中的机械单价×闲置持续时间

增加的机械使用费＝合同或计日工表中的机械单价或租赁机械单价×持续时间

机械作业效率降低费＝机械作业发生的实际费用－投标报价的计划费用

（3）材料费指由于索赔事项的材料实际用量超过计划用量而增加的材料费，由于客观原因材料价格大幅度上涨，由于非施工单位责任工程延误导致的材料价格上涨和材料超期储存费用和积压损失费。

额外材料使用费＝（实际用量－计划用量）×材料单价

某种材料价格上涨费用＝（现行价格－基本价格）×材料量

材料积压损失费：① 合同中已支付材料预付款的，原则上不考虑材料积压损失费；② 合同中未支付材料预付款的，可根据材料费价格及积压材料的费用总额计算其利息；③ 对于使用时间有要求的材料，当材料积压时间太长时，应根据实际情况考虑材料超过使用期限后报废的损失。

（4）管理费主要指工程延误期间所增加的管理费。此项又可分为现场管理费（一般占工程直接费的10％～20％）和公司总部管理费。

1）现场管理费索赔额的计算：

现场管理费索赔额＝（现场管理费总额÷工程直接费总额）×直接费索赔总额

每周现场管理费＝投标时计算出的现场管理费总额÷计划工期(周)

2）总部管理费索赔额的计算：

每周总部管理费＝投标时计算出的总部管理费总额÷计划工期(周)

总部管理费索赔额＝每周总部管理费×工期延长周数

总部管理费索赔额＝索赔直接费款额×合同中总部管理费比率

(5) 延长工期后的费用包括：

1）工程保险费追加可根据保险单或调查所得的保险费率来确定保险费用。

2）承包商临时设施维护费，如已包含在现场管理费中，则不另行计算，否则可根据延长时间由业主、承包商、监理工程师协商确定维护费用。

3）延长期间的临时租地费可根据租地合同或其他票据参考确定。

4）临时工程的维护费可根据临时工程的性质及实际情况由业主、承包商、监理工程师协商确定。

(6) 利息。对于索赔费用中的利息部分包括：拖期付款利息，由于工程变更的工程延误增加投资的利息，索赔款的利息，错误扣款的利息。这些利息的具体利率有以下几种规定：按当时的银行贷款利率，按当时的银行透支利率，按合同双方协议的利率。

(7) 利润。一般来说由于工程范围的变更和施工条件变化引起的索赔，施工单位可列入利润。索赔利润的款额计算通常是与原报价单中的利润百分率保持一致的，即在直接费用的基础上增加原报价单元中的利润率，作为该项索赔的利润。

(8) 分包费用指的是分包人的索赔费。分包人的索赔应如数列入总承包人的索赔款总额以内。

2. 索赔费用的构成及计算方法

(1) 索赔费用的构成：在不同索赔情况发生时，应构成的费用索赔的项目见表 2-6-3。

表 2-6-3　　工程变化中的费用构成

发生索赔的情况	可能的费用项目	说　明
工程延误	1. 人工费增加	包括工资上涨、现场停工、窝工、生产效率降低，不合理使用劳动力等损失
	2. 材料费增加	因工期延长引起的材料价格上涨
	3. 机械设备费	设备因延期引起的折旧费、保养费、进出场费或租赁费等
	4. 现场管理费增加	包括现场管理人员的工资、津贴等，现场办公设施，日常管理费支出等
	5. 因工期延长的通货膨胀使工程成本增加	
	6. 相应保险费、保函费增加	
	7. 分包商索赔	
	8. 总部管理费分摊	
	9. 推迟支付引起的兑换率损失	

续表

发生索赔的情况	可能的费用项目	说明
工程加速	1. 人工费增加	因业主指令工程加速造成增加劳动力投入，不经济地使用劳动力，降低生产效率等
	2. 材料费增加	不经济地使用材料，材料提前交货的费用补偿，材料运输费增加
	3. 机械设备费	增加机械投入，不经济地使用机械
	4. 因加速现场管理费增加	应扣除因工期缩短减少的现场管理费
	5. 资金成本增加	费用增加和支出提前引起负现金流量所支付的利息
工程中断	1. 人工费增加	如留守人员工资，人员的遣返和重新招雇费，对工人的赔偿等
	2. 机械使用费	设备停置费，额外的进出场费，租赁机械的费用等
	3. 保函费、保险费、银行手续费	
	4. 贷款利息	
	5. 总部管理费	
	6. 其他额外费用	如停工、复工所产生的额外费用，工地重新整理等费用
工程量增加	费用构成与合同报价相同	合同规定承包商应承担一定比例（如5%、10%）的工程量增加风险，超出部分才予以补偿； 合同规定工程量增加超出一定比例时（如15%～20%）可调整单价，否则合同单价不变

（2）索赔金额计算的基础是成本，用索赔事件影响所发生的成本减去事件影响时所应有的成本，其差值即为赔偿金额。

索赔金额的计算方法很多，各个工程项目都可能因具体情况不同而采用不同的方法，主要有三种。

1）费用索赔分项计算方法。该方法是将承包商在索赔事项持续发生过程中产生的费用逐项列出，分别进行计算，再汇总计算出索赔的总费用。这种方法比较复杂，但能客观地反映施工单位的实际损失，比较合理，易于被当事人接受，在国际工程中被广泛采用。

2）总费用法。即总成本法，在发生多次索赔事项后，重新计算该工程的实际总费用，减去承包商的投标价格来计算项目的费用索赔额。这种计算方法简单但不尽合理，因为实际完成工程的总费用中，可能包括由于施工单位的原因（如管理不善、材料浪费、效率太低等）所增加的费用，故一般不常用。

3）修正的总费用法。该方法原则上与总费用法相同，计算对某些方面作出相应的修正，以使结果更合理，修正的内容主要有：一是计算索赔金额的时期仅限于受事件影响的时段，而不是整个工期；二是只计算在该时期内受影响项目的费用，而不是全部工作项目的费用；三是不直接采用原合同报价，而是采用在该时期内如未受事件影响而完成该项目的合理费用。根据上述修正，可比较合理地计算出受索赔事件影响而实际增加的费用。

(二) 国际工程工期索赔

1. 工期索赔分类

(1) 按延误索赔结果划分，可分为以下三类：

1) 可原谅可补偿的延误。由于业主或工程师的错误或失误而造成的工期延误，此情况承包商不仅可以得到工期延长，还可以得到经济补偿。

2) 可原谅不可补偿的延误。既不是承包商也不是业主的原因，而是由客观原因引起的工期延误，此情况承包商可获得一定的工期延长作为补偿，但一般得不到经济补偿。

3) 不可原谅的延误。由于承包商的原因引起的工期延误，此情况承包商不但不能得到工期延长和经济补偿，而且由这种延误造成的损失全部都要由承包商来负责。

(2) 按延误是否处于关键路线上划分，可分为以下两类：

1) 关键性延误。即位于网络进度计划的关键路线上的延误。关键性延误肯定会导致总工期的延长，如果是可原谅的延误应该给予承包商工期补偿。

2) 非关键性延误。即位于非关键路线上的延误。一般而言，当其延误时间没有超过总时差时，便不会造成总工期的延长，即使是可原谅的延误，只要其延误不造成总工期的延长，承包商仍然得不到工期补偿。只有超过总时差时，才对其超过部分予以延期。

(3) 按照延误发生的时间划分，可分为以下两类：

1) 单一性延误。在同一时间段内干扰事件独立发生，由于时间单一，其处理的关键在于时间原始责任或风险承担的认定。

2) 共同延误。如果多个索赔事件在一段时段内同时发生，而这些事件又分别属于应由业主、承包商分别承担责任的过错或风险，则称之为共同延误或多事件交叉延误 。一般会出现两种情况：在同一项工作中同时发生两项或两项以上延误；在不同的工作中同时发生两项或两项以上延误。

2. 工期索赔处理原则

工期索赔的处理原则及措施见表 2－6－4。

表 2－6－4　工期索赔的处理原则及措施

<table>
<tr><th>索赔原因</th><th>是否可原谅</th><th>延误原因</th><th>责任者</th><th>处理原则</th></tr>
<tr><td rowspan="3">工程进度延误</td><td rowspan="2">可原谅的延误</td><td>1. 工程师的原因（如图纸错误、设计修改等）；
2. 业主的原因（如大量的工程变更、提前占用工程等）</td><td>业主</td><td>可给予工期延长；
可补偿经济损失</td></tr>
<tr><td>1. 异常恶劣气候；
2. 不可抗力</td><td>客观原因</td><td>可给予工期延长；
不给予经济补偿</td></tr>
<tr><td>不可原谅的延误</td><td>1. 未做好施工组织设计；
2. 设备材料不能及时供应；
3. 工效不高</td><td>承包商</td><td>不延长工期；
不补偿损失；
向业主支付误期损害赔偿费</td></tr>
</table>

3. 共同延误归属原则

在国际工程索赔中，单一性延误的索赔比较容易达成共识，而共同延误情况下，存在着索赔事件的交叉性，所以在索赔中容易出现分歧，难以决定。在不同类别的工程中，处理原则不同。

（1）初始事件原则（房屋建筑工程施工合同常采用此原则）。在多事件交叉时段中应判断哪一种原因是最先发生的，即找出“初始延误者”，它首先要对延误负责；在初始延误发生作用期间，其他并发的延误者不承担延误责任。依据的原则如下：

1）判断造成拖期的哪一种原因是最先发生的，即确定“初始延误者”，他应对工期拖期负责。

2）如果“初始延误者”是发包人原因，则在发包人原因造成的延误期内，承包人既可得到工期延长，又可得到费用补偿。

3）如果“初始延误者”是客观原因，则在客观因素发生影响的延误期内，承包人可得到工期延长，但很难得到费用补偿。

4）如果“初始延误者”是承包人原因，则在承包人原因造成的延误期内，承包人工期补偿和费用补偿均不能得到。

【示例2-6-1】 某国际工程项目在施工过程中发生图2-6-2所示事件，并出现工期延误情况。

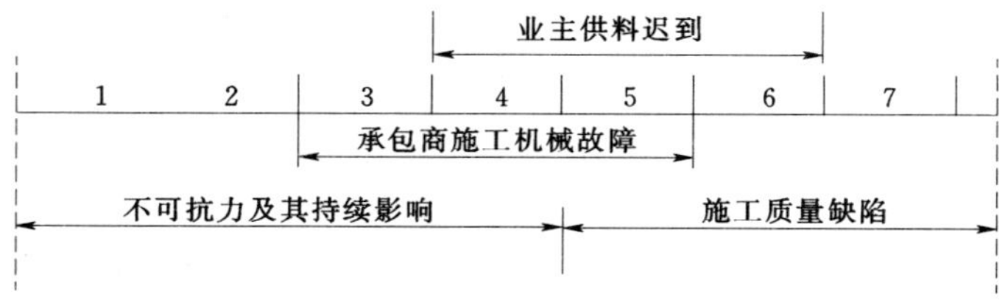

图2-6-2　工期延误图

按初始事件原则处理如下：

1～4天：不可抗力原因，承包商可获得工期补偿；

5天：属承包商风险，工期补偿与费用补偿均不可获得；

6天：属业主原因，承包商可获得工期补偿与费用补偿；

7天：属承包商责任，工期补偿与费用补偿均不可获得。

（2）不利于承包商原则（公路工程施工合同常采用此原则）。只要出现了承包商的责任或风险，不管其出现次序，也不论干扰事件的性质，该时段的责任全部由承包商承担。共同延误有以下几种组合：

1）可补偿延误与不可原谅延误同时存在。承包人不能要求工期延长和经济补偿。

2）不可补偿延误与不可原谅延误同时存在，承包人无权要求工期延长。

3）不可补偿延误与可补偿延误同时存在，承包人可获得工期延长，但不能要求经济补偿。

4）两项可补偿延误同时存在。承包人只能得到一项工期延长或经济补偿。

【示例2-6-2】 同［示例2-6-1］，按照不利于承包商原则处理如下：

1～2天：不可抗力原因，承包商可获得工期补偿；

3～5天：属承包商风险，工期补偿与费用补偿均不可获得；

6～7天：属承包商责任，工期补偿与费用补偿均不可获得。

（3）责任分摊原则。当交叉时段内的事件由业主、承包商共同承担责任时，按各干扰事件对干扰结果的影响分摊责任，并由双方共同承担。这种处理原则基本公平，没有指明在实际工期索赔中使用该原则时责任比例如何确定，并且该原则在理论上忽视了引起初始事件的原因在整个工程，以及初始原因在延误责任划分归属问题中的重要性。

【示例 2－6－3】 同［示例 2－6－1］，按照责任分摊原则处理如下：

假定交叉时段内各干扰事件的贡献相等，责任均摊。

1～2 天：不可抗力原因，承包商可获得工期补偿；

3 天：不可抗力事件与承包商风险交叉，承包商可获得工期补偿 0.5 天；

4 天：不可抗力、承包商风险与业主责任交叉，工期补偿 2/3 天，费用补偿相应计算；

5 天：承包商风险、业主责任与承包商责任交叉，工期补偿 1/3 天，费用补偿相应计算；

6 天：业主责任与承包商责任交叉，工期补偿 0.5 天，费用补偿相应计算；

7 天：属承包商责任，工期补偿与费用补偿均不可获得。

（4）工期从宽、费用从严原则。工期索赔业主责任优先，费用索赔承包商责任优先。即在多事件交叉时段内，对于工期索赔，只要存在业主责任或风险，即给予承包商工期补偿；只要在交叉时段内存在承包商责任或风险，则承包商费用索赔均不成立；只要在交叉时段内存在承包商责任，业主索赔成立。

【示例 2－6－4】 同［示例 2－6－1］，按工期从宽、费用从严原则处理如下：

1～3 天：不可抗力原因，承包商可获得工期补偿；

4～6 天：存在业主责任或风险和承包商责任或风险，工期可补偿，费用补偿不可获得；

7 天：属承包商责任，工期补偿与费用补偿均不可获得。

5～6 天：存在承包商责任，如果因此造成最终竣工时间推迟，则应向业主支付误期损害赔偿金。

三、国际工程常见典型索赔问题

（一）现场条件变化引起的索赔

现场条件变化是指承包商在施工过程中遇到了有经验的承包商不可能预见到的不利的自然条件或人为障碍，因而导致设计变更、工期延长和工程成本大幅度增加。FIDIC 施工合同条件中称为“不可预见的外界条件”，美国土木工程标准合同条件称为“不同的现场条件”。现场条件变化主要是指：工程现场的地下条件（即地质、地基、地下水及土壤条件）同招标文件中的描述差别很大，或在招标文件中根本没有提到；水文气象方面原因造成的施工困难，如特大暴雨、洪水等不属于现场条件变化的范畴。

1. 不利现场条件的类型

（1）第一类不利的现场条件。即描述失实的现场条件，在招标文件中对施工现场存在的不利条件虽然已经提出，但严重失实。主要有以下情况：

1）在开挖现场挖出的岩石或砾石的位置高程与招标文件中所述的位置高程差别甚大。

2）招标文件钻孔资料注明系坚硬岩石的某一位置或高程上，出现的却是松软材料。

3）破碎岩石或地下障碍物的实际数量大大超过招标文件中给出的数量。

4）设计指定的取土场或采石场开采出来的土石料，不能满足强度或其他技术指标要求，而要更换料场。

5）实际遇到的地下水在位置、水量、水质等方面与招标文件中的数据相差悬殊。

6）地表高程与设计图纸不符，导致大量的挖填方量。

7）需要压实的土壤的含水量数值与合同资料中给出的数值差别过大，增加了碾压工作的难度或工作量等。

（2）第二类不利的现场条件。在招标文件中根本没有提到，而且按该项工程的一般施工实践完全是出乎意料地出现的不利现场条件。这种意外的不利条件是有经验的承包商难以预料的情况，如：在开挖基础时发现了古代建筑遗迹、古物或化石；遇到了高度腐蚀性地下水或有毒气体，给承包商的施工人员和设备造成意外的损失；在隧洞开挖过程中遇到强大的地下水流等。

2. 处理原则

从合同责任上讲，不利现场条件不属于承包商的责任，因而应给予相应的经济补偿和工期延长。索赔时需考虑以下问题：

（1）什么是本工程可以合理预料到的不利现场条件或人为障碍？

（2）实际遇到的条件是怎样的？

（3）实际的不利条件与承包商可合理预料的不利条件差异有多大？

（4）实际遇到的不利条件是否引起了承包商的费用增加和工期延长？

（5）通过适当的标前现场查勘，是否可以发现这些不利条件？

考虑以上问题的目的：判断这种不利条件是不是“一个有经验的承包商不可预见的”，从而决定承包商是否有索赔权。

【案例 2－6－1】 某地道工程规模较大，是城市交通的一条要道。合同额 2493360 美元，合同工期 28 个月。工程项目的合同文件包括：英国土木工程师学会的 ICE 标准合同条件、施工技术规范、工程量清单以及施工图等。在施工过程中，发现地道穿过的山体岩石中有大量的软弱夹层，使掘进工作十分困难，只有在钢架支护的情况下才能掘进。由于上述原因导致承包商遭受损失，承包商遂以“不利的现场条件”为由向业主工程师提出了索赔要求。

索赔处理过程及结果：工程师的复函否定了承包商的要求，理由：地道中岩石状况是有经验的承包商应该预料到的，它并不比预料的更差。况且，承包商在报送投标书前已经看到了地质勘探报告及钻孔岩芯，而且已做过现场勘查。因此，无法同意对此发出任何的变更指令。在此基础上，工程师拒绝了承包商对劳动力窝工、设备生产率降低等项索赔要求，依据合同中约定的“工期从宽”原则，而仅对工期延长（3.5 个月）期间的管理费进行了补偿。

【案例评析】

（1）本例中承包商无法证明所遇到的困难是“有经验的承包商难以预测的”，因此索赔起来比较困难；业主同意了 3.5 个月工期延长实际上是客观承认了承包商遇到的困难。

(2) 本例责任的认定倾向于第二类不利的现场条件，这一不利的现场条件也不是业主及工程师可以预料到的。

(3) 本例工程师给予适当的工期延长及管理费补偿，索赔的解决还算是比较合理的。

(二) 工程变更引起的索赔

工程变更是指施工过程中出现了与签订合同时预计条件不一致的情况，而需改变原定施工承包范围内的某些工作内容。包括：增加或减少合同所包括的任何工程的数量；取消合同中的任何工程；改变这类工作的性质、质量或类型；改变工程任何部分的标高、基线、位置和尺寸；实施工程竣工所必需的任何种类的附加工作；改变工程任何部分的任何规定的施工顺序和时间安排。

1. 工程变更的类型

(1) 指示的工程变更。指由工程师颁发变更指令而进行的变更。此类变更下承包商可得到相应的工期延长和费用补偿。

(2) 推定的工程变更。指由于某些事件、条件、行为或者环境导致承包商合同义务改变引起的变更。其特点是业主没有颁发正式的变更指令，但要求承包商履行不同于原合同条件下规定的义务或实施不同于原合同条件下规定的工作，以及过度检查、不当拒绝工程、干扰施工和额外的实验要求等行为都构成推定的变更；推定的工程变更不改变工作的性质和数量，但是可能对施工方式和方法有影响，进而影响成本和进度。

【案例 2-6-2】 某施工单位（乙方）与某建设单位（甲方）签订了某项工业建筑的地基处理与基础工程施工合同。由于工程量无法准确确定，根据施工合同专用条款的规定，按施工图预算方式计价，乙方必须严格按照施工图及施工合同规定的内容及技术要求施工。在开挖土方过程中，有两项重大事件使工期发生较大的拖延：一是土方开挖时遇到了一些工程地质勘探没有探明的孤石，排除孤石拖延了一定的时间；二是施工过程中遇到数天季节性大雨后又转为特大暴雨引起山洪暴发，造成现场临时道路、管网和甲乙方施工现场办公用房等设施以及已施工的部分基础被冲坏，施工设备损坏，运进现场的部分材料被冲走，乙方数名施工人员受伤，雨后乙方用了很多工时进行工程清理和修复作业。为此乙方按照索赔程序提出了延长工期和费用补偿要求。试问造价工程师应如何处理？

两项索赔事件作出处理理由及结果如下：

(1) 对处理孤石引起的索赔，这是地质勘探报告未提供的，施工单位预先无法估计的地质条件变化，属于甲方应承担的风险，应给予乙方工期顺延和费用补偿。

(2) 对于天气条件变化引起的索赔应分两种情况处理：

对于前期的季节性大雨这是有经验的承包商预先能够合理估计的因素，应在合同工期内考虑，由此造成的工期延长和费用损失不能给予补偿。

对于后期特大暴雨引起的山洪暴发不能视为有经验的承包商预先能够合理估计的因素，应按不可抗力处理由此引起的索赔问题。根据不可抗力的处理原则，被冲坏的现场临时道路、管网和甲方施工现场办公用房等设施以及已施工的部分基础，被冲走的部分材料，工程清理和修复作业等经济损失应由甲方承担；损坏的施工设备、受伤的施工人员以及由此造成的人员窝工和设备闲置、冲坏的乙方施工现场办公用房等经济损失应由乙方承担；工期应予顺延。

2. 新增工程

(1) 新增工程类型。

新增工程一般包括两类：附加工程，指那些为了完成合同项目所必不可少的工程，如果缺少了这些工程，该合同项目便不能发挥合同预期的作用。对于附加工程来说，即使工程量清单中没有列入，它也可以增列进去。额外工程，指工程项目合同文件的“工作范围”中未包括的工作，缺少这些工作，原定合同工程项目仍然可以运行并发挥其效益。额外工程是一个“新增的工程项目”，而不是原合同项目工程量清单中的一个新的“工作项目”，额外工程不应列入工程量清单中。

(2) 处理原则。

1) 包括在招标文件中的“工程范围”所列的工作内，并在工程量清单、技术规范图纸中所标明的工程，均属于“附加工程”。

2) 在发生工程变更时，合同双方首先需要判断这些变更是否从实质上改变了原合同，是否形成了新的合同；如果是，那么此项变更就构成了“根本性的变更”。“根本性的变更”属于“额外工程”，否则应属于“附加工程”。

3) 发生的工程变更的工程量或款额超过了一定的界限时，通常认为其应属于“额外工程”。在国际工程中，这种处理原则被广泛参照采用。具体原则及处理措施见表2-6-5。

表 2-6-5　新增工程处理原则

<table>
<tr><th>工作性质</th><th>按合同范围</th><th>工程量清单中的工作项目</th><th>工程变更指令</th><th>单价</th><th>结算支付方式</th></tr>
<tr><td rowspan="4">新增工程</td><td rowspan="2">附加工程：属于原合同工作范围以内的工程</td><td>列入工程量清单的工作</td><td>不必发变更指令</td><td>投标单价</td><td>按合同规定的程序按月结算支付</td></tr>
<tr><td>未列入工程量清单的工作</td><td>补发变更指令</td><td>议定单价</td><td>按合同规定的程序按月结算支付</td></tr>
<tr><td rowspan="2">额外工程：超出原合同工程范围的工程</td><td rowspan="2">不属于工程量清单的工作</td><td>要发变更指令</td><td>新定单价</td><td>提出索赔，按月支付</td></tr>
<tr><td>或另定合同</td><td>新定单价或合同价</td><td>提出索赔或按新合同支付</td></tr>
</table>

3. 确定变更工程价格的方法

(1) 实际费用法。也称为实际成本法，以为索赔工作所支付的实际开支为根据要求经济补偿。包括额外的人工费、材料费和施工机械使用费及相应的管理费等。

(2) 总费用法。即总成本法，就是当发生多次索赔事件以后，重新计算出该工程项目的实际总费用，再从这个实际总费用中减去投标报价时的估算总费用，即为要求补偿的索赔总款额，在计算索赔款时，只有当实际费用法难以采用时，才使用总费用法。适用于以下情况：

1) 由于该项索赔的特殊性质，难于或不可能精确地计算出承包商损失的款额，即额外费用。

2) 承包商对工程项目的报价（即投标时的估算总费用）是比较合理的。

3) 已开支的实际总费用经过逐项审核，认为是比较合理的。

4）承包商对已发生的费用增加没有责任。

5）承包商有较强的工程施工和管理能力。

（3）修正的总费用法是对总费用法的改进，即在总费用计算的原则上，对总费用法进行相应的修改和调整，去掉一些不确切的可能因素，使其更合理。修正和调整的内容如下：

1）将计算索赔款的时段仅局限于受到外界影响的时间（如雨季），而不是整个施工期。

2）只计算索赔时段中受影响工作的损失，而不是计算该时段内所有工作所受的损失。

3）在受影响时段内受影响的某项工程施工中，使用的人工、材料、施工机械设备等资源均有可靠的记录资料，如施工日志、现场施工记录等。

4）与该项工作无关的费用不列入总费用。

5）对投标报价的估算费用重新核算，将受影响时段内该项工作的实际单价乘以实际完成的该项工作的工程量，得出调整后的报价费用。

（4）合理价值法是一种运用公正调整理论进行补偿的做法，也称为按价补偿法。本质上是基于不正当得利的原则。采用该种方法索赔时，应符合业以下条件：主方获得了收益，承包商为这种收益付出了代价，如果业主保留这种收益会造成不公正性。一般认为，合理价值法可应用于合同中没有明确规定索赔额计算的情形，如果合同条件中规定了如何计算索赔款额，则不必采用此方法。

（5）审判裁定法是解决索赔争端、确定索赔款额的一种法律途径。它通过法庭审判、研究承包商的索赔资料和证据，并听取业主一方的申辩，最后确定索赔款额，以法庭判决的方式使承包商得到相应的经济补偿。审判裁定法所依据的资料：工程项目的合同文件、承包商的索赔报告以及一系列必要的证据和单据。从实质上讲，审判裁定法所依据的证据资料同其他的索赔计价法一样，都是根据承包商的实际开支证明来做裁决的。

4. 变更工程单价的确定

（1）变更工程单价的确定原则：约定优先原则，公平合理原则。

（2）具体规定：

1）工程量清单中有相应工程细目者，原则上应按工程量清单中相应的工程细目的单价来确定工程造价。

2）小型变更工程可根据监理工程师的指示使用计日工单价作为计价的依据。

3）工程量清单中虽有相应工程细目单价但不适应时，如满足下列条件，则（对超出部分）监理工程师组织业主、承包商协商确定新的单价作为计价依据：该工程细目涉及的款额超过合同价格的2%，该项目细目实施时的实际工程量超出工程量清单中规定的工程量的25%。

4）如果工程量清单中没有相应工程细目的单价，则监理工程师应根据授权和业主、承包商协商确定新的工程细目单价。

（3）单价变更的原因。工程量清单中可能存在不平衡报价现象；或者即使不存在不平衡报价现象，施工规模的经济性及规模效益的变化也会使得在实施变更工程过程中，其发生的管理费等费用并不一定与变更后的工程量成正比的变化。

（4）新单价的确定方法。

1）以合同单价为基础定价，其确定的单价只有在原单价是合理的情况下才会相对合理。

2）以概预算方法为基础定价，此方法定价有法律依据，产生的价格相对合理，能真实地反映完成变更工程的成本和利润，适用于新增工程量的定价。但是对于不同的施工方案，施工方法会有不同的单价，该方法无法反映竞争的作用以及原有招标成果的作用，特别是当承包商有不平衡报价时，该方法会加剧总造价的不合理性。

3）加权定价法，适用原有合同工程作设计修改（尺寸修改）时的定价。此方法可以减弱上两种方法所造成的不合理性。

（5）由于变更引起的合同价调整。

根据 FIDIC 合同条款第 52.3 条的规定：如果在签发交工证书时，发现合同价格的增加或减少总共超过“有效合同价格”（不包括暂定金额、计日费用及按第 70 条规定所作的价格调整）的 15%，在此情况下，监理工程师应与业主和承包商协商后确定一笔调整管理费，从合同价格中扣除或加到合同价款中。这笔调整金额应只依据上述增加或减少超过有效合同价格的 15%的那一部分款项。

（三）加速施工引起的索赔

加速施工即加快工程实施的进度。一般分为指示的加速施工和推定的加速施工两种类型。在下述情况不会发生加速施工情况：发生了可原谅的延误；向业主发出可原谅延误的通知，要求延长工期；业主未能在合理的时间内给予工期延长的许可；业主方发出了明示的或者暗示的加速施工令；承包商实际采取了加速施工措施。

加速施工会增加成本开支：采购或租赁原施工组织设计中没有考虑的新的施工机械和有关设备；增加施工的工人数量，或采取加班施工；增加材料供应量和生活物资供应量；现场管理费增加等。

加速施工的处理：首先，明确工期延误的责任，由于业主原因或客观原因造成的工程延误，加速施工费用可补偿；由于承包商原因引起的工期延误，则无权获得加速施工的费用补偿。其次，明确加速施工的费用计算，可以按照工程变更的估价方法进行处理或采用“加速施工奖金”方式支付。

【案例 2-6-3】 某工程承包公司中标某国道路工程。工程项目按美国工程师合同文件联合会制订的合同条件实施，中标合同价 15287500 美元，工期 18 个月。在工程实施过程中，不幸遇到特大暴雨，洪水淹没了一段道路，可能使该道路工程不能按合同规定的工期竣工。在洪水过后的工地会议上，工程师口头提出，希望承包商加快施工速度，把洪水造成的工期延误挽救回来，使工程仍能按期建成。当时，承包商也同意这个意见，希望在冬季到来之前完成道路工程，以免越冬施工时工效降低、施工成本提高。承包商以为这样已经达成了加速施工的谅解，故投入更多资源按期完成了道路工程。为此，承包商要求支付加速施工的额外费用，但业主不给予支付，声称加速施工系承包商自愿，业主并没有书面的加速施工指令。

处理结果：这一索赔争端报到索赔法院。法院裁定，口头要求足以表明业主希望承包商加速施工，形成了推定的加速施工，因此承包商应得到付款。

【案例评述】

(1) 承包商遇到的特大暴雨引起的工期延误属于可原谅的延误。

(2) 工程师的口头指示表达了业主希望按期完成工程、进行加速施工的意愿，并且与承包商取得了一致的意见，这实际上已经有效地指令承包商加速施工，形成了推定的加速施工指令。

(3) 承包商按期完工表明其已经加速施工，并投入了更多的资源，因此有权得到增加费用的补偿。

(四) 物价调整与汇率变化索赔

1. 物价价格的来源

(1) 物价价格是由政府部门或合同条款所指国家中正式认可的机构定期公布的价格(用于价格调整公式)。如果有关国家公布的上述某项价格不止一个，或者不是由一个正式认可的机构公布的，则所选用的价格应由监理工程师审查后报业主批准。

(2) 基本价格，应为投标截止日期所在月份的前一个月通行的价格。

(3) 信息价格，应为出具期中支付证书前一个月通行的价格。

(4) 承包人雇用的外籍人员工资的价格 (FL)，应为承包人原住国土木工程技术人员费用的价格。

(5) 进口材料的价格，应为材料售出国土木工程通用的价格，这些国家应为投标书附件中列明的外币的发行国。

(6) 如果承包人不是从合同条款所述国家购买材料，而监理工程师认为其价格不合理时，则合同中使用的价格应是合同条款中规定的国家的价格。

(7) 进口施工机械的折旧与维修费用的价格，是指在承包人的所在国或在承包人施工机械的主要部件产地的土木工程中折旧与维修施工机械费用的官方价格，施工机械包括车辆、机械、工具备件等(包括移动式与固定式的)。如果未获得此价格，则采用一定时间内提供各类混合施工机械的代价格。

2. 物价上涨价格调整的起点

在许多工程的合同中，对物价上涨引起的合同价调整提出了幅度限制。例如，在合同条件中规定，如果物价上涨幅度小于投标报价书中价格的5%，不进行价格调整。这样5%的物价上涨的风险就由承包商承担；而上涨幅度大于5%时物价上涨的风险由业主承担。对于限制调整上涨幅度的合同条件，承包商在签订合同时应慎重考虑。

(五) 工效降低引起的索赔

1. 工效降低的原因

(1) 气候恶劣，如飓风、暴雨、大雪、洪水或超高温等。

(2) 工程变更，如工程大幅度增减、工序变更、加班加速施工或工地拥挤等。

(3) 地基出现问题，如发现断层软弱带、淤泥层、流沙层，或被迫改变施工方法。

(4) 施工准备不够，如征地工作进展缓慢、施工通道未及时建成或临时建设工程拖后等。

(5) 施工供应不善，如施工机械进场日期拖后、材料供应不及时或现场人员生活供应未安排好等。

(6) 外界社会因素，如政局动荡、罢工罢市或传染病流行等。

2. 工效降低的工期计算

实际所需工期=计划工期×[1+(原定效率−实际效率)/原定效率]

式中 原定效率——投标文件中所列的施工效率；

实际效率——施工时实际达到的施工效率，可以由施工现场的记录数据计算出来。

3. 工效降低索赔应注意的问题

(1) 承包商在投标报价书中必须列入工效数据，或在合同中约定正常工效参考依据。

(2) 工效降低的原因是多方面的，对于每一项引起工效降低的事由，都应做详细的具体记录，还可以利用照相机或录像机将一些事故或干扰记录下来，详细论证工效降低的原因。

(3) 在现场必须详细记录实际的工效数据，对现场的施工机械、劳动力的数量、工作时间、工作内容和完成工程量等数据进行详细地登记，这些都可以作为索赔的证据。

(4) 工效降低索赔的计价方法很多，应该根据具体事由选用有说服力的方法。

【案例 2-6-4】 某土建承包商向一位房建总承包商分包一段道路的土方挖填工作，挖填方总量为 1750m^3，管理费率为 13%（其中：现场管理费率 9.5%，总部管理费率 3.5%），利润率为 5%。计划用工：推土机：8 个台班，850 元/台班；人工：65 个工日，35 元/工日。在施工过程中，由于总承包商施工的干扰，使这项工作在 10 天内完成，而每天出勤的设备和工人均未减少。土建分包商向房建总包商提出了附加开支的索赔要求，即超过计划 2 天的施工费用补偿如下：

2 天的设备台班费：2×850=1700（元）。

2 天的人工费：2×8×35=560（元）。

管理费（9.5%）：(1700+560)×9.5%=215（元）。

利润（5%）：(1700+560+215)×5%=124（元）。

工效降低索赔款：1700+560+215+124=2599（元）。

四、国际工程索赔案例及要点分析

（一）国际工程索赔案例

【案例 2-6-5】 某建设工程系外资贷款项目，业主与承包商按照 FIDIC 施工合同条件签订了施工合同。施工合同专用条件规定：钢材、木材、水泥由业主供货到现场仓库，其他材料由承包商自行采购。施工用的设备：塔吊系承包商租赁的，租赁费为 150 元/台班，台班费为 234 元/台班；混凝土搅拌机和砂浆搅拌机均系承包商自有机械，台班费分别为 55 元/台班和 24 元/台班，折旧费分别为 25 元/台班和 10 元/台班。人工费为 20.15 元/工日，其中窝工人工费为 10 元/工日。工程总造价 1500 万元，履约担保额以工程总造价的 10%计，银行保函手续费为 6‰，管理费率 15%，利润率 5%。在施工过程中发生以下事件：

当工程施工至第 5 层框架钢筋绑扎时，因业主提供的钢筋未到，使该项作业从 10 月 3—16 日停工（该项作业的总时差为 0）。

10 月 7—9 日因停电、停水使第 3 层的砌砖停工（该项作业的总时差为 4 天）。

10 月 14—17 日因砂浆搅拌机发生故障使第一层抹灰延迟开工（该项作业的总时差为 2 天）。

为此，承包商于 10 月 20 日向工程师提交了一份索赔意向通知，并于 10 月 25 日送交了一份工期、费用索赔计算书和索赔依据的详细材料。计算书的主要内容如下。

1. 工期索赔

框架柱扎筋 10 月 3—16 日停工，计 14 天。

砌砖 10 月 7—9 日停工，计 3 天。

抹灰 10 月 14—17 日停工，计 4 天。

总计要求顺延工期 21 天。

2. 费用索赔

(1) 窝工机械设备费：

一台塔吊：14×234=3276（元）。

一台混凝土搅拌机：14×55=770（元）。

一台砂浆搅拌机：(3+4) ×24=168（元）。

小计 4214 元。

(2) 窝工人工费：

扎筋：35(人)×20.15×14=9873.50（元）。

砌砖：30(人)×20.15×3=1813.50（元）。

抹灰：35(人)×20.15×4=2821（元）。

小计 14508 元。

(3) 保函费延期补偿：15000000×10%×6‰÷365×21=517.81（元）。

(4) 管理费增加：(4214+14508+517.81)×15%=2885.97（元）。

(5) 利润损失：(4214+14508+517.81+2885.97)×5%=1106.29（元）。

费用索赔合计 23232.07 元。

【案例评析】

(1) 承包商提出的工期索赔不正确。

1) 框架柱绑扎钢筋停工 14 天，应予以工期补偿。因为这是由业主原因造成的，且该项作业位于关键路线上。

2) 砌砖停工 3 天，不予工期补偿。因为该项停工虽属于业主原因造成的，但该项作业不在关键路线上，且未超过该项工作总时差。

3) 抹灰停工，不予工期补偿。因为该项停工属于承包商自身原因造成的。

最终应补偿工期：14 天。

(2) 费用索赔。

1) 窝工机械设备费：

塔吊属于承包商租赁机械，其费用索赔：一台塔吊 14×150=2100（元）；

混凝土搅拌机属于承包商自有机械，其费用索赔：一台混凝土搅拌机 14×25=350（元）；

共计：2450 元。

2）窝工人工费：

扎筋：35(人)×10×14＝4900（元）。

3）保函费延期补偿：(15000000×10％×6‰÷365)×14＝345.20（元）。

4）管理费增加：(2450＋4900)×15％＝1102.50（元）。

5）利润损失：(2450＋4900＋1102.50)×5％＝422.63（元）。

费用索赔合计 9220.33 元。

【案例 2－6－6】 某城市地下工程，业主与施工单位参照 FIDIC 合同条件签订了施工合同，除税金外的合同总价为 8600 万元，其中：现场管理费率 15％，企业管理费率 8％，利润率 5％，合同工期 730d。为保证施工安全，合同中规定施工单位应安装满足最小排水能力 1.5t/min 的排水设施，并安装 1.5t/min 的备用排水设施，两套设施合计 15900 元。合同中还规定，施工中如遇业主原因造成工程停工或窝工，业主对施工单位自有机械按台班单价的 60％给予补偿，对施工单位租赁机械按租赁费给予补偿〈不包括运转费用〉。

该工程施工过程中发生以下三项事件：

事件 1：施工过程中业主通知施工单位某分项工程（非关键工作〉需进行设计变更，由此造成施工单位的机械设备窝工 12 天。

事件 2：施工过程中遇到了非季节性大暴雨天气，由于地下断层相互贯通及地下水位不断上升等不利条件，原有排水设施满足不了排水要求，施工工区涌水量逐渐增加，使施工单位被迫停工，并造成施工设备被淹没。为保证施工安全和施工进度，业主指令施工单位紧急购买增加额外排水设施，尽快恢复施工，施工单位按业主要求购买并安装了两套 1.5t/min 的排水设施，恢复了施工。

事件 3：施工中发现地下文物，处理地下文物工作造成工期拖延 40 天。

三项事件，施工单位按合同规定的索赔程序向业主提出索赔，见表 2－6－6。

表 2－6－6　　　　事件 1 索赔表

项　目	机械台班单价/（元/台班）（运转费）	时间/天	金额/元
$9m^3$ 空压机	310	12	3720
25t 履带吊车（租赁）	1500	12	18000
塔吊	1000	12	12000
混凝土泵车（租赁）	600	12	7200
合计			40920

事件 1：

现场管理费：40920×15％＝6138（元）。

企业管理费：(40920＋6138)×8％＝3764.64（元）。

利润＝(40920＋6138＋3764.64)×5％＝2541.13(万元)。

合计：53363.77 万元。

事件 2：由于非季节性大暴雨天气影响施工。

(1) 备用排水设施及额外增加排水设施费：15900÷2×3＝23850（元）。

（2）被地下水淹没的机械设备损失费：16000 元。

（3）额外排水工作的劳务费 8650 元，合计 48500 元。

事件 3：由于处理地下文物需延长工期 40 天。

现场管理费：(8600×15%×10000÷730)×40=706849.20（元）。

【案例评价】

造价工程师对施工方机械台班运转费进行核定，结果为 $9m^3$ 空压机为 93 元/台班，25t 履带吊车为 300 元/台班，塔吊为 190 元/台班，混凝土泵车为 140 元/台班。对施工单位的索赔报告进行分析，重新确定工期延长时间和费用补偿的合理数额，分析如下：

事件 1：

（1）自有机械索赔要求不合理。因合同规定业主应按自有机械使用费的 60%补偿。

（2）租赁机械索赔要求不合理。因合同规定租赁机械业主按租赁费补偿。

（3）现场管理费、企业管理费索赔要求不合理。因分项工程窝工没有造成全工地的停工。

（4）利润索赔要求不合理，因机械窝工并未造成利润的减少。

造价工程师核定的索赔费用为：

3720×60%=2232(元)　　（自有设备空压机）

18000−300×12 =14400(元)　　（租赁设备吊车）

12000×60%=7200(元)　　（自有设备塔吊）

7200−140×12=5520(元)　　（租赁设备泵车）

2232+14400+7200+5520=29352(元)

事件 2：

（1）可索赔额外增加的排水设施费。

（2）可索赔额外增加的排水工作劳务费。

核定的索赔费用应为 15900+8650=24550(元)。

事件 3：应同意 40 天工期延长，因地下文物处理是有经验的承包商不可预见的（或地下文物处理是业主应承担的风险）。

现场管理费应补偿额为

现场管理费：86000000.00÷(1.15×1.08×1.05)×0.15=9891879.46(元)。

每天的现场管理费：9891879.46÷730=13550.52(元)。

应补偿的现场管理费：13550.52×40=542020.80(元)。

（二）国际工程索赔要点分析

要使承包商在工程施工索赔中获得较高的收益，就必须获得较大的索赔成功概率，也就是要讲究方法和策略来提高索赔成功概率，以其获得最大收益。实践经验证明，每一项索赔要求的成功，都离不开 4 个方面的工作：建好工程项目；做好合同管理；做好成本管理；善于进行索赔谈判。

1. 施工索赔报价策略

在国际工程施工索赔报价中，承包商必须注意研究索赔策略，使用有效的报价技巧，以保证报价在最可能被认可的情况下，获得尽可能大的经济效益。FIDIC 合同属于单价合同，在标书中提供有关工程数量 B. Q 单给出预计的工程数量，根据承包商相对各分项工程所报单价，可以很容易地计算出索赔报价金额。为了尽快、更多地获得索赔款，我们可以采用不均衡报价法进行索赔。

2. 索赔过程中的一些辅助手段

在工程施工索赔处理过程中，除了合同条款外，施工记录、咨询专家（CIPM）、争议评审小组（DRB）、P3 软件以及工程保险的应用等在处理索赔的过程中都起到了不可替代的重要作用，他们也是构成合同管理工作不可缺少的部分。

（1）施工记录。国际土建工程项目建设过程中出现的索赔，无论是工期索赔，还是费用索赔，也不管是通过何种途径解决的，都离不开一个共同的基本点，那就是索赔的事实依据——索赔论证资料，而索赔论证资料之源就是我们常说的工程记录。因此，工程记录在处理国际工程项目索赔中有着至关重要的作用。

按照 FIDIC 条款，在处理索赔事件中，每当工程师收到承包商的索赔意向通知后，最重要的工作是审查与索赔事件有关的现场记录和实证资料，此时，施工记录就显得非常重要，它提供了合同进展全过程的详细记录，真实反映了工程进度、工程量、施工质量、人工和材料消耗、施工设备的投入和效率，特别是记载的某些特殊情况对施工带来的不利影响。从某种意义上讲，施工索赔处理就是双方资料和证据的一场较量，谁掌握的资料准确、全面，谁就掌握了主动权。

（2）“争议评审组（DRB）”在索赔中的作用。在工程合同管理过程中，业主与承包商就施工中存在的问题寻求 DRB 意见，DRB 从第三方的独立的角度提出了自己的见解。通过 DRB 的建议后，业主与承包商进行第一层次的协商谈判，而后在仲裁准备的背景下进行第二层次的谈判，最后进行高层会谈。在第一层次的谈判中主要落实争议中实际发生的没有争议的部分确定下来；在第二层次谈判中主要摸清双方对争议部分的底线；高层会谈主要在第一、第二层次谈判的基础上，决定最终解决争议的额度。依此方式达到索赔处理最终获得解决。

综上所述，索赔是承包商在国际工程项目实施过程中充分运用高水平的管理，广泛的合同、法律、商务、工程技术等综合知识及行为科学知识，维护自身经济利益的重要方式。承包商要成功地进行索赔，必须组织专门人员从事索赔工作。从事索赔工作的人员必须具有深入施工现场担当工程技术管理人员的经验，并且能够较为全面、深入地发现问题和处理问题，全面熟悉工程，以随时发现索赔机会；在平常施工过程中，做好各种资料的管理工作；制定科学的索赔管理制度，严格遵守索赔申报程序，编制的索赔文件要求逻辑清晰、组织严密，有理有据；与业主、工程师之间建立良好的精诚合作关系，并使他们理解、接受承包商提出的合理索赔最终会使承包商更好地服务于工作。

自测练习题

一、单选题

1. 出现索赔事件时，承包商应在引起索赔事件的第一次发生之后的（　　）天内，将其索赔意向通知工程师，并送业主一份副本。

A. 7　　B. 14　　C. 28　　D. 56

2. 工程索赔计算时，(　　) 适合用于发生多次索赔事件时的计算。

A. 总费用法　　B. 修正的总费用法　　C. 实际费用法　　D. 协商法

3. 在 FIDIC 合同条件中，不允许索赔窝工费用的是（　　）。

A. 施工中遇到文物和古迹　　B. 变更导致竣工时间的延长

C. 延误发放图纸　　D. 对竣工检验的干扰

4. 因工程师指令错误发生的费用和给承包人造成的损失由（　　）承担，延误的工期（　　）。

A. 发包人，不予顺延　　B. 发包人，顺延

C. 承包人，顺延　　D. 工程师，不予顺延

5. 在下列索赔事件中，承包商不能得到经济补偿的是（　　）。

A. 修改设计　　B. 施工条件变化　　C. 工人罢工　　D. 业主原因拖期

6. 索赔是指（　　）。

A. 业主向承包商要求给付或赔偿

B. 承包商向业主要求给付或赔偿

C. 工程师向业主要求给付或赔偿

D. 合同一方向另一方要求获得应有的合法权益或赔偿损失

7. 索赔事件发生后的 28 天内，承包商必须向工程师提出书面的（　　），否则就丧失了索赔的权利。

A. 索赔事实　　B. 索赔依据　　C. 索赔意向通知　　D. 索赔报告

8. 在 FIDIC 合同条件中，由于传染病导致工期延误，承包商可索赔的内容为（　　）。

A. 工期补偿　　B. 工期加利润补偿

C. 成本补偿　　D. 工期加成本和利润补偿

二、名词解释

1. 索赔

2. 默示条款

3. 附加工程

4. 额外工程

三、简答题

1. 简述国际工程索赔的分类。

2. 在工期索赔的原因分析中，简述可原谅的拖期。

3. 简述工期延误的原因。

第七节　国际工程风险管理

学习指导

本节通过风险管理概述、国际工程常见风险类型、国际工程风险管理程序及国际工程风险管理案例及要点分析四部分，使学生对国际风险类型、产生的影响及应对措施

有初步的了解，学习掌握风险的概念、国际项目风险类型、风险管理的程序，及在项目不同阶段能够开展风险识别、制定有效的风险防范办法，以科学的管理方法实现最大的安全保障。

一、风险管理概述

近年来，特别是实施"走出去"战略以来，中国企业对外直接投资一直保持快速增长态势。2002年，我国加入WTO后的第一年里，对外直接投资27亿美元。2013年，这个数字增至1078亿美元，12年里增长了将近40倍，连续两年位列全球三大对外投资国。2013年，我国境内投资者共对全球156个国家和地区的5090家境外企业进行了直接投资，累计实现非金融类直接投资901.7亿美元，同比增长16.8%，这是我国对外直接投资在2012年创下流量878亿美元规模，并首次成为世界三大对外投资国之一后的历史新高。中国对外直接投资流量如图2-7-1所示。

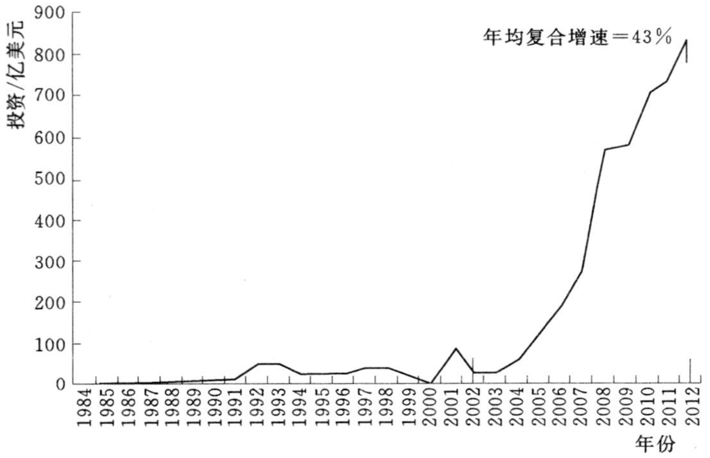

图2-7-1 中国对外直接投资流量图

从图2-7-1中可以看出，我国对外承包工程业务已发展成为我国实施"走出去"战略的一项重要发展业务，经过30年的磨砺，大项目不断增加，企业实力明显增强，3000多家企业承担了对外承包工程业务，52家内地企业入选2012年度ENR全球最大的225家国际承包商；对外承包工程的业务范围也从亚非国家拓展到五大洲180多个国家及地区；涉及项目包括道路、房屋建筑、水利、铁路、运输、电力等基础设施，特别是近年来国家推动的高铁项目。

中国企业"走出去"的成绩固然可喜，面临的严峻挑战更不容忽视，但海外风险不易控制。今天的国际市场已成为政治、经济、宗教、文化、科技力量综合博弈的场所，这使企业面临的风险更加复杂，如贸易摩擦、知识产权保护、暴力活动、人质事件等。尤其是一些政治风险更加难以把握和控制，比如利比亚动荡和内战给企业带来巨大困难。各国引资政策出现分化，一些国家政府重新开始强调管制，以国家安全、环境保护、民众利益、保障就业等名义设置隐性投资壁垒，这边都加大了跨国投资的风险和成本。

（一）风险管理常用术语

风险（Risk）无处不在，是一种普遍的社会现象，在社会活动中都会用到。因此需要采用科学的风险管理方法管理风险，确保风险可控。

1. 风险的定义

广义上讲，风险是一个事件产生人们不期望后果的可能性；狭义上来说，风险是由于从事某项特定活动过程中存在的不确定性而产生的经济或财务的损失、自然破坏或损伤的可能性（大不列颠百科全书）。描述风险通常包含三个要素：①事件，即对一个项目或企业将发生的事件；②概率，即该事件发生的可能性大小；③损失，即该事件发生后可能造成的损失或危害。

2. 风险的特征

风险作为项目中存在的普遍现象，具有以下特征：

（1）客观性。风险的存在取决于决定风险的各种因素的存在。它不以人们的主观意志为转移，不管人们是否意识到风险，只要决定风险的各种因素出现了，风险就会出现。

（2）突发性。风险突发产生，当人们面临突然产生的风险时，往往不知所措，其结果是加剧了风险的破坏性。因此要加强对风险的预警和防范，建立风险预警系统和防范机制，完善风险管理系统。

（3）多变性。指风险会受到各种因素的影响，在风险性质、破坏程度等方面呈现动态变化的特征。企业在生产经营管理中面临的市场就是一种处在不断变化过程之中的风险。

（4）多样性。随着项目和项目环境的复杂化、规模化，在一个项目中存在着许多不同种类的风险，如政治风险、经济风险、技术风险、社会风险等。

3. 项目风险管理（Project Risk Management）

国际工程项目具有投资大、周期长、一次性、涉及面广、制约条件多、法律和文化差异等特点，项目风险管理呈现出较强的复杂性。

项目风险管理是指项目管理组织对项目可能遇到的风险进行识别、估计、评价、应对、监控的动态过程，以科学的管理方法实现最大安全保障的实践活动的总称。

项目风险管理的目标是控制和处理项目风险，防止和减少损失，减轻或消除风险的不利影响，以最低成本取得对项目保障的满意结果，保障项目的顺利进行。

项目风险管理体系构架包括风险识别、风险评价、风险处理和风险监控四个重点环节。通过计划、组织、协调、控制等过程，综合、合理地运用各种科学方法对风险进行识别、评价，提出应对办法，随时监控项目的进展，注视风险的动态，妥善地处理风险事件造成的不利后果。

与项目风险管理有关的几个概念：

风险事件（Risk Event）。指可能导致某个项目或系统发生问题，需要作为项目要素加以评估以确定风险水平的大事。

风险评估（Risk Assessment）。指对项目各个方面的风险和关键性技术过程的风险进行辨识和分析的过程，其目的是促进醒目更有把握地实现其性能、进度和费用目标。

风险处理（Risk Handing）。指对风险进行辨识、评价、选定并实施应对方案的过程，目的是在给定项目约束条件和目标下使风险保持在可接受的水平上。

风险监控（Risk Monitoring）。指在整个项目管理过程中，按既定的衡量标准对风险处理活动进行系统跟踪和评价的过程，必要时还包括进一步提出风险处理备选方案。

（二）国际工程常见风险类型

不同国际项目有不同的风险，项目不同阶段的风险有不同的表现。为全面地认识国际项目风险，在不同阶段制定相应的风险管理重点，需要系统地分析项目风险。项目风险主要有以下几种分类：

1. 按风险造成的后果划分

（1）纯粹风险。不能带来机会、无获得利益可能的风险，叫纯粹风险。纯粹风险只有两种可能的后果：造成损失和不造成损失。纯粹风险造成的损失是绝对的损失。活动主体蒙受了损失，全社会也跟着受损失。

（2）投机风险。既可能带来机会、获得利益，又隐含威胁、造成损失的风险，叫投机风险。投机风险有三种可能的后果：造成损失、不造成损失和获得利益。如工程的地质条件、通货膨胀、汇率变化等。

一般来讲，在相同的条件下，纯风险可能重复出现，人们更能成功地预测其发生的概率，从而相对地容易采取措施。而投机风险因其重复出现概率小，预测的准确性相对较小。纯粹风险和投机风险两者常常同时存在。

2. 按风险产生的根源划分

（1）项目环境风险包括政治风险、经济风险、法律风险、社会环境风险及自然条件风险等。

1）政治环境风险。是指由于政局变化、政权更迭、罢工、战争等引起社会动荡而造成财产损失和损害以及人员伤亡的风险。

2）经济风险。国际工程项目涉及跨国工程承包、多种金融货币结算，受各国经济政策以及世界金融环境等各种因素的影响，不可避免要面对汇率波动、价格上涨、通货膨胀等经济风险。

3）法律风险。是指因项目所在国相关法律制度不健全、法律规定差异或频繁变化等因素，给承包商项目实施带来的不利影响。如企业未能在国际项目投标前期识别所在国法律法规，在环境保护、税务策划、当地用工管理等方面出现大的失误等，影响公司利益和声誉。

4）社会环境风险。社会环境风险是指因项目所在国的治安秩序混乱、公众排外情绪强烈或承包商不熟悉当地的文化、风俗、语言差异，给承包商实施项目带来直接或间接的危害。如沙特轻轨项目中，因承包商不了解当地的宗教风俗习惯，因当地宗教节日、宗教活动较多，并且在用工高峰期国外劳工无法进入麦加等宗教场所附近施工，导致工人短缺，雇佣的当地劳工效率低下，有效工期严重不足。

5）自然条件风险。自然条件包括工程场地的地理位置、交通运输条件、场地地形、地貌、海拔、气象水文资料、工程地质、自然条件限制等要素。在项目投标决策阶段需要全面地了解工程实施过程中可能遇到的自然条件风险，估算其对工期及费用的影响，并体现在报价中。

（2）项目自身风险包括项目决策风险、缔约和履约风险、技术风险等。

1）项目决策风险。是指由于承包商在项目评估阶段对市场和项目环境考察不充分、对项目主要参与方情况不了解等因素，造成承包商的市场选择、项目决策和投标报价失误的风险。主要包括信息取舍失误或信息失真风险、中介与代理风险、保标与买标风险、报价失误风险等。

2）缔约和履约风险。指在缔约时，合同条款中存在不平等条款、合同中的定义不准确、合同条款有遗漏；在合同履行过程中，协调工作不力，管理手段落后，既缺乏索赔技巧，又不善于运用价格调值办法等的风险。

3）技术风险。是指项目设计、施工、制造、工艺控制过程和检验检测程序等有关环节中涉及的技术条件不确定性引起的风险，如采用新技术、技术文件与技术规范、所选工艺、设备的技术缺陷等，还可能与项目执行环境有关。这些技术风险贯穿整个项目实施的全过程，与各种不同的风险因素交织在一起，产生更大的不确定性。

（3）项目干系人风险包括来源于业主、工程师、承包商、供应商、分包商、政府部门、保险公司、金融机构等方面的风险。

中国承包商做国际工程项目，除了要提高自身水平外，面对工程所在国的业主、工程师、供应商、政府、金融机构等项目干系人，必须要熟悉当地的市场规范和习惯以及运作的方法等。不同的项目干系人对项目有不同的期望和需求，可能会对项目造成积极或消极的影响，从而产生风险。

业主风险：是指因业主的支付出现风险，存在资格缺陷或越权承诺、对工程要求不明确、协助不利或对项目过度干预等因素而给承包商项目实施带来的危害。

工程师风险：工程师的职责是其对项目实施的过程中各工序施工、技术规范、材料报批、图纸报批等都有非常严格的控制。工程师本身的工作经验、公正性、工作方式和效率直接影响到承包商的管理工作，从而产生风险。

承包商风险：主要包括承包商的组织管理能力、道德风险和沟通风险。一个合格的承包商需要有一个高效运转的组织管理团队，具有良好的沟通能力，良好地履约，履行社会责任，获得项目所在国民众的信任，维护品牌信誉。

3. 按风险发生的时间阶段划分

在项目全寿命周期视角下，项目风险可分为可行性阶段风险（可理解为投标前期风险管理）、设计阶段风险、施工阶段风险和施工后阶段风险。

根据风险产生的根源和时间将项目风险进行分类，见表 2－7－1，各项风险在整个项目管理中要全程进行跟踪。风险在不同阶段的影响和发生概率不同，所以要在特定阶段重点关注，制定风险清单，并及时更新各项风险评估状态。

二、国际工程项目风险管理程序

随着工程项目规模的扩大以及复杂性的增加，风险管理的重要作用日趋凸现，因此构建完善的项目风险管理体系，有效地管理项目中出现和潜在的风险是项目顺利进行的关键保障。

项目风险管理的目标是控制和处理项目风险，防止和减少损失，减轻或消除风险的不利影响，以最低成本取得对项目保障的满意结果，保障项目的顺利进行。

表 2-7-1　　项目全寿命周期视角下风险分类

时间阶段	项目环境	项目自身	项目干系人
可行性阶段（标前阶段）	未能考虑到对其他方和社会的影响	新技术风险； 施工未经测试和证明的技术； 机电设备性能不佳	没有考虑可以预见的风险； 标前考察、市场研究、市场环境考察不充分； 选择承包商和分包商的风险
设计阶段	战争、核反应； 土质调查的充分性； 测量勘察的充分性	要求描述的准确性； 工程选址； 资金及其计算的充分性	咨询机构的专业性； 设计人员的专业能力
施工阶段——与工地有关的风险	与工地选址有关的风险； 不可抗力：暴雨、洪水、暴风雨、飓风、下沉、滑坡、极端温度、地震； 工地周围交通条件； 工地地质风险：地形、地质和地下特征； 自然条件不良； 地下障碍，当地居民的接受度	场地大小，项目本身的性质（如新建、改扩建、加固维修等）	
施工阶段——技术层面的风险	施工过程中的危险物； 下沉； 爆炸和火灾； 震动； 腐蚀； 倒塌	工程延期； 设计阶段的技术复杂性； 标准规范的使用； 设计缺陷； 机电供货	不充分的现场管理
施工阶段——人为风险	政治经济社会风险； 骚乱； 纵火； 罢工； 非法行为	无效率和拖延； 现场监管不力； 合同变更； 未能遵守保险要求	人为错误过失； 疏忽和粗心； 缺少沟通； 不称职； 邪恶醒悟； 争端解决风险
施工后阶段	火灾和纵火风险； 工地自身的天灾风险； 自然灾害； 天灾加人祸； 人为风险，包括政治风险	适用性风险； 运营风险； 运营过程中的危险物； 设计寿命期的磨损风险	安全； 使用能力（操作性能、达到合同要求性能指标）

结合企业风险管理及国际项目风险管理实践，将风险管理过程分为5个阶段和环节，包括风险识别、风险评估、风险评价、风险应对和风险监控。各阶段需要开展哪些工作，达到的效果如图2-7-2所示。

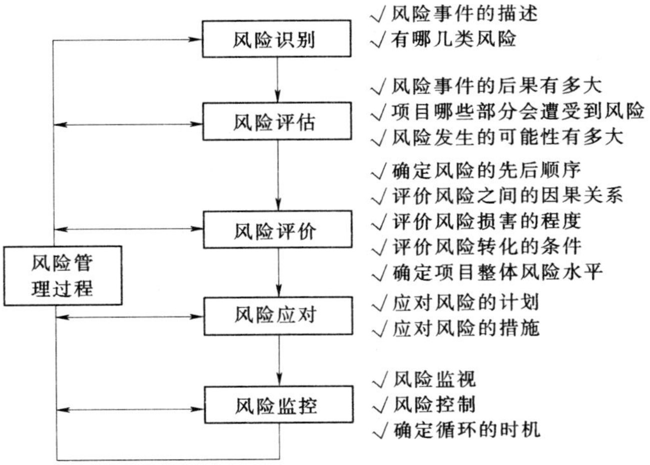

图 2-7-2　项目风险管理过程

三、项目风险管理的基本方法

（一）基本概念

（1）风险识别。风险识别是风险管理中的首要步骤，是指通过一定的方式，系统而全面地识别影响项目目标实现的风险事件并加以适当归类，并记录每个风险因素具有的特点的过程。必要时，还需对风险事件的后果进行定性估计。

（2）风险分析与评价。是将项目风险事件发生的可能性和损失后果进行定量化的过程。该过程在系统地识别项目风险与合理地做出风险应对策略的决策之间起着重要的桥梁作用。风险分析与评价的结果主要在于确定各种风险事件发生的概率及其对项目目标影响的严重程度，如项目投资增加的数额、工期延误的天数等。

（3）风险应对策略的决策。是确定项目风险事件最佳对策组合的过程。一般来说，风险管理中所运用的对策有以下四种：风险回避、风险控制、风险自留和风险转移。这些风险对策的适用对象各不相同，需要根据风险评价的结果，对不同的风险事件选择最适宜的风险对策，从而形成最佳的风险对策组合。

（4）风险对策的实施。对风险应对策略所做出的决策落实到具体的计划和措施中。包括确定应当做些什么，何时完成，由谁负责，需要多少费用等一些具体的问题。如在决定进行风险控制时，要制定预防计划、灾难计划、应急计划等；在决定购买工程保险时，要选择保险公司，确定恰当的保险险种、保险范围、免赔额、保险费等。

（5）风险监控。是指在整个项目管理过程中，要不断地跟踪检查各项风险应对策略的执行情况，并评价各项风险对策的执行效果。只有通过动态风险监控，及时采取措施，才能确保项目风险可控。

（二）工程项目风险识别

风险识别（Risk Identification）的主要内容是：识别引起风险的主要因素、识别风险的性质、识别风险可能引起的后果。

1. 风险识别的特点

风险识别具有全员性、系统性、动态性、信息性及综合性五大特点。通过组织企业、项目组人员全员参与，从项目投标、实施、运营及移交等阶段系统地对项目全寿命周期进行风险识别，建立项目长风险清单，及时收集各类信息并进行动态性监控，运用风险识别工具，确保项目各类风险可控。

2. 风险识别方法

（1）初始风险清单法。是指项目专业人员利用丰富的经验，在项目全寿命周期内对不同阶段所发生的风险，按照风险类别进行系统分类，识别风险，建立项目初始风险清单。国际项目在全寿命周期视角下，按照社会环境风险、项目自身风险、项目干系人风险进行风险分类并识别。项目初始风险清单见表2-7-2。

表2-7-2　项目初始风险清单表

序号	风险因素	风险描述	阶段		
			标前阶段	实施阶段	交付阶段
1	社会环境风险				
1.1	社会治安				
1.2	法律法规风险				
1.3	……				
2	项目自身风险				
2.1	合同风险				
2.2	设计风险				
2.3	……				
3	项目干系人风险				
3.1	业主方面的风险				
3.2	……				

（2）专家调查法。通过组织专家人员辨识项目风险是常采用的方法。包括头脑风暴法、德尔菲法和访谈法。

头脑风暴法又叫集思广益法，通过营造一个无批评的自由的会议环境，使与会者畅所欲言，充分交流、互相启迪，产生出大量创造性意见的过程。头脑风暴法以共同目标为中心，参会人员在他人的看法上建立自己的意见，可充分发挥集体的智慧，提高风险识别的正确性和效率。

德尔菲法是一种反馈匿名函询法，也叫专家调查法。在对所要预测的问题征得专家意见之后，进行整理、归纳、统计，形成初步意见，再次征求意见，确定最终意见。

（3）财务报表法。财务报表法有助于确定项目可能遭受哪些损失以及在何种情况下遭受损失。通过分析项目结算款到位、资金流、汇率变化、资产负债表等，可识别项目的资产、负债、责任及人身损失风险，预测项目未来的风险。

（4）风险调查法。该法是风险管理中用来记录和整理数据的基本方法，在风险识别时，对已完成类似项目曾发生过的风险及预计项目可能潜在的风险进行分析汇总，形成风险调查表，为下一阶段风险评估奠定重要基础。

（三）工程项目风险评估

风险评估（Risk Assessment）的主要内容包括：

（1）风险事件发生的可能性大小。

（2）风险事件发生可能的结果范围和危害程度。

（3）风险事件预期发生的时间。

（4）风险事件的发生频率等。

1. 风险的度量

（1）风险事件发生的概率。概率是度量某一事件发生的可能性大小的量。针对日常运营中可能发生的潜在风险，用1～5将风险事件发生的概率分为极低、低、中等、高、极高五个等级，判断风险发生的可能性大小。

（2）风险事件的评价。风险长清单明确后，对各项风险进行具体的评估，以找出关键风险因素，并制定相应预案。风险评估的分析方法可以分为定性和定量两种：定量的评估手段可以将风险衡量指标具体量化，计算出风险带来的影响和发生的概率；定性分析方法则基于发生的可能性和风险造成的影响两个维度，对风险进行分级评定，进而衡量并筛选出关键风险。

1）定量风险分析。定量风险分析方法，是基于对预期损失计算的分析方法。预期损失是指由风险引起的直接或间接的全部运营影响的损失，由涉及成本、损失比例和发生概率三个主体影响因素决定。其中：涉及成本指与风险相关联的项目成本，量化指标可通过完整项目或阶段项目的价值，或项目预期收益来衡量；损失比例是指风险发生后所带来成本损失的比例，其具体量化指标来自基于历史数据或行业经验的目标预测；发生概率指风险发生的可能性，其分析主要基于历史数据和概率的预测。一般来说，只有在以下情况时采用定量风险分析：

- 之前已经进行定性分析。
- 针对定性分析中出现的十分重要的风险因素。
- 具有充足的时间或时间允许。
- 具有可靠的数据以对概率进行量化或可以得到相关数据。
- 当用数据标识风险结果具有一定意义。
- 具有必要的专业技能或支持来处理和解释定量分析的结果。

适于应用定量风险分析的情况有：估算合同的成本及不可预见费；设备可靠性评估生命周期成本。

2）定性风险分析。定性风险分析主要关注风险发生对项目带来的影响和风险发生的可能性，通过风险量级计算，确定关键风险。代表风险的任何事件都有其发生概率，且一旦发生都有其后果。风险量级表现为：概率×后果（可能性）（影响）。

针对风险发生的可能性和影响程度两个维度，具体进行分级衡量，其中评价的级别一般可分为三级或五级，如风险发生的概率可分为罕见、不太可能、可能、很可能、几乎确定五个层级，见表2-7-3；风险影响可分为无关紧要、轻微、中等、重大、灾难性五个层级，见表2-7-4。

表 2-7-3 定性概率标记符

描述符	描述	等级分值
罕见	此类事件只有在异常情况下发生	1
不太可能	此类事件不太可能发生	2
可能	此类事件有时可能发生	3
很可能	此类事件曾经发生过并且可能再次发生	4
几乎确定	此类事件很普遍并且预计将在大多数情况下发生	5

表 2-7-4 定性结果标记符

描述符	定义	等级分值
无关紧要	无人员伤亡，财务损失低	1
轻微	急救处理，及时的现场疏散，中等的财务损失	2
中等	需要医疗，在外部援助下进行现场疏散，高额财务损失	3
重大	大范围伤害，生产能力损失，无不利影响的场外疏散，重大财务损失	4
灾难性	人员死亡，产生不利影响的有毒物质场外释放，巨大财务损失	5

风险的具体评定可以根据经验和历史发生案例，或者专家访谈法决定。无论采用何种方法进行评定都要尽量减少人为因素带来的干扰。

2. 风险分析与评价方法

风险的分析与评价往往采用定性和定量相结合的方法来进行，两者相互补充。目前，企业常用的项目风险分析与评价的方法为调查打分法。本节主要介绍调查打分法。

调查打分法是指将识别出的项目可能遇到的所有风险，列成项目风险表，将项目风险表提交给有关专家，利用专家的经验，对可能的风险因素的等级和重要性进行评估，确定项目的主要风险因素。

工作流程：识别项目所有风险，汇总形成项目风险评估调查表→确定项目风险评估标准→专家打分→风险评估→由高到低排序形成项目主要风险。

【示例 2-7-1】 某公司项目风险评估如下。

1）项目风险评估调查表，见表 2-7-5。

表 2-7-5 项目风险评估调查表

序号 1	风险描述 2	风险评价										风险量级 (3×4)
		发生的可能性 3					影响的重大性 4					
		1	2	3	4	5	1	2	3	4	5	
1	社会环境风险	几乎不太可能	不太可能	可能	很可能	基本确定	极低	低	中等	高	极高	
1.1	社会治安风险	几乎不太可能	不太可能	可能	很可能	基本确定	极低	低	中等	高	极高	
1.2	法律法规风险	几乎不太可能	不太可能	可能	很可能	基本确定	极低	低	中等	高	极高	
1.3	……											
2	项目自身风险	几乎不太可能	不太可能	可能	很可能	基本确定	极低	低	中等	高	极高	
2.1	合同风险	几乎不太可能	不太可能	可能	很可能	基本确定	极低	低	中等	高	极高	
2.2	设计风险	几乎不太可能	不太可能	可能	很可能	基本确定	极低	低	中等	高	极高	

2）项目风险评估标准。调查问卷所列风险发生的评估标准，分为风险发生的可能性和风险发生后的影响程度两个维度，各维度评估方法包括定性方法和定量方法。某公司项目风险发生的可能性评估标准示意，见表 2－7－6；某公司项目风险分析影响程度标准示意，见表 2－7－7。

表 2－7－6　　某公司项目风险发生的可能性评估标准列表示意

定量方法一	评分	1	2	3	4	5
定量方法二	一定时期发生的概率	10％ 以下	10％～30％	30％～70％	70％～90％	90％以上
定性方法	文字描述一	极低	低	中等	高	极高
	文字描述二	一般情况下不会发生	极少情况下发生	某些情况下发生	较多情况下发生	常常会发生
	文字描述三	今后 10 年内发生的可能少于 1 次	今后 5－10 年可能发生 1 次	今后 2－5 年内可能发生一次	今后 1 年内可能发生一次	今后 1 年内至少发生一次

表 2－7－7　　某公司项目风险分析影响程度标准示意

定量方法一	评分		1	2	3	4	5
定量方法二	企业财务损失占税前利润的百分比/％		1 以下	1～5	6～10	11～20	20 以上
定性方法	文字描述一		极轻微的	轻微的	中等的	重大的	灾难性的
	文字描述二		极低	低	中等	高	极高
	文字描述三	企业日常运行	不受影响	轻度影响（造成轻微人身伤害，情况立刻受到控制）	中度影响（造成一定人身伤害，需要医疗救援，情况需要外部支持才能得到控制）	严重影响（企业失去一些业务能力，造成严重人身伤害，情况失控，但无致命影响）	重大影响（重大业务失误，造成重大人身伤亡，情况失控，给企业致命影响）
		财务损失	较低的财务损失	轻微的财务损失	中等的财务损失	重大的财务损失	极大的财务损失

四、工程项目风险应对策略及监控

（一）风险应对策略

工程项目风险的应对策略包括风险回避、风险转移、风险自留。

1. 风险回避（Risk Avoidance）

风险回避是指在完成项目风险分析与评价后，如果发现项目风险发生的概率很高，而且可能的损失也很大，又没有其他有效的对策来降低风险时，应采取放弃项目、放弃原有计划或改变目标等方法，使其不发生或不再发展，从而避免可能产生的潜在损失。通常，当遇到下列情形时，应考虑风险回避的策略：

（1）风险事件发生概率很大且后果损失也很大的项目。

（2）发生损失的概率不大，但当风险事件发生后产生的损失是灾难性的、无法弥补的。

2. 风险转移（Risk Transfer）

风险转移是进行风险管理的一种十分重要的手段，当有些风险无法回避、必须直接面对，而以自身的承受能力又无法有效地承担时，风险转移就是一种十分有效的选择。必须注意的是，风险转移是通过某种方式将某些风险的后果连同对风险应对的权力和责任转移给他人。转移的本身并不能消除风险，只是将风险管理的责任和可能从该风险管理中所能获得的利益移交给了他人，项目管理者不再直接地面对被转移的风险。

风险转移的方法有很多，主要包括非保险转移和保险转移两大类。

（1）非保险转移。非保险转移又称为合同转移，因为这种风险转移一般是通过签订合同的方式将项目风险转移给非保险人的对方当事人。项目风险最常见的非保险转移有以下三种情况：

1）合同甲方将合同责任和风险转移给对方当事人。在这种情况下，被转移者多数是承包商。例如，在合同条款中规定，采用固定总价合同将涨价风险转移给承包商等。

2）承包商进行项目分包。承包商中标承接某项目后，将该项目中专业技术要求很强而自己缺乏相应技术的项目内容分包给专业分包商，从而更好地保证项目质量。

3）第三方担保。合同当事人的一方要求另一方为其履约行为提供第三方担保。担保方所承担的风险仅限于合同责任，即由于委托方不履行或不适当履行合同以及违约所产生的责任。第三方担保的主要有投标保函、预付款保函、履约保函、保留金保函等。

常见保函的介绍见表 2－7－8。

表 2－7－8　　常见保函表

保函名称	作　用	金　额	生效日期	有　效　期
投标保函	保护业主在承包商撤回标书或者授标时拒绝签订合同的风险	业主在招标文件里统一规定的具体数额或报价百分比，一般为投标报价的 1%～5%	保函开具之日	视招标文件规定而定，一般为开标日＋报价有效期＋28 天，报价有效期一般为 90 天、120 天、150 天，甚至更长； 如果中标，则延长至该承包商签订合同并提交规定的履约保函后才失效
预付款保函	保证承包商按照合同规定返还预付款	与预付款总额相同，逐步扣减	收到预付款之日	至业主从支付给承包商的工程款中抵扣完该笔预付款为止＋28 天
履约保函	保证承包商合同履约	合同中明确规定，约为合同总价的 5%～25%，一般为 10%左右	保函开具之日	根据合同工期而定，有两种情况：有效期至工程竣工＋28 天；有效期至缺陷通知期满＋28 天
保留金保函	承包商提前收回保留金；保证承包商在缺陷通知期的维修义务	与业主释放的保留金额度相同	收到保留金之日	缺陷通知期满＋28 天

（2）保险转移。国际工程项目需要投保工程一切险、相关责任险、施工机具险以及出口信用保险。通过购买保险，承包单位作为投保人将本应由自己承担的项目风险（包括第三方责任）转移给保险公司，从而使自己免受风险损失。保险之所以能得到越来越广泛的运用，原因在于其符合风险分担的基本原则，即保险人较投保人更适宜承担项目有关的风

险。对于投保人来说，某些风险的不确定性很大，但是对于保险人来说，这种风险的发生则趋近于客观概率，不确定性降低，即风险降低。

在决定采用保险转移这一风险应对策略后，需要考虑与保险有关的几个具体问题：一是保险的安排方式；二是选择保险类别和保险人，一般是通过多家比选后确定，也可委托保险经纪人或保险咨询公司代为选择；三是可能要进行保险合同谈判，这项工作最好委托保险经纪人或保险咨询公司完成，但免赔额的数额或比例要投保人自己确定。

1）工程一切险。FIDIC施工合同规定，保险方应为工程、永久设备、材料以及承包商的文件投保，实践中往往强制要求投保工程一切险（建筑/安装工程一切险）。

建筑工程一切险（Construction All Risks，CAR）简称建工险，责任范围包括施工期间工程本身、施工机械、建筑设备所遭受的损失以及因施工而造成的第三者人身财产伤害，保险人承担被保险人在工程建筑过程中由自然灾害和意外事故引起的一切损失的经济赔偿责任。

安装工程一切险（Erection All Risks，EAR）简称安工险，责任范围包括机器设备安装、企业技术改造、设备更新等安装工程项目的物质损失和第三者责任，保险人承担新建、扩建或改造的工矿企业的机器设备或钢结构建筑物在整个安装、调试期间，由于保险责任范围内的自然灾害和意外事故造成的保险财产的物质损失和列明费用的损失。

工程一切险的全称为建筑/安装工程一切险及第三者责任险。第三者责任险作为工程一切险的一部分，主要承保：在保险期间内，因发生与保险合同所承包工程直接相关的意外事故引起工地内及邻近区域的第三者人身伤亡、疾病或财产损失，依法应由被保险人承担的经济赔偿责任；以及被保险人因保险事故而被提起仲裁或者诉讼的，应由被保险人支付的仲裁或诉讼费用以及其他的必要的、合理的费用。

工程一切险可以由业主或承包商投保，被保险人可以包括业主、承包商、分包商、工程师以及贷款银行等相关各方。在进行项目保险安排时，需要关注两方面：某风险由谁承担；某风险对应的保险由谁购买。

2）责任保险。

a. 职业责任保险。职业责任保险（Professional Liability/Indemnity Insurance），是指承保各种专业技术人员由于工作上的疏忽或过失所造成合同一方或他人的人身伤害或财产损失的经济赔偿责任的保险。在工程领域，一旦因设计、监理等技术人员的过错或过失造成工程的巨大损失，其所收取的服务费是远远不够赔偿的，保险无疑成了责任分担的重要选择。因此投保职业责任保险的专业人员包括设计师、各种专业工程师。咨询工程师等，保险范围分别包括由于设计错误、工作疏忽、监督失误等原因给业主或承包商造成的损失。

b. 工程潜在缺陷险。工程潜在缺陷险（Latent/Inherent Defects Insurance），是以工程质量作为保险对象的一种保证保险，保障工程竣工验收时没有被发现的设计、施工工艺或材料的缺陷引起的风险，由工程项目参与各方为保证工程完工后可能出现的质量缺陷有可靠的维修资金保障而设立，保险期限一般为竣工后10年，又被称作建筑物10年期责任保险（Liability for Ten Years/Decennial Insurance）。保险范围通常是10年内因主体结构存在缺陷发生工程质量事故而造成的损失，特别是坍塌、下沉、裂缝等重大质量事故造成的损失。

c. 雇主责任保险。雇主责任保险（Employer Liability Insurance）对被保险人所雇员工在受雇期间因工作遭受意外或患有与业务有关的职业性疾病而致伤、残、死亡情况下获取医疗费、伤亡赔偿、康复费用、工伤休假期间工资及必要的诉讼费用等承保。所雇佣的员工包括短期工、临时工、季节工和徒工。其中人身伤害险是主险，可以选择附加医疗费险和诉讼费险。

在雇主责任保险中，雇主既是投保人，也是被保险人。业主、承包商、工程师等可自行为其雇员投保雇主责任保险，也可统一由某一方投保。

d. 环境污染责任保险。环境污染责任保险（Environmental Pollution Liability Insurance）是以企业发生的污染事故对第三者造成的损害依法应负的赔偿责任为标准的保险。造成人身伤害或财产损失的事故可能是突发或意外，也可能是渐进性的环境污染。

3）施工机具险。施工机具险全称是承包商施工机具与设备保险（Contractor's Plant & Equipment Insurance，CPE），承担参与工程建设的施工机具和设备，赔偿施工机具和设备在工地使用或停放过程中由于自然灾害和意外事故造成的损失。

4）出口信用保险。政治风险对国际工程项目影响非常大，而承包商又无法控制，同时一般的财产保险都将政治暴动、暴乱以及恐怖袭击等政治因素造成的损失列为除外责任，所以承包商应根据项目所在国政治环境决定是否投保政治风险保险。

在实践中，一般通过出口信用险来分散和防范政治风险。出口信用保险的险种多样，因各国的出口需要不同而各有差别，目前，我国的出口信用保险机构提供的产品大致分为三大类：短期出口信用保险、长期出口信用保险及海外投资保险。

3. 风险自留

风险自留是指项目风险保留在风险管理主体内部，通过采取内部控制措施等来化解风险。

（1）风险自留的类型。风险自留可分为非计划性风险自留和计划性风险自留两种。

1）非计划性风险自留。由于风险管理人员没有意识到项目某些风险的存在，或者不曾有意识地采取有效措施，以致风险发生后只好保留在风险管理主体内部。这样的风险自留就是非计划性的和被动的。导致非计划性风险自留的主要原因有：缺乏风险意识、风降识别失误、风险分析与评价失误、风险决策延误、风险决策实施延误等。

2）计划性风险自留。计划性风险自留是主动的、有意识的、有计划的选择，是风险管理人员在经过正确的风险识别和风险评价后制定的风险应对策略。风险自留绝不可能单独运用，而应与其他风险对策结合使用。在实行风险自留时，应保证重大和较大的项目风险已经进行了工程保险或实施了损失控制计划。

（2）风险控制措施。风险控制是一种主动、积极的风险对策。风险控制工作可分为预防损失和减少损失两个方面。预防损失措施的主要作用在于降低或消除（通常只能做到降低）损失发生的概率，而减少损失措施的作用在于降低损失的严重性或遏制损失的进一步发展，使损失最小化。一般来说，风险控制方案都应当是预防损失措施和减少损失措施的有机结合。

在采用风险控制对策时，所制定的风险控制措施应当形成一个周密的、完整的损失控制计划系统。该计划系统一般应由预防计划、灾难计划和应急计划三部分组成。

1）预防计划。预防计划的目的在于有针对性地预防损失的发生，其主要作用是降低损失发生的概率，在许多情况下也能在一定程度上降低损失的严重性。在损失控制计划系统中，预防计划的内容最广泛，具体措施最多，包括组织措施、经济措施、合同措施、技术措施。

2）灾难计划。灾难计划是一组事先编制好的、目的明确的工作程序和具体措施，为现场人员提供明确的行动指南，使其在灾难性的风险事件发生后，不至于惊慌失措，也不需要临时讨论研究应对措施，可以做到从容不迫、及时妥善地处理风险事故，从而减少人员伤亡以及财产的经济损失。灾难计划的内容应满足以下要求：①安全撤离现场人员；②援救及妥善处理伤亡人员；③控制事故的进一步发展，最大限度地减少资产和环境损害；④保证受影响区域的安全，使其尽快恢复正常。灾难计划在灾难性风险事件发生或即将发生时付诸实施。

3）应急计划。应急计划就是事先准备好若干种替代计划方案，当遇到某种风险事件时，能够根据应急预案对项目原有计划的范围和内容做出及时的调整，使中断的项目能够尽快全面恢复，并减少进一步的损失，使其影响程度减至最小。应急计划不仅要制定所要采取的相应措施，而且要规定不同工作部门相应的职责。应急计划应包括的内容有：调整整个项目的实施进度计划、材料与设备的采购计划、供应计划；全面审查可使用的资金情况；准备保险索赔依据；确定保险索赔的额度；起草保险索赔报告；必要时需调整筹资计划等。

（二）风险监控

1. 风险监控的主要内容

风险监控是指追踪已识别的风险和识别新的风险，保证风险计划的执行，并评估风险对策与措施的有效性。其目的是考察各种风险控制措施产生的实际效果，确定风险减少的程度，监视风险的变化情况，进而考虑是否需要调整风险管理计划以及是否启动相应的应急措施等。风险管理计划实施后，风险控制措施必然会对风险的发展产生相应的效果，监控风险管理计划实施过程的主要内容如下：

（1）评估风险控制措施产生的效果。

（2）及时发现和度量新的风险因素。

（3）跟踪、评估风险的变化程度。

（4）监控潜在风险的发展，监测项目风险发生的征兆。

（5）提供启动风险应急计划的时机和依据。

2. 风险跟踪检查与报告

（1）风险跟踪检查。跟踪风险控制措施的效果是风险监控的主要内容，在实际工作中，通常采用风险跟踪表格来记录跟踪的结果，然后定期地将跟踪的结果制成风险跟踪报告，使决策者及时掌握风险发展趋势的相关信息，以便及时地作出反应。

（2）风险的重新估计。无论什么时候，只要在风险监控的过程中发现新的风险因素，就要对其进行估计。除此之外，在风险管理的进程中，即使没有出现新的风险，也需要在项目的关键时段对风险进行重新估计。

（3）风险跟踪报告。风险跟踪的结果需要及时地进行报告，报告通常供高层次的决策者使用。因报告应该及时、准确并简明扼要，向决策者传达有用的风险信息，报告内容的详细程度应按照决策者的需要而定。编制和提交风险跟踪报告是风险管理的一项日常工作，报告的格式和频率应视需要和成本而定。

五、国际工程风险管理案例及要点分析

（一）国际项目风险管理案例

【案例 2－7－1】 马里某水电站项目

马里某水电站项目为 EPC 总承包模式，位于马里境内塞内加尔河上，是对现有的水电站的综合治理。工程主要包括对原有挡水堰进行加高，新建引水系统、电站厂房、进场路及输电线路等工程，电站装机容量 3×21MW，合同工期 38 个月。

主要风险分析及应对：

1. 马里 2012 年 3 月 21 日政变事件（项目环境风险——政治环境风险）

2012 年 3 月 21 日，马里首都巴马科发生军人政变，街道上枪声持续不断。国家电视台被军队攻占，22 日上午，军人通过国家电视台宣布，原马里政府已经不存在，他们已经控制了政权，关闭了机场及边境。动乱造成工期延误、施工费用增加。

企业成立应急小组，掌握事态的发展并做好各种防范措施。2012 年 3 月 21 日，马里政变对某水电站施工造成的影响是显而易见的，使企业损失了很多时间。对此向业主、监理提出了工期延长及损失赔偿意向。

2. 马里社会治安风险（项目环境风险——社会环境风险）

从 2012 年 4 月开始，马里成了一个分裂的国家，极端宗教分子控制北部面积比法国稍大的地区，而南部依然由一个无法自卫的政府管理。马里北部叛军活动猖獗，社会更加动荡，正常的工作效率很难保证。针对军事政变对社会治安的影响，项目部高度重视、密切关注马里社会安全动态，颁布了社会治安应急预案，并成立领导小组。另外，项目部从当地保安公司聘用保安，保障工地及营地安全。同时要求业主增加安全保卫力度，业主聘用宪兵，驻扎现场。至项目完工，项目所在地没有发生或遇到过此类抢劫或不安全的事件。

3. 业主支付风险（项目自身风险——业主风险）

随着马里政变的持续发酵，世行于 2012 年 6 月暂停对项目工程款支付，项目资金回收风险加大。企业紧急启动业主支付风险评估风险预案，分析项目存在的风险及应对措施，提出策略。通过风险评估，业主后续资金逐步到位，有效化解了项目资金风险。

【案例 2－7－2】 波兰项目

A2 高速公路连接波兰华沙和德国柏林，是打通波兰和中西欧之间的重要交通要道。这条路招标时要求必须在 2012 年 5 月 31 日前建成通车。2009 年 9 月，中国海外集团和中铁隧道联合上海建工集团及波兰德科玛公司（DECOMA）组成中海外联营体（简称“联营体”），中标 A2 高速公路中最长的 A、C 两个标段，总里程 49km，总报价 13 亿波

兰兹罗提，约合4.72亿美元）。该报价仅为波兰政府预算价28亿兹罗提的46%，一度引起低价倾销的讼争。然而，2011年6月初，距离预定工期已经过去一大半，而工程量只完成不到20%。据中海外总公司估算，如果坚持做完该工程，联营体预计亏损3.94亿美元。由于资金拮据，联营体无法支付分包商款项，造成波兰分包商游行抗议，给中国企业在波兰当地造成了严重的负面影响。工程业主——波兰公路管理局则向联营体开出了7.41亿兹罗提（约合2.71亿美元）的赔偿要求并终止了合同，外加3年内禁止其在波兰市场参与投标。联营体中的波兰合作伙伴德科玛公司，亦可能在业主方的强硬追索下破产。

主要风险分析：

1. 决策风险（承包商风险——项目干系人风险）

中海外把欧盟国家波兰视为打入欧洲市场的第一站。因为急于拿下合同，他们对波兰建筑市场的相关政治、经济、法律、技术规范、市场环境、业主态度、主要竞争对手的实力、心态以及A2公路的背景等情况的全面深入调查了解不够，这给实施项目带来隐患。同时，急于求成的心态导致签订合同的草率，为中标轻易地接受了许多不平等、不公正的合同条款。

2. 合同风险（招标文件风险——项目自身风险）

联营体与波兰企业主签订了过于严苛的合同。招标合同参考了国际工程招标通用的FIDIC条款，但与FIDIC标准合同相比，联营体与波兰公路管理局最终签署的合同删除了很多对承包商有利的条款。例如，FIDIC施工合同规定，如果因原材料价格上涨造成工程成本上升，承包商有权要求业主提高工程款，承包商实际施工时有权根据实际工程量的增加要求业主补偿费用；FIDIC中的“如果业主延迟支付工程款项，承包商有权终止合同”，这些条款被明确删除。关于仲裁纠纷处理的条款全被被删除，代之以“所有纠纷由波兰法院审理，不能仲裁”。FIDIC标准合同中的这些条款在最终签订的合同中被一一删除或修改，这使得联营体失去了在国际仲裁法庭争取利益的机会。

合同对变更有着严格的限制。关于变更程序，A2合同补充规定称：所有导致合同金额变动或者完成工程时间需要延长的，必须建立书面的合同附件。

正是由于承包商忽略了合同条款分析，轻视了合同对于双方商务关系的重要性，使得承包商在与业主的谈判中步履维艰。

3. 法律风险（项目环境风险）

中海外没有细致研究项目所在国的法律规定。波兰《公共采购法》明确规定：禁止承包商在中标后对合同金额进行“重大修改”。中海外的几次变更申请被波兰公路管理局拒绝，理由和依据就是这份合同以及波兰《公共采购法》等相关法律规定。

波兰加入欧盟后，各项法规向欧盟靠拢，变更频繁且突然。因欧盟标准更高，联营体经常在施工中因执行新标准被迫放弃投标时的施工方法和价格，致使工程费用大大增加。

联合体施工人员进入工地时，必须持有波兰政府颁发的各种签证（如临时居住证、劳动许可证、特殊公众资格证等），办理这些证件的时间长达1～3个月。这些门槛不仅增加费用、影响工期而且迫使联营体无法使用国产设备，只能租赁当地设备，增加成本。

按波兰《劳工法》，海外劳工必须按当地工资水平雇佣。这就意味着，中国劳动力的低成本优势不复存在。据有关方了解，中海外的波兰项目中只有500名工人来自中国，不到总人数的1/6。

当地环保法律措施严格。欧盟的法律很注意对当地动植物的保护。A2高速公路西段综合投资为13亿欧元，其中环保成本就占将近25%。C段报价单上包括动物通道、声屏障（这一成本超过0.4亿兹罗提）、路边的绿化和腐殖土壤处理等所有可被视为“环保成本“的条目共计0.825亿兹罗提，占综合成本的19%。项目C段的设计公司要求中海外在高速公路通过区域为蛙类和其他大中型动物建设专门通道，避免动物在高速公路上通行时被行驶的车辆碾死。但中海外的C标段合同报价中，桥梁方面的动物通道成本并没有明确被列入预算。同时，出于保护当地珍惜蛙类的需要，还使得施工不得不中断了两周。

4. 经济风险（项目环境风险）

中海外对原材料市场的预测不足。为了2012年夏天举办的欧洲足球杯，波兰开始兴建大量基础设施，各种基建原材料价格大幅上涨，一年多的时间，部分原材料和挖掘设备的租赁价格上涨了5倍以上，基建工程成本直线上升。欧洲基建承包商在波兰都有成熟的原材料供应商体系，也有自己的工程设备，受原材料价格上涨的冲击较小，而初来乍到的中海外不仅享受不到优惠的原材料的供应价格，还受到欧洲竞争对手的排挤，致使原材料成本大大超出预算。

5. 自然条件风险（项目环境风险）

中海外没有进行细致的现场勘查，对当地地质条件缺乏了解，而且项目说明书上的很多信息模糊。施工中发现，很多工程量都超过项目说明书的规定数量，如桥梁打入桩，项目说明书规定为8000m，实际施工中达60000m；桥涵钢板桩，项目说明书中没有规定，可实际工程中所有的桥梁都要打：软基的处理数量也大大超过预期。

6. 语言风险（社会文化风险——项目环境风险）

波兰的官方语言是波兰语，英语在波兰人日常生活中并不普及，精通中文且具备法律和工程专业背景的翻译人员更是凤毛麟角。联营体和公路管理局签署的是波兰语合同，而英文版和中文版只是简单摘要，由于合同涉及大量法律和工程术语，当时聘请的翻译并不能胜任。由于语言上存在障碍，造成项目实施过程中沟通不利，也是项目亏损的一个主要原因。

7. 业主方风险（项目干系人风险）

业主支付条件苛刻，付款态度消极，使项目执行难度雪上加霜。业主付款周期为56天，但联营体对劳务、材料供应商、设备租赁商、分包商的付款周期最短为3天。同时，大量设计文件、施工规范被工程师拖期审批，以致无法按时施工；因考古引起工程延误等一系列的索赔要求被工程师驳回。

【案例2-7-3】 中铁建麦加项目

2009年2月10日，中铁建与沙特阿拉伯王国签订《沙特麦加萨法至穆戈达莎轻轨合同》。该合同是“EPC+O&M”总承包（设计、采购、施工加运营、承包总承包），正线全长1806km，共设9座车站。根据合同，2010年11月13日车站开通运营，达到35%运能；2011年5月完成所有调试，达到100%运营。中铁建称该工程为“不讲条件”“不讲价钱”“不讲客观”的政治工程。

麦加轻轨项目是世界轨道交通建设史上同类项目施工难度最大、建设工期最短、客运能力最大的地铁工程，按照正常的商业规律，其价格理应最高。但最后的结果是，中铁建报出了17.7亿美元（约合120.70亿元人民币），价格偏低。中铁建称，在签订合同之前，公司进行过评估，认为按照当时的工程量，麦加轻轨项目能够盈利85%～10%。然而，截至2010年10月31日，沙特项目合同预计总收入120.51亿元，预计总成本160.45亿元，另外发生财务费用1.54亿元，项目预计净亏损高达41.48亿元，其中包含34.48亿元的已完成部分累计净亏损和6086亿元的未完成部分的预计亏损。

主要风险分析：

1. 决策风险（承包商风险——项目干系人风险）

该项目在投标时，没有分析该项目要求和合同规定及规范，以为项目受政府重视，而低估了该项目实施难度，没有在报价中充分考虑工程实施成本。这些都表明，中国铁建在该项目上成本预算不准确，存在投标报价错误。

项目2009年已开始出现亏损，但在中铁“政治工程高于一切”的方针下，承包商并没有按照惯例停工进行索赔，而是调整国内技术骨干不计成本地赶工期，赶工成本超出数亿元。工程具有的政治色彩，也是该工程巨额亏损的原因之一。

2. 合同风险（招标文件风险——项目自身风险）

合同条件苛刻，变更频繁。业主不断提出增加功能的要求，还要缩短工期。麦加轻轨开工后，沙特业主就土建桥梁跨越道路形式、结构形式、车站面积、设备参数、功能需求等提出众多变更要求，其中仅土方开挖就由原来的200万方变更为520多万方，增加了320多万方。由于合同条件苛刻，承包商没有很多的自主权，甚至连房间墙壁的颜色等都需要业主代表（城乡事务部副部长）亲自选择才能决定，导致大量本应通过正常流程决定的事情，需要经过若干次反复才能最后批复，审批进展滞后。

（1）法律风险。

由于设备注册手续被控制，承包商自己的设备闲置时不能外租增加收入，还要花钱维护保养，极大地制约了资源的有效利用。

（2）经济风险（项目环境风险）。

该项目实际上已经招标多年，有很多工程公司都投过标，其中还包括沙特当地最大的铁路建设集团（报价为27亿美元）。而中国铁建给项目的报价最初为22亿美元，经过议标之后，中国铁建将报价降为17.7亿美元。投标时，业主只对概念设计做出评估，从而较为准确地评估总体工程量；没有与设计要求结合起来认真分析业主提供的有关工程资料，以便预先发现设计与施工中可能出现的不利情况，从而采取相应的措施并反映在报价中。此外，人民币升值带来的汇率波动，使得以外币结算的沙特项目的亏损进一步放大。

（3）自然条件风险（项目环境风险）。

项目初期，中国铁建忽略了应该根据沙特麦加轻轨项目当地的市场环境做出相应的决策分析，例如，由于忽视前期项目所在地的环境调查，空调设计最初是按照室外温度38℃进行设计的，但是麦加当地炎热干燥，常年温度在40～50℃，地表温度超过60℃，按38℃进行空调设计显然不行。最后，项目空调设计将温度提高到按照室外46℃进行设计，标准提高带来了成本增加。

此外，项目所在地环境恶劣：施工区域地处高温和特大风沙区，夏季地表的最高温度可达到70℃左右。此地严重缺水，淡水比石油更加珍贵。施工范围主要集中在穆斯林地区，制约因素多。然而，承包商由于对待此项目过于乐观，没有进行详尽的现场考察和市场调研，为项目后来的巨额亏损埋下了隐患。

(4) 社会文化风险（项目环境风险）。

我国国内工程项目普遍采用工人24小时三班倒的施工方式，然而，在沙特，当地企业普遍采用8小时工作制度，一些工人工作时间甚至连8小时都不到。当地的气候条件很恶劣，中午地表温度高达50～70℃，除了国外特许的石油行业的工人外，当地法律是禁止雇主要求工人正午外出干活的，除非给出足够的补贴。

此外，该项目位于伊斯兰教圣城麦加，施工区域集中在穆斯林地区，朝觐、斋月和每天五次固定的祷告，直接影响了施工效率，使实际上有效的施工时间无形地减少，严重制约了工期。

(5) 分包风险（项目干系人风险）。

由于中国铁建并没有设计该轻轨项目的能力，项目签约时只有概念设计，因此，中铁建在投标决策阶段没有认真地研究业主提供的资料、合同及规范，认为设计分包出去就可以了，剩下的采购、施工仍由中国铁建自己完成。事实上，该项目土建采用美国标准，系统采用欧洲标准，设计分包商均是由业主指定的西方公司和当地公司，直接听令业主，这直接导致了承包商丧失了设备的采购权。由于设计主动权掌握在外国公司手中，技术标准与合同要求存在差异，设计理念与咨询的不统一，造成了工程成本的大量增加。频繁地变更设计以及增加新的功能要求，更是给土建和系统工程施工带来了很大的被动。另外，材料和设备供应不足、拖延或数量的差错直接导致停工待料，造成人工和施工设备的浪费。

(6) 业主方风险（项目干系人风险）。

业主负责的地下管网和征地拆迁严重滞后，很多拆迁都完不成，一直拖到最后，影响日常施工，不仅导致了工期紧张，也增加了赶工成本。

（二）国际工程风险管理要点分析

国际工程项目具有高金额、高风险、高损失的特点，对比分析中国承包商经历的诸多典型失败案例，不难发现，导致这些项目失败或陷入困境具有明显的共同特性。

从上述案例可以看出，产生于中国承包商自身的原因主要包括：决策失误，风险评估薄弱，缺乏合适的转移控制措施；无视合同的严肃性，草率签订合同；设计与技术标准受限；缺乏属地化分包管理；粗放式项目管理。

1. 标前考察薄弱

在中国承包商与国际承包商的成本优势日益缩小的前提下，中国承包商还经常在投标阶段急于求成，追求营业额和开拓新市场，以超低价格中标，而不重视项目市场的环境调研，投标决策做得很草率，更多的是一种领导“拍脑袋”想出来的决策，导致项目实施过程中出现严重困难，很多项目实施环境与做出决策时提出的理想状况有很大差距。由于承包商事先市场调查得很草率，对项目所在地的社会情况、文化环境、法律条件等研究不细致，照搬国内实施项目的方法，结果自然是导致项目的亏损和失败。这也恰恰是许多中国承包商不注意识别和遵守国际工程项目客观规律的体现。用“赌博”的方式和“碰运气”的心态开展充满“高风险”的国际工程项目，其结局可想而知。

2. 合同重视不足

受国内工程项目经验的影响，中国承包商普遍缺乏尊重合同和法律的传统，将合同仅仅看作一个形式，有时工程做完了而合同还没翻过。不重视合同条款所规定的内容，对保护承包商自身的条款意识不足，甚至主动并轻易放弃了承包商应有的权利。

此外，受传统观念影响，我国企业“走出去”，很容易把商业问题与政治问题混淆，以为有两国政治关系兜底。在非洲等法律基础薄弱的地方，政治关系确实有时能帮助解决商业问题。然而，随着我国国际承包事业的开展，承包商进军欧美市场指日可待，欧美等民主国家法律健全，当地人民法律权威严肃的观念根深蒂固，政治关系并不能解决商业纠纷。

3. 保险保障不充分

目前，中国承包商普遍缺乏保险意识，特别是政治险、罢工险等险种，因为一旦发生政治方面的风险，其严重性往往超过其他各种险种，其影响范围是多方面、大范围的，很有可能导致国际承包商陷入绝境，不可不防。

4. 学习与交流机制缺乏完善

中国承包商用高成本换来的海外工程经验常常是低效率的，单个人的经验不能成为企业风险管理的一部分，常常出现“人走了，经验也被带走了”的现象。中国承包商之间也很难建立有效的沟通交流机制，个别企业的经验教训很难成为整个行业的共同财富。

针对上述问题，承包商在“走出去”开展国际项目时，应遵循“竞合、共赢、遵守游戏规则”的理念，把握好时机，与各利益方沟通协调好，加强国际化人才建设，加强风险防控，破解制约因素，稳健地迈好“走出去”的步伐。应做到：理解各种项目管理模式的风险；熟悉合同及索赔条款；了解合同制定背景与目的（如 FIDIC 的背景为英国普通法）；提升项目管理能力；借助外脑，即法律顾问、保险顾问、成本和工期索赔顾问，技术专家等。另外，在承包商企业内部培养风险管理文化，使员工能够长期保持危机感并习惯从风险管理的角度分析、处理问题，将会有效推进承包商的风险管理建设。

自 测 练 习 题

一、单选题

1. 在项目管理理论中，（　　）是工程项目风险管理方法论的核心。

A. 目标控制和成本控制　　B. 目标控制和风险管理

C. 风险管理和质量管理　　D. 成本控制和质量管理

2. 项目风险管理的首要步骤是（　　）。

A. 风险识别　　B. 风险分析和评价　　C. 实施决策　　D. 规划并决策

3. 风险识别的依据包括（　　）。

A. 历史数据　　B. 招标文件　　C. 项目信息　　D. ABC 全部

4. 工程担保是国际工程项目风险应对决策中的（　　）。

A. 风险回避　　B. 风险减轻　　C. 风险转移　　D. 风险自留

5.（　　）是迄今采用最普遍、也是最有效的风险管理手段之一。

A. 工程担保　　B. 保险　　C. 联营承包　　D. 合同转移

二、名词解释

1. 风险事件
2. 风险转移
3. 风险管理

三、简答题

1. 按风险产生的根源划分，风险类型包括哪些？
2. 项目全寿命周期视角下施工阶段风险类型包括哪些？
3. 简述国际工程项目风险管理程序。
4. 简述风险识别的过程。
5. 简述风险自留的特点。
6. 简述国际项目风险分析与评价过程。

单元三　知　识　拓　展

学习指导

通过本单元学习了解和掌握合同条件中的相关术语、概念与基本规定；重点掌握国际工程常用的合同条件1999年新版FIDIC《土木工程施工合同条件》中与实际合同管理密切相关的内容。

第一节　国际工程常用合同条件

合同在国际工程中占据着中心地位，是国际工程参与各方实施工程管理的基本依据。合同的签订和管理是搞好国际工程项目的关键。

这些标准合同条件能比较公平合理地划分风险责任和权利义务，一般较科学、严谨，易于为合同双方所接受且长期使用，为广大工程管理人员所熟悉，便于理解和沟通。

一、国际工程常用合同条件概述

在国际工程中，许多业主方都聘请专业化的项目管理公司负责或者协助其进行项目管理，项目管理公司代表业主的利益进行管理，实行项目管理的专业化。为了便于项目管理业务的顺利开展，许多国家在土木工程招标承包业务中，参考国际性的合同条件标准格式，并结合各国具体情况，制定出了本国适用的标准合同条件。

国际工程承包合同通常使用国际通用的合同示范文本，目前国际上常用的施工合同条件主要有：国际咨询工程师联合会（FIDIC）编制的各类合同条件；英国土木工程师学会（Institute of Civil Engineer）的“ICE土木工程施工合同条件”；英国皇家建筑师学会（Royal Institute of British Architects，RIBA）、英国咨询工程师协会（Association of Consulting Engineer，ACE）、英国皇家测量师学会（Royal Institution of Chartered Surveyors，RICS）等联合制定的“JCT合同条件”（合同审定联合会，Joint Contract Tribunal）；美国承包商总会（Associated General Contractors of America）的“AGCA合同条件”；美国建筑师学会（American Institute of Architects）的“AIA合同条件”；美国工程师合同文件联合会（Engineer's Joint Contract Document Committee）的“EJCDC合同条件”；欧洲发展基金会（European Development Fund，EDF）针对接受欧洲发展基金会贷款的项目编写的EDF合同条件；香港地区的合同条件主要是按照FIDIC合同条件编写的地区性合同条件，包括“建筑工程合同标准格式”和“香港房屋署建筑工程协议书及其合同条件”。其中，以国际咨询工程师联合会编制的“土木工程施工合同条件”、英国土木工程师学会的“ICE土木工程施工合同条件”和美国建筑师学会的“AIA合同条件”最为普遍。

大部分国际通用的施工合同条件一般分为两大部分：第一部分是“通用条件”，是指对某一类工程都通用，如FIDIC《土木工程施工合同条件》对于各种类型的土木工程（如房屋建筑、工业厂房、公路、桥梁、水利、港口、铁路等）均适用。第二部分是“专用条件”，是针对一个具体的工程项目，根据项目所在国家和地区的法律法规的不同，根据工程项目特点和业主对合同实施的不同要求，对通用条件进行的具体修改和补充。

一般在合同条件的专用条件中，有许多建议性的措辞范例，业主与其聘用的咨询工程师有权决定采用这些措辞范例或另行编制自己认为合理的措辞来对通用条件进行修改和补充。凡合同条件第二部分和第一部分有不同之处均以第二部分为准；专用条件的条款编号要与通用条件的条款编号完全对应。这样，合同条件的第一部分和第二部分共同构成一个完整的合同条件。

当然，并非所有国际通用的施工合同条件都采用通用条件和专用条件两部分组成的结构形式，例如ICE合同条件就没有独立的第二部分专用条件，而是用其合同条件标准本的第72条来表述专用条件的内容。

二、FIDIC系列合同条件简介

（一）FIDIC组织简介

FIDIC是国际咨询工程师联合会的法语缩写，它是各个国家的咨询工程师协会的国际联合会，总部设在瑞士的落桑，始建于1913年，至今已拥有56个会员国，是世界上最具权威性的咨询工程师组织之一。与其他类似的国际组织一样，它推动了高质量的工程咨询服务业的发展。

（二）合同范本的三大要素

合同范本的三大要素包括：

（1）法律与商务方面用合同条件制约。

（2）经济方面用工程量清单和计量支付条款制约。

（3）技术方面用技术规范、设计文件及图纸来制约。

（三）FIDIC系列合同条件简介

由FIDIC组织编写的规范性的合同条件，通常被称为FIDIC条款，这些条款不仅仅在FIDIC组织的成员国中使用，而且被世界银行、亚洲开发银行、非洲开发银行等国际金融机构采用，并且纳入其招标文件范本。因此，FIDIC组织编写的各种合同条件，在国际上最为流行。FIDIC专业委员会编制了许多规范性的文件，被许多国际组织和国家采用，其中最主要的文件就是一系列的工程合同条件。

在1999年以前，FIDIC编制出版的合同条件包括：

《土木工程施工合同条件》（通常称为FIDIC红皮书，即本书后续介绍的主要内容）；

《电气和机械工程合同条件》（通常称为FIDIC黄皮书）；

《业主/咨询工程师标准服务协议书》（通常称为FIDIC白皮书或IGRA条款）；

《设计-建造与交钥匙工程合同条件》（通常称为FIDIC橘皮书）；

《土木工程施工分包合同条件》。

为了适应国际工程市场的需要，FIDIC 于 1999 年出版了一套新型的合同条件，旨在逐步取代以前的合同条件，这套新版合同条件共四本，分别是《施工合同条件》《永久设备和设计-建造合同条件》《EPC/交钥匙项目合同条件》《简明合同格式》。

FIDIC 系列合同条件具有国际性、通用性和权威性。考虑到在不同国家施工的不同特点和每个工程项目的特性，在通用合同条件的后面，可以由招标单位根据项目情况编写“专用合同条件”。在中国使用 FIDIC 土木工程合同条件时，将专用合同条件又分成两个部分：第一部分是由财政部编写的标准的专用合同条件；第二部分是项目专用合同条件。

编入专用条款的内容，有以下四种情形：

(1) 凡是在通用条款的措辞中已经表明需要由专用条款再给出进一步信息才能使该条款的含义表达完整的，则必须在专用条款中或者采用《专用条款资料表》形式编写进一步的内容。

(2) 凡在通用条款的措辞中指出可能会在专用条款中进一步补充的内容，如果不补充，这些条款的含义仍然是完整的。

(3) 因为招标工程本身的工程类型，和由此而相伴产生的工程地区、工程环境等因素，而需要增补的内容。

(4) 因为工程所在国的法律或特殊环境要求对通用条件做出变更的。

三、FIDIC《土木工程施工合同条件》简介

(一) FIDIC 土木施工合同条件的基本特点

(1) 内容严密，可操作性强。

(2) 合同风险划分的公平性好。表现为：对那些属于承包人在施工中即使加强管理也仍然无法避免也无法克服的风险，一律划归业主承担。这样增大了合同的公平性，由于承包人不必考虑这部分的风险成本，有利于降低工程造价。

(3) 制度严密。表现为：①实行施工监理制度；②实行合同担保制度；③实行工程保险制度。制度严密有利于合同正常履行，对于质量、费用、进度的监理和控制有着良好的效果。

(4) 计价公正。实行以单价合同为主、包含部分总价、加计日工、暂定金、少量凭证支付的计价方式，使合同更加公正。

(5) 合同条件是技术、经济、法律三个方面内容的统一体。

(二) FIDIC 土木施工合同条件的基本内容

1. 土木工程施工合同条件的一般术语、概念、基本规定

(1) 世界银行。即世界银行集团，它包括五个成员组织：①国际复兴开发银行；②国际开发协会；③国际金融公司；④解决投资争端国际中心；⑤多边投资担保机构。

(2) 业主。是指投标书附录中列明的一方；从法律的角度来说，业主的主要特征体现为他是工程项目的提出者、组织论证立项者、投资决策者、资金筹集者、项目实施的组织者，是将来负责组织项目生产、经营和负责偿还债务的责任人。

(3) 项目监理（监理工程师、工程师）。建设监理包括政府监理与社会监理，政府监

理是指政府建设主管部门对建设活动实施强制性的监督和对社会监理行为实行的监督、管理活动；社会监理是指按一定资质条件、由政府主管部门批准、取得资格证书和营业执照的工程建设监理单位，他受业主委托，依据国家法律、法规、规范，以及与业主签订的“监理合同”、业主与承包人签订的“工程施工承包合同”和公认的行业准则，对工程建设过程进行监督管理的一种有偿服务。

（4）争端审议专家或争端审议委员会。争端审议委员会应由三名在同类工程建设和合同解释方面具有经验的委员组成，业主和承包人各选一名委员，并经另一方批准，业主在招标文件中提名一名委员，投标人在提交投标文件时确认，并提名另一名争端审议委员，业主在签发中标通知书时予以确认；第三名争端审议委员应当由上述两名委员选择并经双方批准。争端审议专家应由一名在同类工程建设和合同文件解释方面具有经验的人员担任，必须得到业主与承包人一致同意方能选定。

（5）承包人。是指其投标已被发包方接受，并履行了合同签约、提交了履约保证金的投标人。也就是直接与业主签订施工承包合同的法人。承包人可以是一个法人或几个法人共同组成，由几个法人组成的，称为联营体。

联合承包称为联营体，每个联营体应该有自己的名称并订有联营体章程。联合承包可以是同一个国家或地区的公司的国内联合，也可以是几个不同的国家或地区的公司的国际联营，或是外国公司与工程项目所在国的当地公司进行联营。

（6）被承包人授权的承包人代表。被承包人授权的承包人代表是指由承包人的法人代表任命的，在本合同项下全权代表承包人的法人的工作人员，在国内一般称之为承包方的项目经理。

（7）法律和语言。合同应受投标函附录中规定的国家（或其他管辖区域）的法律的制约。往来信函应使用投标函附录中规定的语言。如果投标函附录中没有规定，则往来信函应使用编写合同（或大部分合同）的语言。

（8）文件的优先次序。构成合同的各个文件应被视作互为说明，各文件的优先次序如下：合同协议书（如有时）＞中标函＞投标函＞专用条件＞通用条件＞规范＞图纸＞资料表以及其他构成合同一部分的文件。如果在合同文件中发现任何含糊不清或矛盾之处，工程师应颁发必要的澄清或指示。

（9）合同计价。单价支付（清单计价）、总价支付（包干一次性支付）、计日工单价、计日工总计价、暂定金、合同总价、外汇、费用、动员预付款、材料预付款、现金流量估算表、计量、支付。

暂定金：按 FIDIC 条款第 58.1 条对暂定金给出的定义为：“暂定金额是合同中包含的一项款额，在工程量清单中以该名义列出，供工程在任何部分的施工或货物、材料、设备或服务的供应，或供不可预见之费用，这项金额可按工程师的指示，全部或部分地使用或根本不予动用。”暂定金有如下用途：①用于支付“指定分包的工程”的工程款；②如果在招标时尚有不能确定工程量的项目时，可以在招标文件中暂时给定出一个工程款额；③留作不可预见费用。

（10）合同总价（合同的投标价格）。合同总价是工程量清单汇总的价格，必须与投标书中填写的投标报价相一致，它包括工程细目清单的汇总价、计日工总计价、暂定金额总计价及招标文件已指明需凭单据报销的保险费之和。

外汇：指工程施工所在国以外国家的货币。

费用：指在现场内外已发生的所有正当的开支，包括管理费、可分摊的费用，但不包括利润。

动员预付款 FIDIC 条款中规定：动员预付款是由业主在合同生效后预付给承包人用于支付在工程开始时与本工程有关的动员费用的无息贷款。动员预付款应当由业主从以后付给承包人的月进度款中陆续扣回，扣款的开始日期，定在其进度款的累计支付额达到了合同总额的 20%之后的那个月当月起，扣款的结束日期定在合同规定的完工日期的前 3 个月为止。

材料预付款：是对于由承包人购进的、将用于永久工程的材料，如果在合同中规定可以提供“材料预付款”的，则可由业主在收到工程师出具的“材料预付款支付证书”的当月的月支付中，提供给承包人一笔数额为材料价款 75%的无息贷款。该款项承包人在材料预付款发生后的下一个月开始，分若干个月，按月等额归还。

(11) 合同工期。合同工期指承包人在投标书附录中所规定的，并能合格地通过合同中规定的竣工检验的时间。如果工程师签发了竣工时间的延长，则应考虑延长期在内的相应时间。任何工程承包合同都必须规定合同工期，承包人必须严格遵守合同工期，否则将受到罚款、终止合同或由业主进驻工程的处罚。

开工通知令：是监理工程师控制工程进度的一种手段，是鉴证业主已经按期完成开工前的义务，证明合同工期从哪天开始的，证明承包人履行义务的起算和判定承包人工期延误的依据。

开工日期：系总监理工程师发出的开工通知令中所规定的日期，或者是合同中已写明的开工日期。合同中规定的合同工期，可能会在遇到下列原因时而被延误：①由于工程变更或是因为业主的过失、错误；②由于不可抗力影响。

竣工时间：是指从开工日期算起，加上上述合同总工期的时间之后得出的日期。

缺陷责任期：从发给移交证书之日起算，缺陷责任期的期限以在投标书附录中规定的时间为依据，颁发移交证书后，业主应发还一半保留金给承包人。

2. FIDIC 合同条件的风险划分、保险、担保

(1) 对那些属于承包人在施工中即使加强管理也仍然无法避免也无法克服的风险，一律划归业主承担。这样增大了合同的公平性，由于承包人不必考虑这部分的风险成本，有利于降低工程造价，增加了业主的经济效益。凡不属于划归业主的风险，则都属于承包人的风险。

(2) 对于那些可以通过合理投保的风险，可以向保险公司投保，并且规定了四种必须强制投保的保险项目，将风险后果转移成为由社会承担的风险。

(3) 风险分配应当遵循以下基本原则：

1) 从工程的整体效益出发，最大限度地发挥合同主体双方的积极性原则。

2) 公平合理、责权平衡原则。公平合理、责权平衡有以下一些准则：

a. 责任与权力之间的平衡。即承担风险的一方应当同时享有与之相应的权利。

b. 责任与机会对等。即承担风险的一方，同时应当享有因为他对风险控制而获得的

机会收益。

c. 承担风险的可能性与合理性。即要给予需要按合同承担风险责任的一方以足够的时间、资料，以便让他预测风险、制订风险控制计划，否则他就不能承担这些风险。

d. 符合工程惯例。一般说来按工程惯例拟定的合同，能够较好地反映业主和承包人双方的权利义务与风险分配。

（4）FIDIC 条款明示的业主风险有：①由不可抗力引起的风险；②业主占用场地的风险；③非承包人承担的设计出现设计错误的风险；④不可预见事件的风险；⑤合同出错的风险；⑥监理工程师的决定引起的风险。

（5）FIDIC 条款明示的承包人风险有：①对招标文件理解的风险；②投标前对现场调查的完备性、正确性的风险；③投标时投标报价的完备性、正确性的风险；④投标施工方案的安全性、完备性、正确性、效率性的风险；⑤合同规定应由承包人采购的材料、设备的采购风险；⑥工程进度和工程质量的风险；⑦承担承包人自己确定的分包人、供应商、雇员的工作过失的风险。

（6）合同条件规定的向保险公司投保制度：FIDIC 合同条件规定的强制性投保的险种有：①工程一切险；②第三方责任险；③承包人施工装备险；④承包人职工人身责任险等共四种。

（7）FIDIC 合同条件的担保制度：我国的担保法中，针对各种不同的合同，规定了五种合同担保形式：定金、质押、抵押、保证、留置权。但是，在土木工程施工承包合同中，定金、质押、抵押三种是不适用的。FIDIC 合同条件所规定的履约阶段的担保形式有履约保证金、预付款保证金（含动员预付款保证金与材料预付款保证金）、保留金和留置权四种。

（三）FIDIC 土木施工合同条件的基本条款

1. 一般性条款

一般性条款包括下述内容：

（1）招标程序。招标程序包括合同条件、规范、图纸、工程量表、投标书、投标者须知、评标、授予合同、合同协议、程序流程图、合同各方、监理工程师等。

（2）合同文件中的名词定义及解释。

（3）工程师及工程师代表和他们各自的职责与权利。

（4）合同文件的组成、优先顺序和有关图纸的规定。

（5）招投标及履约期间的通知形式与发往地址。

（6）有关证书的要求。

（7）合同使用语言。

（8）合同协议书。

2. 法律条款

法律条款主要涉及下述内容：

（1）合同适用法律；劳务人员及职员的聘用、工资标准、食宿条件和社会保险等方面的法规。

（2）合同的争议、仲裁和工程师的裁决。

(3) 解除履约。
(4) 保密要求。
(5) 防止行贿。
(6) 设备进口及再出口。
(7) 强制保险。
(8) 专利权及特许权。
(9) 合同的转让与工程分包。
(10) 税收。
(11) 提前竣工与延误工期。
(12) 施工用材料的采购地。

3. 商务条款

商务条款指与承包工程的一切财务、财产所有权密切相关的条款，主要包括以下内容：
(1) 承包商的设备、临时工程和材料的归属，重新归属及撤离。
(2) 设备材料的保管及损坏或损失责任。
(3) 设备的租用条件。
(4) 暂定金额。
(5) 支付条款：包括工程月报表，每月的支付，保留金的支付，证书的修改，竣工报表，尾欠款的结清，支付时间，付款地点。
(6) 预付款的支付与扣回。
(7) 保函，包括投标保函、预付款保函、履约保函等。
(8) 合同终止时的工程及材料估价。
(9) 解除履约时的付款。
(10) 合同终止时的付款。
(11) 提前竣工奖金的计算。
(12) 误期罚款的计算。
(13) 费用的增减条款，价格调整条款。
(14) 支付的货币种类及比例。
(15) 汇率及保值条款。

4. 技术条款

技术条款是针对承包工程的施工质量要求、材料检验及施工监督、检验测量及验收等环节而设立的条款，包括以下内容：
(1) 对承包商的设施要求。
(2) 施工应遵循的规范。
(3) 现场作业和施工方法。
(4) 现场视察。
(5) 资料的查阅。
(6) 投标书的完备性。
(7) 施工制约。

(8) 工程进度。

(9) 放线要求。

(10) 钻孔与勘探开挖。

(11) 安全、保卫与环境保护。

(12) 工地的照管。

(13) 材料或工程设备的运输。

(14) 保持现场的整洁;

(15) 材料、设备的质量要求及检验。

(16) 检查及检验的日期与检验费用的负担。

(17) 工程覆盖前的检查,工程覆盖后的检查。

(18) 进度控制,缺陷维修。

(19) 工程量的计量和测量方法。

(20) 紧急补救工作。

5. 权利与义务条款

权利与义务条款包括承包商、业主和监理工程师三者的权利和义务。

(1) 承包商的权利和义务。

承包商的权利如下:

1) 有权得到提前竣工奖金。

2) 收款权。

3) 索赔权。

4) 因工程变更超过合同规定的限值而享有补偿权。

5) 暂停施工或延缓工程进度速度。

6) 停工或终止受雇。

7) 不承担业主的风险。

8) 反对或拒不接受指定的分包商。

9) 特定情况下的合同转让与工程分包。

10) 特定情况下有权要求延长工期。

11) 特定情况下有权要求补偿损失。

12) 有权要求进行合同价格调整。

13) 有权要求工程师书面确认口头指示。

14) 有权反对业主随意更换监理工程师。

承包商的义务如下:

1) 遵守合同文件规定,保质保量、按时完成工程任务,并负责保修期内的各种维修。

2) 提交各种要求的担保。

3) 遵守各项投标规定。

4) 提交工程进度计划。

5) 提交现金流量估算。

6) 负责工地的安全和材料的看管。

7）对其由承包商负责完成的设计图纸中的任何错误和遗漏负责。

8）遵守有关法规。

9）为其他承包商提供机会和方便。

10）保持现场整洁。

11）保证施工人员的安全和健康。

12）执行工程师的指令。

13）向业主偿付应付款项（包括归还预付款）。

14）承担第三国的风险。

15）为业主保守机密。

16）按时缴纳税金。

17）按时投保各种强制险。

18）按时参加各种检查和验收。

（2）业主的权利和义务

业主的权利包括：

1）业主有权不接受最低标。

2）有权指定分包商。

3）在一定条件下可直接付款给指定的分包商。

4）有权决定工程暂停或复工。

5）在承包商违约时，业主有权接管工程或没收各种保函或保证金。

6）有权决定在一定的幅度内增减工程量。

7）不承担承包商因发生在工程所在国以外的任何地方的不可抗力事件所遭受的损失（因炮弹、导弹等所造成的损失例外）。

8）有权拒绝承包商分包或转让工程（应有充足的理由）。

业主的义务如下：

1）向承包商提供完整、准确、可靠的信息资料和图纸，并对这些资料的准确性负完全的责任。

2）承担由业主风险所产生的损失或损坏。

3）确保承包商免于承担属于承包商义务以外情况的一切索赔、诉讼，损害赔偿费、诉讼费、指控费及其他费用。

4）在多家独立的承包商受雇于同一工程或属于分阶段移交的工程情况下，业主负责办理保险。

5）按时支付承包商应得的款项，包括预付款。

6）为承包商办理各种许可，如现场占用许可，道路通行许可，材料设备进口许可，劳务进口许可等。

7）承担疏浚工程竣工移交后的任何调查费用。

8）支付超过一定限度的工程变更所导致的费用增加部分。

9）承担在工程所在国发生的特殊风险以及任何其他地区因炮弹、导弹对承包商造成的损失的赔偿和补偿。

10）承担因后继法规所导致的工程费用增加额。

（3）监理工程师的权利和义务。

监理工程师虽然不是工程承包合同的当事人，但他受雇于业主，为业主代为管理工程建设，行使业主或 FIDIC 条款赋予他的权利，也相应承担义务。

监理工程师可以行使合同规定的或合同中必然隐含的权利，主要如下：

1）有权拒绝承包商的代表。

2）有权要求承包商撤走不称职人员。

3）有权决定工程量的增减及相关费用；有权决定增加工程成本或延长工期；有权确定费率。

4）有权下达开工令、停工令、复工令（因业主违约而导致承包商停工的情况除外）。

5）有权对工程的各个阶段进行检查，包括已掩埋覆盖的隐蔽工程。

6）如果发现施工不合格情况，监理工程师有权要求承包商如期修复缺陷或拒绝验收工程。

7）承包商的设备、材料必须经监理工程师检查，监理工程师有权拒绝接受不符合规定标准的材料和设备。

8）在紧急情况下，监理工程师有权要求承包商采取紧急措施。

9）审核批准承包商的工程报表的权力属于监理工程师，付款证书由监理工程师开出。

10）当业主与承包商发生争端时，监理工程师有权裁决，虽然其决定不是最终的。

监理工程师的义务：监理工程师作为业主聘用的工程技术负责人，除了必须履行其与业主签订的服务协议书中规定的义务外，还必须履行其作为承包商的工程监理人而尽的职责，FIDIC 条款针对监理工程师在建筑与安装施工合同中的职责规定了以下义务：

1）必须根据服务协议书委托的权力进行工作。

2）行为必须公正，处事公平合理，不能偏听偏信。

3）应虚心听取业主和承包商两方面的意见，基于事实做出决定。

4）发出的指示应该是书面的，特殊情况下来不及发出书面指示时，可以发出口头指示，但随后以书面形式予以确认。

5）应认真履行职责，应根据承包商的要求及时对已完工程进行检查或验收，对承包商的工程报表及时进行审核。

6）应及时审核承包商在履约期间所做的各种记录，特别是承包商提交的作为索赔依据的各种材料。

7）应实事求是地确定工程费用的增减与工期的延长或压缩。

8）如因技术问题需同分包商打交道时，须征得总承包商同意，并将处理结果告之总承包商。

6. 违约惩罚与索赔条款

违约惩罚与索赔是 FIDIC 条款中的一项重要内容，也是国际承包工程得以圆满实施的有效手段。采用工程承发包制实施工程的效果之所以明显优于其他方法，根本原因就在于按照这种制度，当事人各方责任明确，赏罚分明。FIDIC 条款中的违约条款包括两部分，即业主对承包商的惩罚措施和承包商对业主拥有的索赔权。

（1）惩罚措施。因承包商违约或履约不力，业主可采取以下惩罚措施：①没收有关保函或保证金；②误期罚款；③由业主接管工程并终止对承包商的雇用。

（2）索赔条款。索赔条款是根据关于承包商享有的因业主履约不力或违约，或因意外因素（包括不可抗力情况）蒙受损失（时间和款项）而向业主要求赔偿或补偿权利的契约性条款。这方面的条款包括：①索赔的前提条件或索赔动因；②索赔程序、索赔通知、同期记录、索赔的依据、索赔的时效和索赔款项的支付等。

7. 附件和补充条款

FIDIC条款还规定了作为招标文件的文件内容和格式，以及在各种具体合同中可能出现的补充条款。

（1）附件条款包括投标书及其附件、合同协议书。

（2）补充条款包括防止贿赂、保密要求、支出限制、联合承包情况下的各承包人的各自责任及连带责任，关税和税收的特别规定等五个方面内容。

第二节 国际工程专业术语中英文对照

以第一个中文汉字拼音字母顺序进行排列。

“戴明环”PDCA循环	Plan－do－check－action，PDCA
“交钥匙”承包	Turn－key contract
“三时”估计法	Three－time－estimate
S曲线	S－Curve
按费用设计	Design－to－cost
保留金	Retention money
保险	Insurance
保证金	Retainage
报表	Statement
报告关系	Reporting relationship
报价邀请	Request for quotation，RFQ
变更指令	Variation order，Change order
标前会议	Pre－bid meeting
补充资料表	Schedule of supplementary information
不可接受风险	Unacceptable risk
不可抗力	Force majeure
不可预见	Unforeseeable
不平等条款	Unequal term
平衡报价法	Unbalanced bids
材料	Materials
材料费	Material cost
财产风险	Probable risk

层次分析法	Analytic hierarchy process
产品	Product
超前	Lead
成本预算	Cost budgeting
承包方	Contractor
承包商代表	Contractor's representative
承包商人员	Contractor's personnel
承包商设备	Contractor's equipment
承包商文件	Contractor's documents
承发包方式	Contract approach
承诺	Acceptance
诚实信用原则	In good faith
触发器	Triggers
纯粹风险	Pare risk
次关键路线	Near - Critical path
大型项目	Program
代理型 CM，非代理型 CM	CM/agency，CM/non agency
单代号搭接网络图	Multi - dependency network
单代号网络图	Activity - on - network，AON
单价合同	Unit price contract
单时估计法	Single - time - estimate
担保	Guarantee
当地货币	Local currency
当事方（一方）	Party
到岸价格	Cost insurance and freight，CIF
道义索赔	Ex - gratia claims
调整	updating，adjustment
定额	quota
动员预付款	pre - payment
二次风险	Secondary risk
法律	Laws
反义居先原则	Contra preferential
返工	Rework
方差	Variance
非工作时间	Idle time
费用计划	Cost planning
费用索赔	Claims for loss and expense
分包商	Sub - contractor

分项工程	Section
分支网络	Fragnet
风险	Risk
风险定量分析	Quantitative risk analysis
风险定性分析	Qualitative risk analysis
风险规避	Risk avoidance
风险监控	Risk monitoring and control
风险减轻	Risk mitigation
风险接受	Risk acceptance
风险类别	Risk category
风险评审技术	Venture evaluation and review technique，VERT
风险识别	Risk identification
风险应对	Risk response
风险转移	Risk transference
付款证书	Payment certificate
概率与影响矩阵	Probability and impact matrix
赶工	Crashing
个人间的联系	Interpersonal interfaces
工程变更	Variation，Change
工程量表	Bill of quantities
工程师	The engineer，Consultant
工程现场勘测	Site visit
工程项目采购	Project procurement
工程项目分解	Project decomposition
工程项目沟通管理	Project communication management
工程项目简介	Project brief
工程项目建设模式	Project construction approach
工程项目决策	Decision to project
工程项目人力资源管理	Project human resource management
工程项目审计	Project audit
工程项目收尾阶段	Project closure
工程项目投产准备	Preparation for project operation
工程项目团队	Project team
工程项目质量	Project quality
工程项目质量控制	Project quality control
工程项目组织方式	Project organization approach
工期	Project duration
工期压缩	Duration compression

工艺关系	Process relation
工作规范	Specification of work
工作说明	Statement of work，SOW
公开招标	Open tendering/Public invitation
沟通	Communications
购买—建设—经营	Buy - build - operate，BBO
顾客	Customer
雇主	Employer
雇主人员	Employer's personnel
雇主设备	Employer's equipment
关键活动	Critical activity
关键路线	Critical path
关键线路法	Critical path method，CPM
国际标准化组织	International standard organization，ISO
国际项目管理协会	International project management association，IPMA
国际咨询工程师联合会	Federation international des ingenieurs - conseils，FIDIC
国家私人合作模式	Public - private partnership，PPP
合同	Contract
合同工期	Duration of contract
合同管理	Contract administration
合同价格	Contract price
合同内索赔	Contractual claims
合同条件	Conditions of contract
合同外索赔	Non - contractual claims
合同协议书	Contract agreement
合资公司	Joint enterprise
横道图	Gantt charts
环境管理体系	Environmental management system，EMS
环境绩效	Environmental performance
环境指标	Environmental target
回路	Logical loop
混合型合同	Mixed contract
活动持续时间估计	Activity duration estimation
活动范围	Scope
活动逻辑关系	Activity logical relations
活动描述	Activity description，AD
活动排序	Activity sequencing
活动清单	Activity list

伙伴模式	Partnering
货物采购	Goods procurement
基准计划	Baseline
基准日期	Base date
绩效评估与激励	Performance appraisal and reward
计划工期	Planned project duration
计划评审技术	Program evaluation review technique，PERT
计日工作计划	Daywork schedule
计算工期	Calculated project duration
技术规范	Technical specifications
技术联系	Technical interfaces
价值工程	Value engineering，VE
间接费	Indirect cost
监理工程师	The engineer，Supervision engineer
检查表	Checklist
建设工期	Duration of project construction
建设—经营—拥有—转让	Build - operate - own - transfer，BOOT
建设—经营—转让	Build - operate - transfer，BOT
建设实施	Construction
建设—拥有—经营	Build - own - operate，BOO
建设—转让—运营	Build - transfer - operate，BTO
建设准备	Construction preparation
建议书邀请	Request for proposal，RFP
建筑师	Architect
接收证书	Taking - over certificate
节点	Node
节点编号	Node number
结束到结束	Finish to finish，FTF
结束到开始	Finish to start，FTS
截止日期	As - of date
紧后活动	Back closely activity
紧前活动	Front closely activity
进度报告	Progress reports
进度偏差	Schedule variance，SV
纠正措施	Corrective action
矩阵型组织结构	Matrix organization
决策树分析	Decision tree analysis
决策网络计划法	Decision network，DN

竣工时间	Time for completion
竣工试验	Tests on completion
竣工验收	Project acceptance
开工日期	Commencement date
开始到结束	Start to finish，STF
开始到开始	Start to Start，STS
可交付成果	Deliverable
可接受风险	Acceptable risk
可原谅的延误	Excusable delay
控制	Control
控制图	Control charts
快速路径法	Fast track
类比估计	Analogous estimating
离岸价格	Free on board，FOB
里程碑	Milestone
历史数据	Historical results
利润	Profit
例外计划报告	Exception report
联合集团	Consortium
联营体	Joint venture
临时工程	Temporary works
流程图	Flow diagram
路径会聚	Path convergence
履约保函	Performance guarantee
履约保证	Performance security
履约证书	Performance certificate
卖方	Seller
拟完工程计划费用	Budgeted cost of work scheduled，BCWS
逆推法	Backward pass
欧洲发展基金会	European development fund，EDF
排列图，巴雷托图	Pareto diagrams
偏差变量	Cost variance，CV
评标	Bid evaluation
期望值	Expectation
期中付款证书	Interim payment certificate
启动	Initiation
起始节点	Start node
潜在的损失值	Risk event value

曲线法，赢得值法	Earned value
全面质量控制	Total quality control，TQC
权变措施	Workaround
缺陷通知期限	Defects notification period
确凿证据优先	Prima facie
人工费	Labor cost
人工量	Effort
人力资源	Human resource
人身风险	Life risk
人为风险	Personal risk
人员配备要求	Staffing requirements
任务	Task
上控制线	Upper control limit，UCL
设计方	Designer
设计—建造方式	Design - build，DB
设计图纸	Drawings
生产设备	Plant
生命周期成本计算	Life - circle costing
剩余工期	Remaining duration
施工合同	Construction contract
施工合同分包	Subcontract
施工合同转让	Assignment
施工机械使用费	Expenses of using construction machinery
施工进度计划	Construction schedule
施工组织设计	Construction planning
时距	Time difference
实际成本	Actual cost
实际成本加百分比合同	Cost plus percentage - of - cost contract
实际成本加固定费用合同	Cost plus fixed - fee（CPFF） contract
实际成本加奖金合同	Cost plus incentive - fee（CPIF） contract
实际开始日期	Actual start date，AS
实际完成日期	Actual finish date，AF
世界银行	The world bank
事件	Event
受资源约束的进度计划	Resource - limited schedule
授予合同	Award of contract
书面文字优先原则	Written word prevail
数据日期	Data date

双代号时标网络法	Time - coordinate network，Time scale network
双代号网络图	Activity - on - arrow network，AOA
税金	Tax
私人主动融资	Project finance initiative，PFI
松弛时间	Slack
索赔	Claims
条形图	Bar chart
通货膨胀	Currency inflation
统计和概率法	Statistics
投标	Bidding
投标保证	Bid security
投标报价	Bid price
投标函	Letter of tender
投标决策	Decision to bid
投标人	Bidder
投标人须知	Instruction to bidders
投标书	Tender
投标书附录	Appendix to tender
投标文件的递送	Submission of bids
投标邀请书	Initiation to bids
投标有效期	Bid validity
投机风险	Speculative risk
投资方	Investor
投资估算	Cost estimating
投资回报期	Investment recovery period
图示评审技术	Graphical evaluation review technique，GERT
团队成员	Team member
退却计划	Fallback plan
外币	Foreign currency
完成百分比	Percent complete，PC
完工估算	Estimate at completion，EAC
完工尚需估算	Estimate to complete，ETC
完工预算	Budget at completion，BAC
五条件	Unconditional，no demand
无限竞争性招标	Unlimited competitive tendering
下控制线	Lower control limit，LCL
现场	Site
线路	Path

限定性估算	Definitive estimate
项目	Project
项目报告	Project report, PR
项目档案	Project files
项目的执行与监督	Project execution and supervision
项目定义	Project defining
项目风险	Project risk
项目干系人	Stakeholder
项目管理班子	Project management team
项目管理班子的偏好	Preferences of the project management team
项目管理承包型	Project management contract, PMC
项目管理模式	Project management approach
项目管理软件	Project management software
项目管理协会	Project management institute, PMI
项目管理知识体系	Project management body of knowledge, PMBOK
项目管理咨询型	Project management, PM
项目后评价	Project post - evaluation
项目计划	Project planning
项目结构分解	Project breakdown structure
项目结束	project closing
项目界面，项目内在联系	Project interfaces
项目进度计划	Project schedule
项目经理，项目负责人	Project manager
项目可行性研究	Project feasibility study
项目控制	Project controlling
项目评估	Project appraisal
项目设计	Project design
项目谈判	Project negotiation
项目型组织	Projectized organization
项目选定	Project identification
项目业主	Owner
项目预评估	Project pre - Appraisal
项目章程	Project charter
项目执行	Project executing
项目周期	Project cycle
项目准备	Project preparation
项目综合管	Project integration management
信息技术	Information technology, IT

虚活动	Dummy activity
询价	Solicitation
亚洲开发银行	Asian development bank，ADB
延长工期索赔	Claims for extension of time，Claims for EOT
邀请招标	Selected bidding/Invited bidding
要约	Offer
已完工程计划费用	Budgeted cost of work performed，BCWP
已完工程实际费用	Actual cost of work performed，ACWP
因果分析图	Cause－and－effect diagram
银行保函	Bank guarantee
应急储备	Contingency reserve
应急费	Contingency allowance
英国土木工程师学会	Institute of civil engineer，ICE
营运	Operation
影响图	Influence diagram
永久工程	Permanent works
优化	Optimization
有条件	Conditional
有限竞争性招标	Limited competitive tendering
预可行性研究	Pre－feasibility study
运费在内价	Cost and freight，CFR
暂定金	Provisional sum
责任风险	Liability risk
招标	Bid invitation/tendering
招标人拒绝投标书的权利	Right to reject any or all bids
招标准备	Tendering preparation
争端裁决委员会	Dispute adjudication board，DAB
正推法	Forward pass
直方图	Histogram
直线型组织结构	Line organization
直线—职能型组织结构	Line－functional organization
职能型组织	Functional organization
职业健康安全	Occupational health and safety，OHS
制约和限制	Constraints and limitations
质量	Quality
质量保证	Quality assurance
质量成本	Cost of quality
质量环	Quality loop

滞后	Lag
中标函	Letter of acceptance
中标合同金额	Accepted contract amount
中介人	Intermediary
中心线	Center limit，CL
终止节点	End node
重叠	Overlap
主导语言	Ruling language
专家谈判估计	Expert judgment
咨询方	Consulter
资料表	Schedules
资源计划	Resource planning
资源配置	Resource requirements
资源平衡	Resource leveling
资源效果	Resource capabilities
子网络	Subnetwork
子项目	Subproject
自然风险	Natural risk
自由时差	Free float，FF
总承包商	General contractor
总价合同	Lump sum contract
总时差	Total float，TF
租赁-建设-经营	Lease - build - operate，LBO
组织关系	Organizational relation
组织规划设计	Organizational planning
组织机构	Organization structure
组织结构分解	Organizational breakdown structure，OBS
组织联系	Organizational interfaces
最悲观时间	Most pessimistic time
最迟结束时间	Latest finish date，LF
最迟开始时间	Latest Start Date，LS
最可能时间	Most probable time
最乐观时间	Most optimistic time
最早结束时间	Earliest finish date，EF
最早开始时间	Earliest start date，ES
最终报表	Final statement
最终付款证书	Final payment certificate

附录：水利水电工程施工现行主要规程规范汇编

以规范中文名称第一个汉字拼音字母顺序进行排列。

序号	标准编号	标 准 名 称	实施日期	状态
1	SL 138—2011	《水工混凝土标准养护室检验方法》	2011 年	现行
2	SL 234—1999	《泵站施工规范》	1999 年	现行
3	SL 599—2013	《衬砌与防渗渠道工程技术管理规程》	2013 年	现行
4	SL 310—2004	《村镇供水工程技术规范》	2004 年	现行
5	SL 268—2001	《大坝安全自动监测系统设备基本技术条件》	2001 年	现行
6	SL 321—2005	《大中型水轮发电机基本技术条件》	2005 年	现行
7	SL 260—2014	《堤防工程施工规范》	2014 年	现行
8	SL 595—2013	《堤防工程养护修理规程》	2013 年	现行
9	SL 436—2008	《堤防隐患探测规程（附条文说明）》	2008 年	现行
10	SL 286—2003	《地下水超采区评价导则》	2003 年	现行
11	SL 454—2010	《地下水资源勘察规范》	2010 年	现行
12	SL/T 246—1999	《灌溉与排水工程技术管理规程》	1999 年	现行
13	SL 703—2015	《灌溉与排水工程施工质量评定规程》	2015 年	现行
14	GB/T 51015—2014	《海堤工程设计规范》	2014 年	现行
15	SL 446—2009	《黑土区水土流失综合防治技术标准》	2009 年	现行
16	SL 520—2014	《洪水影响评价报告编制导则》	2014 年	现行
17	SL 601—2013	《混凝土坝安全监测技术规范》	2013 年	现行
18	SL 230—2015	《混凝土坝养护修理规程》	2015 年	现行
19	SL 282—2003	《混凝土拱坝设计规范（附条文说明）》	2003 年	现行
20	SL 49—2015	《混凝土面板堆石坝施工规范》	2015 年	现行
21	NB/T 35026—2014	《混凝土重力坝设计规范》	2014 年	现行
22	GB/T 50265—2010	《机井技术规范》	2010 年	现行
23	SL 322—2013	《建设项目水资源论证导则》	2013 年	现行
24	SL 372—2006	《节水灌溉设备现场验收规程》	2006 年	现行
25	SL/T 231—1998	《聚乙烯（PE）土工膜防渗工程技术规范》	1998 年	现行
26	GB 50433—2008	《开发建设项目水土保持方案技术规范》	2008 年	现行
27	GB/T 22490—2008	《开发建设项目水土保持设施验收技术规程》	2008 年	现行
28	SL 428—2008	《凌汛计算规范》	2008 年	现行
29	SL 274—2001	《碾压式土石坝设计规范》	2001 年	现行
30	SL 4—2013	《农田排水工程技术规范》	2013 年	现行

续表

序号	标准编号	标　准　名　称	实施日期	状态
31	SL 236—1999	《喷灌与微灌工程技术管理规程》	1999 年	现行
32	GB/T 50600—2010	《渠道防渗工程技术规范》	2010 年	现行
33	DL/T 5083—2010	《水电水利工程预应力锚索施工规范》	2010 年	现行
34	SL 379—2007	《水工挡土墙设计规范》	2007 年	现行
35	SL 138—2011	《水工混凝土标准养护室检验方法》	2011 年	现行
36	SL 713—2015	《水工混凝土结构缺陷检测技术规程》	2015 年	现行
37	SL 677—2014	《水工混凝土施工规范》	2014 年	现行
38	DL/T 5303—2013	《水工混凝土试验规程（附条文说明）》	2013 年	现行
39	SL 378—2007	《水工建筑物地下开挖工程施工规范》	2007 年	现行
40	DL/T 5400—2007	《水工建筑物滑动模板施工技术规范》	2007 年	现行
41	SL 539—2011	《水工建筑物抗震试验规程》	2011 年	现行
42	DL/T 5416—2009	《水工建筑物强震动安全监测技术规范》	2009 年	现行
43	SL 62—2014	《水工建筑物水泥灌浆施工技术规范》	2014 年	现行
44	DL/T 5389—2007	《水工建筑物岩石基础开挖工程施工技术规范》	2007 年	现行
45	SL 537—2011	《水工建筑物与堰槽测流规范》	2011 年	现行
46	SL 35—2011	《水工金属结构焊工考试规则》	2011 年	现行
47	SL 36—2006	《水工金属结构焊接通用技术条件》	2006 年	现行
48	DL/T 5112—2009	《水工碾压混凝土施工规范》	2009 年	现行
49	DL/T 5195—2004	《水工隧洞设计规范》	2004 年	现行
50	SL 46—1994	《水工预应力锚固施工规范（附条文说明）》	1994 年	现行
51	SL 219—2013	《水环境监测规范》	2013 年	现行
52	SL 714—2015	《水利工程施工安全防护设施技术规范》	2015 年	现行
53	SL 288—2014	《水利工程施工监理规范》	2014 年	现行
54	SL 557—2012	《水利基本建设项目竣工决算审计规程》	2012 年	现行
55	SL 333—2005	《水利立法技术规范》	2005 年	现行
56	SL 634—2012	《水利水电单元工程施工质量验收评定标准堤防工程》	2012 年	现行
57	SL 633—2012	《水利水电单元工程施工质量验收评定标准地基处理与基础工程》	2012 年	现行
58	SL 632—2012	《水利水电单元工程施工质量验收评定标准混凝土工程》	2012 年	现行
59	SL 635—2012	《水利水电单元工程施工质量验收评定标准水工金属结构工程》	2012 年	现行
60	SL 637—2012	《水利水电单元工程施工质量验收评定标准水利机械辅助设备系统安装工程》	2012 年	现行
61	SL 631—2012	《水利水电单元工程施工质量验收评定标准土石方工程》	2012 年	现行
62	SL 642—2013	《水利水电地下工程施工组织设计规范》	2013 年	现行
63	DL/T 5353—2006	《水电水利工程边坡设计规范（附条文说明）》	2006 年	现行

续表

序号	标准编号	标　准　名　称	实施日期	状态
64	SL 197—2013	《水利水电工程测量规范》	2013 年	现行
65	SL 299—2004	《水利水电工程地质测绘规程》	2004 年	现行
66	SL 334—2006	《水利水电工程电缆设计规范》	2006 年	现行
67	SL 26—2012	《水利水电工程管理技术术语》	2012 年	现行
68	SL 174—2014	《水利水电工程混凝土防渗墙施工技术规范》	2014 年	现行
69	SL 512—2011	《水利水电工程混凝土预冷系统设计规范》	2011 年	现行
70	SL 26—2012	《水利水电工程技术术语》	2012 年	现行
71	SL 442—2009	《水利水电工程建设征地移民实物调查规范》	2009 年	现行
72	SL 400—2007	《水利水电工程金属结构与机电设备安装安全技术规程》	2007 年	现行
73	SL 285—2003	《水利水电工程进水口设计规范》	2003 年	现行
74	SL 166—2010	《水利水电工程坑探规程》	2010 年	现行
75	SL 377—2007	《水利水电工程锚喷支护技术规范》	2007 年	现行
76	SL 328—2005	《水利水电工程设计工程量计算规定》	2005 年	现行
77	SL 721—2015	《水利水电工程施工安全管理导则》	2015 年	现行
78	SL 52—2015	《水利水电工程施工测量规范》	2015 年	现行
79	SL 313—2004	《水利水电工程施工地质勘察规程》	2004 年	现行
80	SL 484—2010	《水利水电工程施工机械设备选择设计导则》	2010 年	现行
81	SL 398—2007	《水利水电工程施工通用安全技术规程》	2007 年	现行
82	SL 176—2007	《水利水电工程施工质量检测与评定规程（附条文说明）》	2007 年	现行
83	SL/Z 690—2013	《水利水电工程施工质量通病防治导则》	2013 年	现行
84	SL 303—2004	《水利水电工程施工组织设计规范》	2004 年	现行
85	SL 401—2007	《水利水电工程施工作业人员安全操作规程》	2007 年	现行
86	SL 278—2002	《水利水电工程水文计算规范》	2002 年	现行
87	SL 396—2011	《水利水电工程水质分析规程》	2011 年	现行
88	SL 399—2007	《水利水电工程土建施工安全技术规程》	2007 年	现行
89	SL 326—2005	《水利水电工程物探规程（附条文说明）》	2005 年	现行
90	SL 481—2011	《水利水电工程招标文件编制规程》	2011 年	现行
91	SL 345—2007	《水利水电工程钻孔注水试验规程（附条文说明）》	2007 年	现行
92	DL/T 5213—2005	《水利水电工程钻孔抽水试验规程》	2005 年	现行
93	DL/T 5331—2005	《水利水电工程钻孔压水试验规程》	2005 年	现行
94	SL 291—2003	《水利水电工程钻探规程》	2003 年	现行
95	SL 223—2008	《水利水电建设工程验收规程》	2008 年	现行
96	SL 670—2015	《水利水电建设工程验收技术鉴定导则》	2015 年	现行
97	SL 525—2011	《水利水电建设项目水资源论证导则》	2011 年	现行
98	SL 15—2011	《水利水电专用混凝土泵技术条件》	2011 年	现行

续表

序号	标准编号	标　准　名　称	实施日期	状态
99	SL 523—2011	《水土保持工程施工监理规范》	2011 年	现行
100	SL 277—2002	《水土保持监测技术规程》	2002 年	现行
101	SL 328—2005	《水利水电工程设计工程量计算规程》	2005 年	现行
102	SL 415—2007	《水文基础设施建设及技术装备标准》	2007 年	现行
103	SL 302—2004	《水坠坝技术规范》	2004 年	现行
104	SL 389—2008	《滩涂治理工程技术规范》	2008 年	现行
105	SL 564—2014	《土坝灌浆技术规范》	2014 年	现行
106	SL 235—2012	《土工合成材料测试规程》	2012 年	现行
107	SL 551—2012	《土石坝安全监测技术规范》	2012 年	现行
108	SL 501—2010	《土石坝沥青混凝土面板和心墙设计规范》	2010 年	现行
109	SL 648—2013	《土石坝施工组织设计规范》	2013 年	现行
110	SL 210—2015	《土石坝养护修理规程》	2015 年	现行
111	SL 227—1998	《橡胶坝技术规范》	1998 年	现行
112	SL 16—2010	《小水电建设项目经济评价规程（附条文说明）》	2010 年	现行
113	SL 461—2009	《岩溶地区水土流失综合治理技术标准》	2009 年	现行
114	SL 450—2009	《堰塞湖风险等级划分标准》	2009 年	现行
115	SL 451—2009	《堰塞湖应急处置技术导则》	2009 年	现行

参 考 文 献

［1］ 王雪青．国际工程项目管理［M］．北京：中国建筑工业出版社，2000.
［2］ 陈启．国际工程承包行业国内外现状趋势的分析探讨［J］．现代经济信息，2014（8X）：176－177.
［3］ 和婕．国际工程承包市场浅析［J］．商情，2014（9）：142－143.
［4］ 张丽．我国国际工程承包的现状与对策分析［J］．青年时代，2015（12）：115.
［5］ 张守健，台双良．国际工程招标与投标［M］．北京：科学出版社，2011.
［6］ 刘尔烈．国际工程投标报价［M］．北京：化学工业出版社，2006.4.
［7］ 沈中友．工程招投标与合同管理［M］．2版．武汉：武汉理工大学出版社，2014.
［8］ 王秀燕．工程招投标与合同管理［M］．2版．北京：机械工业出版社，2014.
［9］ 赵旭升．水利水电工程施工组织与造价［M］．杨凌：西北农林科技大学出版社，2009.
［10］ 刘能胜．水利水电工程施工组织与管理［M］．北京：中国水利水电出版社，2015.
［11］ 张玉福．水利工程施工组织与管理［M］．郑州：黄河水利出版社，2012.
［12］ 汪世宏，陈勇强．国际工程咨询设计与总承包企业管理［M］．北京：中国建筑工业出版社，2011.
［13］ 李志永，刘俊颖．国际工程项目管理实操［M］．北京：中国建筑工业出版社、中国城市出版社，2015.
［14］ 杨杰．国际工程施工质量管理之思考［J］．云南科技管理，2010（5）．
［15］ 杨培岭．现代水利水电工程项目管理理论与实务［M］．北京：中国水利水电出版社，2004.
［16］ 赵曾海．招标投标操作实务［M］．3版．北京：首都经济贸易大学出版社，2015.
［17］ 张水波，谢亚琴．国际工程管理英文信函写作［M］．北京：中国建筑工业出版社，2001.
［18］ 何伯森．国际工程合同与合同管理［M］．2版．北京：中国建筑工业出版社，2010.
［19］ 张水波．国际工程合同管理［M］．北京：中国建筑工业出版社，2011.
［20］ 崔军．FIDIC合同原理与实务［M］．北京：机械工业出版社，2011.
［21］ 许焕兴，赵莹华．国际工程承包［M］．3版．大连：东北财经大学出版社，2013.
［22］ 刘国靖．现代项目管理教程［M］．2版．北京：中国人民大学出版社，2009.
［23］ 肖华刚．浅析FIDIC合同条件下的国际工程索赔管理［J］．工业C，2015（56）：39.
［24］ 常玉龙，赫庆彬，刘伯春，等．国际工程索赔管理浅析［J］．水利水电工程设计，2016（1）．
［25］ 陈勇强，张水波．国际工程索赔［M］．北京：中国建筑工业出版社，2008.
［26］ 叶萍．FIDIC合同在国际工程索赔管理中的应用［J］．建筑经济，2008（9）：92－94.
［27］ 沈建明．项目风险管理［M］．2版．北京：机械工业出版社，2010.
［28］ 马丁·鲁斯摩尔，约翰·拉夫特瑞，查理·赖利，等．项目中的风险管理［M］．2版．刘俊颖，译．北京：中国建筑工业出版社，2011.